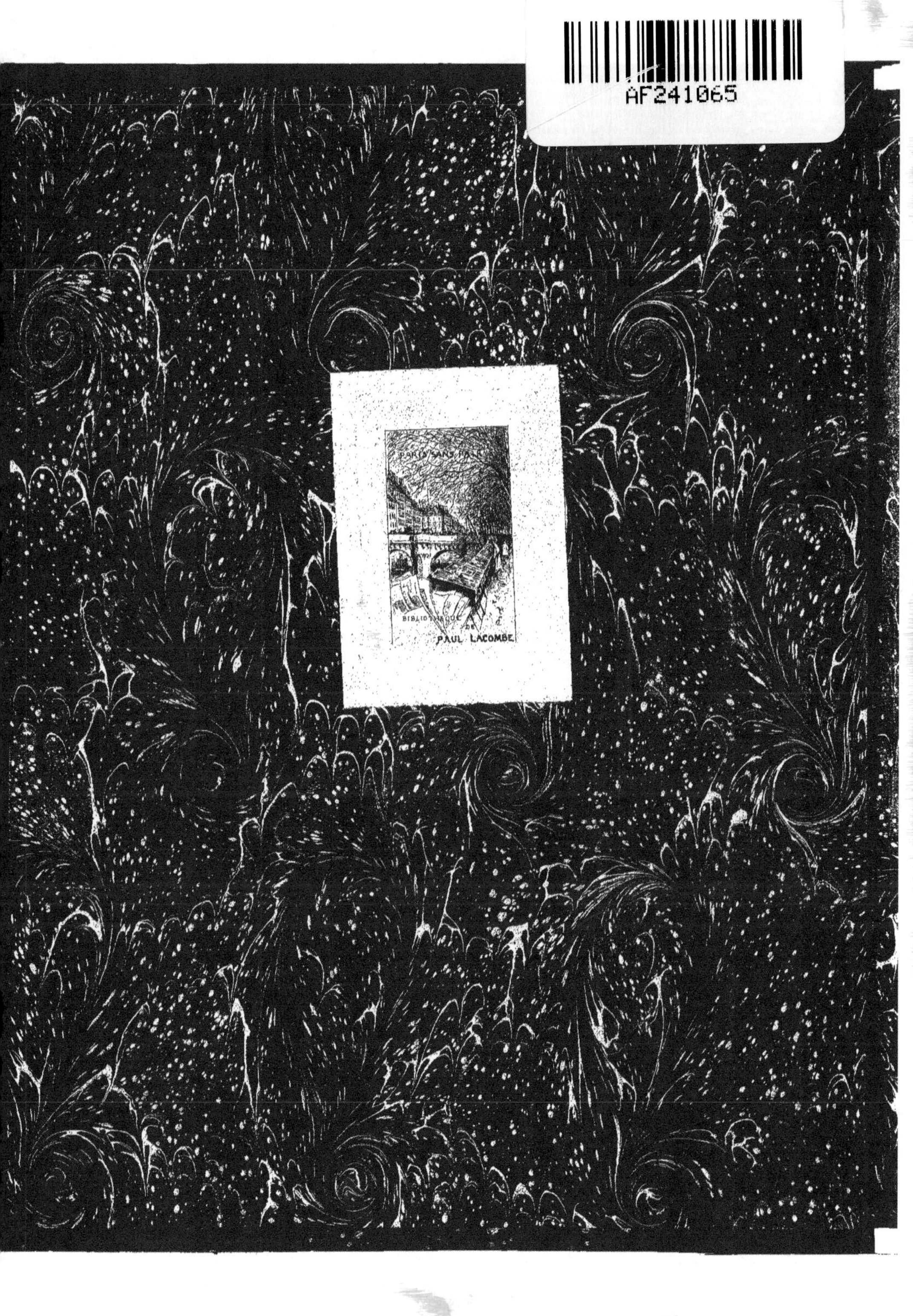
PARIS SANS...
BIBLIOTHÈQUE DE
PAUL LACOMBE

Exposition Particulière

DES

Livres et Manuscrits

FAIENCES ANCIENNES

TABLEAUX — DESSINS — OBJETS D'ART

COMPOSANT LA

COLLECTION Ch. COUSIN

HOTEL DROUOT, SALLE N° 8

Le Samedi 4 Avril 1891, de 1 heure 1|2 à 5 heures 1|2

COMMISSAIRE-PRISEUR :

M° **Maurice DELESTRE**, *rue Drouot, 27*

EXPERTS :

M. Ch. MANNHEIM	M. A. DUREL, Libraire
7, rue Saint-Georges	*21, rue de l'Ancienne-Comédie*

CARTE D'INVITATION

Charles Cousin

Vice-Président de la Société des Amis des Livres

& de la Société des Bibliophiles Contemporains

20, rue de Dunkerque

M

Madame Charles COUSIN;

Monsieur Henri COUSIN, Ingénieur au corps des Mines, et Madame Henri COUSIN; Monsieur Louis BOURDON, Avocat à la Cour d'Appel de Paris, et Madame Louis BOURDON;

Messieurs Jean et Charles COUSIN; Mademoiselle Marcelle BOURDON; Monsieur Maurice BOURDON;

Monsieur le Docteur BUJEON, Monsieur Louis COUSIN, Conservateur des Forêts, en retraite, Chevalier de la Légion d'Honneur et Madame Louis COUSIN;

Monsieur Ferdinand CHAMPENOIS, Chevalier de la Légion d'Honneur et Madame Ferdinand CHAMPENOIS, Monsieur Louis CLÉMENT, Professeur au Collège Stanislas, Madame Louis CLÉMENT et leur fils, Monsieur et Madame Edouard COUSIN et leur fille; Mesdemoiselles Céline et Marthe COUSIN; Mesdemoiselles Louise, Alice et Madeleine CHAMPENOIS;

Monsieur le Docteur et Madame GÉNIEYS et leur fils; Madame Gabriel DESMAZERY et ses enfants, Monsieur Raymond DESMAZERY, Percepteur des Contributions Directes, à Biarritz, Madame Raymond DESMAZERY et leurs enfants; Madame Gilbert-BOUCHER; Messieurs Maurice et André GILBERT-BOUCHER;

Ont l'honneur de vous faire part de la perte douloureuse qu'ils viennent de faire en la personne de

Monsieur Charles Marie Gabriel COUSIN,

Secrétaire de l'Exploitation des Chemins de Fer du Nord;
Chevalier de la Légion d'Honneur;

leur époux, père, beau-père, grand-père, frère, beau-frère, oncle, grand-oncle et cousin, décédé le 11 Septembre 1894, dans sa 72 ème année, à Pont-à-Mousson (Meurthe & Moselle).

Priez pour Lui !

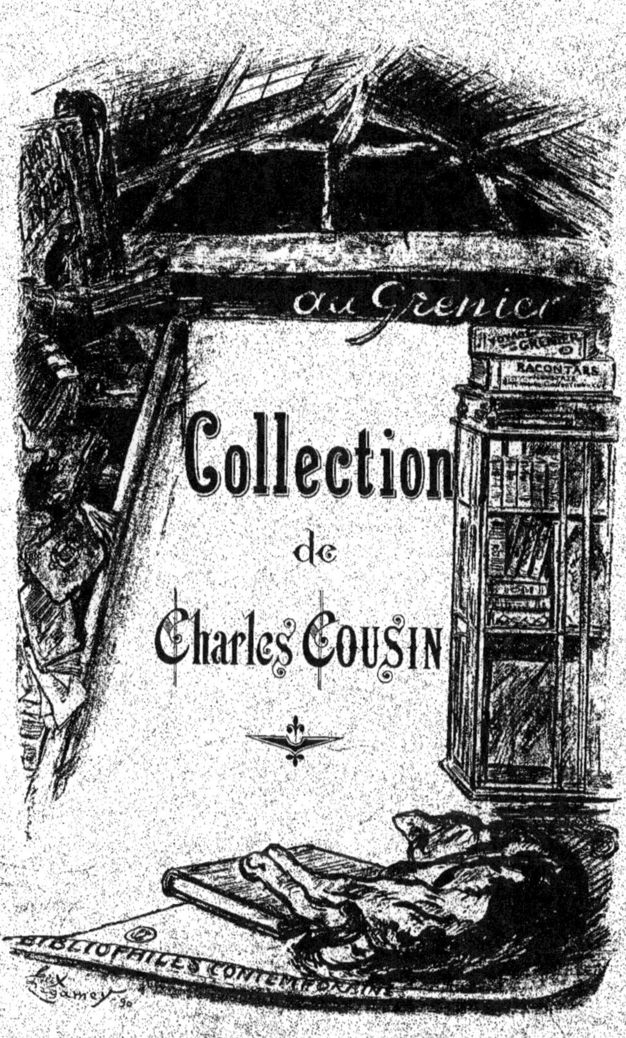
au Grenier
Collection
de
Charles COUSIN
BIBLIOPHILES CONTEMPORAINS

COLLECTIONS

DE

CHARLES COUSIN

LIVRES, MANUSCRITS,
FAÏENCES ANCIENNES,
TABLEAUX, DESSINS,
OBJETS D'ART.

VENTE:

Hôtel Drouot, Salle N° 3,
du Lundi 6 au Samedi 11 Avril.

M. Maurice DELESTRE,
Commissaire-Priseur;

MESSIEURS
Charles MANNHEIM, | A. DUREL,
Experts.

1891.

CATALOGUE

DE

LIVRES & MANUSCRITS

LA PLUPART RARES ET PRÉCIEUX

PROVENANT

DU GRENIER

DE

CHARLES COUSIN,

Vice-Président de la Société des Amis des Livres
et
de la Société des Bibliophiles contemporains.

VENTE :

Hôtel Drouot, Salle n° 3,

Les Mardi 7, Mercredi 8, Jeudi 9, Vendredi 10 et Samedi 11 Avril 1891,
à deux heures précises.

M. Maurice DELESTRE,	M. A. DUREL,
Commissaire-Priseur,	Libraire expert,
27, rue Drouot.	21, rue de l'Ancienne-Comédie.

EXPOSITIONS :

A la Librairie Durel, du Lundi 23 au Mardi 31 Mars;

A l'Hôtel Drouot :

PARTICULIÈRE,	PUBLIQUE,
le Samedi 4 Avril.	le Dimanche 5 Avril.

CONDITIONS DE LA VENTE :

La vente se fait aux conditions d'usage. Les acquéreurs payeront 5 p. 100 en sus des enchères, applicables aux frais.

Les livres devront être collationnés sur place dans les vingt-quatre heures de l'adjudication. Passé ce délai ou une fois sortis de la salle de vente, ils ne seront repris pour aucune cause.

M. A. DUREL remplira les commissions des personnes qui ne pourraient assister à la vente.

ORAISON FUNÈBRE.

Tu quoque! *Le Toqué, lui aussi, vend ses
livres! Et au moment de la douloureuse séparation,
il demande à la « clémente amitié » de son collègue
des Amis des Livres, de son co-vice-président des
Bibliophiles Contemporains, une préface; — premières paroles de son catalogue, mais surtout
dernières paroles prononcées sur ses volumes, et leur
oraison funèbre. Cousin, ce franc-maçon de haut
grade, entend qu'on jette de l'eau bénite sur le
cadavre de sa bibliothèque!*

*Oui, cadavre, une bibliothèque envoyée à la vente!
Elle n'avait une existence que chez le bibliophile et
par le bibliophile; elle recevait de lui la vie; il lui*

donnait l'originalité, la personnalité, l'esprit. Dans ses mains elle prenait une signification, un aspect, une physionomie : elle était une entité. Elle croissait, elle se modifiait, elle respirait ; elle parlait aux sens du bibliophile, ivre de la beauté de ses lignes. Vues dans cet état de vie il n'y a pas deux bibliothèques qui se ressemblent ; chacune a son cachet : les plus similaires même se différencient encore par la variété et le goût du rangement d'ensemble et de détail ; les livres, alignés comme des soldats en parade, dans leurs uniformes bleus, rouges, ou citron, artistement entremêlés, forment un spectacle séduisant ; les dorures lancent mille feux :

> De quel éclat brillaient dans les vitrines
> Ces maroquins.... qui n'étaient pas usés !

Mais une fois les livres sortis de la maison du collectionneur, adieu la vie, l'être constitué, l'ensemble. Ce ne sont plus que des membres épars, portés à l'amphithéâtre de la rue Drouot, allongés sur la table sinistre où l'expert les dissèque, où les carabins de la bibliophilie les manipulent sans ménagement ou sans respect, en s'aidant de l'anatomie descriptive du catalogue. C'est là que périt *toute originalité : dans ces catalogues classés, — toujours dans la même, invariable, banale, éternelle, sempiternelle, monotone, insipide et décolorante formule, — par* Théologie, Jurisprudence, Histoire, Belles-Lettres, *etc.*

De la théologie, Cousin? De la jurisprudence, Cousin? Ah ça, prenez-vous le Toqué pour un cuistre? Il se soucie de vos rubriques comme d'un fétu. Je sais d'autres titres qu'il estime véritablement. D'abord il est Toqué; ensuite il est bibelotier et fut bibliomane, et même plus spécialement bibliomane.

*Bibliomane d'une espèce unique. Bibliophiliquement, ce Toqué était un sage. Il ne se donnait pas comme nous tous la préoccupation de se tracer un plan de bibliothèque et de le poursuivre, au prix de peines infinies, et de douleurs amères à chaque contretemps. Il n'avait pas de plan, ou il avait tous les plans. Il voulait cueillir tout ce qui lui paraissait bien; incunables et livres du XVIII*ᵉ, *classiques et romantiques, livres d'heures et Cheik-Neffzaoui, paradis et enfer, mosaïques et jansénistes, reliures des Eve et de Purgold, de Boyet et de Cuzin.*

Inutile de signaler ici les principaux numéros de sa nombreuse bibliothèque. Ce procédé était bon autrefois, à l'époque où les catalogues étaient imprimés de la façon la plus grossière, la plus uniforme et la moins engageante. Alors la préface était comme un coup de grosse caisse initial; elle était bien un avertissement. Elle tambourinait tous les morceaux d'importance, mettait l'eau à la bouche du public amateur, et jouait aussi un bon tour aux espérances secrètes du futur acquéreur.— « Tu crois peut-être, » — semblait-elle lui dire, — « que ce livre de haut » goût que tu guignes du coin de l'œil, que cette » plaquette à la bisque, que ce volume sauce » Padeloup, n'a été remarqué que par toi et va » pouvoir passer inaperçu de tes rivaux, dans l'im- » pression uniforme et peu lisible du catalogue? » Eh bien, attends! Je l'indique spécialement, je » le place en vedette, j'en vante la rareté, la beauté, » la pureté! Et maintenant, enlève-le d'assaut, si » tu es de force! ».

Aujourd'hui le moyen est inutile, avec l'usage adopté de signaler, — dans des catalogues élégamment et clairement imprimés, — tous les livres un peu exceptionnels, par une disposition typographique qui consiste à composer leurs titres en grandes capitales tirant l'œil. Ouvrez donc le catalogue qui va suivre, courez aux grandes lettres, et vous en saurez sur la bibliothèque du Toqué plus que tout ce que l'on pourrait vous énumérer ici.

Il y avait bien un livre que j'aurais aimé à signaler comme si j'avais eu le flair d'en faire la découverte : c'est le fameux, l'incomparable, l'enviable, l'inestimable La Popelinière (les Mœurs du Temps), avec ses dix-huit dessins dont plusieurs sont de pures merveilles. Caprice de fermier général, gouaché et pimenté, qui fut, à la mort de La Popelinière, près d'être jeté au feu par une pieuse héritière shockingnisée, et que le Roi, — sous la forme d'un commissaire de police ami des Arts, — sauva des flammes (Vive le Roi !) pour le plus grand bonheur des futurs possesseurs du livre : le Duc de La Vallière, le Marquis de Paulmy, le Prince Galitzin, le Baron Pichon, le spécialiste Hankey et le Toqué ! J'aurais aimé, dis-je, à avoir l'air de découvrir ce trésor, vrai morceau de grande bibliophilie. La belle malice ! ce livre archicapital est inscrit au catalogue en lettres archimajuscules !

Combien se vendra le La Popelinière ? Quel en sera l'heureux acquéreur ? Question qui pique ma curiosité, et celle du Tout-Paris bibliophile, (peut-être même celle du Tout-New-York). Ce que je sais, c'est que, tant qu'il fut bibliomane, le Toqué demeura incorruptible (il faut lui rendre cette justice), devant les offres les plus troublantes.

C'est égal, je ne vois pas le « Grenier », dépouillé de sa bibliothèque ! Le Grenier, un mignon et coquet quatrième étage du n° 20 de la rue de Dunkerque, tout bondé de la plus fantaisiste accumulation de bibelots qu'on puisse rêver, et qui s'y amalgamaient dans une homogénéité sui generis ! C'étaient les bouquins d'abord, les reliures, les « vieilles et jeunes peaux » ; puis les faïences, et comme dit la chanson :

> .... les verres,
> Les poêlons, les fourneaux,
> Les plats, les soupières....

les tableaux, les vieux dessins, les tabatières (à secret), les montres (à mystères), les triptyques, les armes, les boutons, les estampes, les lithographies, *les photographies, les autographes (qu'au besoin le Toqué autographiait et publiait avec une désinvolture adorable!), etc, etc.*

Eh bien, tout cela n'est encore qu'une apparence, une enveloppe, un décor, disons même un écrin. La perle du Grenier, c'était le Toqué lui-même. Le Toqué, avec sa figure rabelaisienne, son petit[1] œil émerillonné, sa barbe malicieuse, ses airs enflammés, sa verve éblouissante, ses enthousiasmes indescriptibles, sa brillante vanité de collectionneur rendue plus qu'acceptable, — spirituelle ! — par une conversation en feu d'artifice ! Le Toqué, ainsi dépeint par son Président des Bibliophiles Contemporains (des Biblio-Contempo) : « essentiellement polymaniaque, » bibliophile, iconophile, isophile, gynophile, chromo- » typophile, démesurément polyphile[2]; gastrolâtre et « adéphagique, cynégétique, hypergénétique, » — et Brown-Séquardiste !

La Perle n'avait tout son orient que dans et par l'Écrin. Et voilà qu'aujourd'hui la Perle commence à démolir l'Écrin ! Et c'en est fait de la bibliothèque ! Nous ne recevrons plus de ces

---

(1) Pas si petit que ça ! (*Note du Toqué.*)
(2) Et Beraldiphile !   (*idem.*)

cadeaux fastueux comme le Voyage dans un Grenier, ce riche et original volume où Cousin avait cumulé, à l'intention de ses amis, les perfections de la typographie, de l'eau-forte, et de la chromo-typie-Danel ! Nous ne recevrons plus de ces Racontars étonnants, avec cette abracadabrante illustration qui savait marier, sur japon des manufactures impériales, le portrait d'Octave Feuillet à des plats de Rouen, et les gravures de Cattelain aux fac-simile de l'ingénieur Fernique ! Nous n'en recevrons plus. Lugete ! Lasciate ogni speranza ! Fernique !.... Non ! Bernique !

C'est triste ! Et en qualité de bibliophile, je n'ai jamais su voir sans une sincère douleur la disparition d'une collection amie. Adieu donc, bibliothèque du Grenier ! Adieu, livres du Toqué ! Je verse sur vous des larmes....

Ça ne fait rien ! Je suis bien curieux de savoir combien se vendra le La Popelinière !

Henri BERALDI.

TABLE SPÉCIALE

DES LIVRES PORTANT LES ARMOIRIES, L'EX-LIBRIS OU LA MARQUE

DE

ROIS, REINES, PRINCES ET PRINCESSES

ET DE PERSONNAGES ET BIBLIOPHILES CÉLÈBRES OU DISTINGUÉS.

— X —

Cardinaux, Pairs de France,
Personnages célèbres,
Bibliophiles de première et de seconde marque.

ORDRE ALPHABÉTIQUE.

ORDRE DES VACATIONS.

PREMIÈRE VACATION

Mardi 7 avril 1891.

DEUXIÈME VACATION

Mercredi 8 avril 1891.

TROISIÈME VACATION

Jeudi 9 avril 1891.

QUATRIÈME VACATION

Vendredi 10 avril 1891.

CINQUIÈME VACATION

Samedi 11 avril 1891.

— XIX —

Chromo-typographie L. Danel à Lille

Bible en hébreu

THÉOLOGIE.

I. — ÉCRITURE SAINTE.

1. — BIBLE ET LIVRES SÉPARÉS.

1. BIBLE EN HÉBREU, sans lieu ni date. Très petit
volume dont la première et la dernière page ont souffert,
relié en veau brun couvert d'ornements en argent ciselé,
milieux et coins, fermoirs composés chacun de deux
cigognes.

Reliure ancienne d'une conservation parfaite et d'un grand effet, reproduite
dans les « Racontars », et dans le présent Catalogue illustré.

2. PSALTERIUM. Proverbia Salomonis et Job. Canticum
Canticorum, Ruth, Lamentationes Jeremiæ, Ecclesiastes
et Ester. Daniel et Esdras. Liber Paralipomenon. En
Hébreu. Très petit volume, papier fort, réglé, sans lieu
ni date, mais dont chaque partie porte, en dessous de son
titre, la marque de Robert Étienne. Première reliure du
XVIème siècle, en mar. rouge gaufré et doré à petits fers
azurés, fermoir central d'argent, tr. dor.

Sur les plats le nom du propriétaire : Mathœus Toscanus ; en haut du dos
le mot « Hagiographa ».

Volume curieux ; très belle impression.

3. Psalterion en grec. *Venise*, 1641. Très petit volume de 8 cent. de haut, mar. rouge, tr. dor., dos à petits fers, genre Le Gascon. (*Rel. anc.*)

4. PSALTERIUM DAVIDIS ad exemplar Vaticanum anni 1592. *Lugduni, apud Joh. et Dan. Elzevirios*, 1653. Petit in-12, 130^{mm}, mar. rouge, fil à fr., tr. dor. (*Bauzonnet.*)

5. LES CL PSEAUMES DE DAVID, mis en vers françois, par Ph. Des Portes, abbé de Tiron, 1603, chez Abel Langelier. In-8, front. gravé par Thomas de Leu, (suivis de) Prières et Méditations chrestiennes. Veau brun, filets et comp. fleuronnés, milieux dorés : Insignes de la Passion.

> Reliure intéressante, rappelant celles de Henri III.

6. Le Pseautier de David, traduction en François, avec des notes courtes, tirées de S. Augustin et des autres Pères, etc. *Paris, Hélie Josset*, 1685. Pet. in-8 imprimé et réglé à 3 colonnes, frontispice gravé d'après Phil. de Champagne, mar. rouge, filets à compartiments à la *Du Seuil*, tr. dor. (*Rel. anc.*)

7. NOVUM JESU-CHRISTI TESTAMENTUM. Manuscrit du treizième siècle sur peau de vélin très fine, à deux colonnes. Nombreux ornements entre les colonnes, grandes lettres majuscules et petites miniatures. Mar. rouge, dor. sur tr. doublé de maroquin noir, doré en plein avec fers azurés.

> Conservation parfaite.

8. NOVUM JESU-CHRISTI TESTAMENTUM. *Antwerpiæ, Plantini*, 1569. Très petit in-8, en veau brun, doré en plein à petits fers, reliure du XVIème siècle très fine.

9. Novum Jesu-Christi Testamentum. Vulgatæ editionis Sixti
V Pont. Max, jussu recognitum, atque editum. *Parisiis,
ex typographia regia*, 1649. Frontispice en tête du nouv.
Testament. Le second tome contient les Épîtres et l'Apoca-
lypse. — 2 vol. in-12, double réglure, mar. bleu, doublé
de mar. rouge tr. dor. (*Boyet*).

10. LE NOUVEAU TESTAMENT de Notre Seigneur
Jésus-Christ, traduit en Français, selon l'édition Vulgate,
avec les différences du Grec. *A Mons, chez Gaspard Migeot*,
1667.—Trois tomes en un vol. in-8 réglé, mar. La Vallière,
janséniste, doublé de mar. rouge, tr. dor., dentelle intérieure
composée de soleils surmontés de fleurs de lys, alternant
avec des urnes d'où s'échappent des gerbes à la hauteur
des lys, qui en sont séparés par un semis de points. Aux
quatre coins un dauphin couronné. — Reliure exécutée
par *Boyet* pour le Grand Dauphin, fils de Louis XIV,
qui eût été désagréablement surpris de rencontrer chez son
héritier ce bouquin doublement janséniste.

Épreuve superbe du frontispice de Ph. de Champagne, gravé par Van
Schuppen. Volume très précieux.

11. Le Nouveau Testament de N. S. J.-C. traduit de l'ancienne
édition Latine, corrigée par le commandement du Pape
Sixte V, et publiée par l'autorité du Pape Clément VIII,
nouvelle édition revue et corrigée par le R. P. D. Amelote,
etc. *Paris, François Muguet*, 1677. — 2 vol. in-12,
rel. anc., réglés, mar. rouge, compart. à la Du Seuil,
front. gravé d'après Ph. de Champagne. De la bibliothèque
des religieux solitaires de la forêt de Senart.

La préface et l'approbation des Évêques sont dignes d'attention.

2. — FIGURES DE LA BIBLE.

12. LA PASSIONE DI N. S. GIESU CHRISTO, D'ALBERTO DURER di
Norimberga. Sposta in Ottava Rima dal R. P. D. Mauritio
Moro etc. In *Venetia*, 1612, *appresso Daniel Bissuccio*,
in-4, front. de l'édition de 1511 ajouté, mar. vert, jans.
tr. dor. (*Duru.*)

13. EVANGELICÆ HISTORIÆ IMAGINES, ex ordine evangeliorum
quæ toto anno in missæ sacrificio recitantur. Auctore
Hier. Natalis. *Antwerpiæ, Anno Domini* 1593, petit
in-folio, front. et 153 figures avec légendes gravées, veau
fauve, fil., comp. et milieux sur les plats, tr. dor. (*Rel. anc.*)

Très bel exemplaire dans son premier habit, doré aux initiales du Toqué
par Clovis Eve (!).

II. — LITURGIE.

14. HEURES GOTHIQUES. Manuscrit du quinzième
siècle, d'une fraîcheur exceptionnelle et très richement
décoré, hauteur 175 ^{mm} sur 120 ^{mm} de largeur. 25 miniatures. Toutes les pages sont encadrées, au recto et au
verso. Mar. rouge, triples filets, dos orné. tr. dorée.
(*Reliure de Boyet*).

15. HORE *secundum ritum ecclesiæ Romanæ. Impresse
Parisiis arte Magistri Simonis Sylvii Impressoris ere ac
impendio honesti viri Petri Roffet*, (1527). — Sequuntur
suffragia plurimorum sanctorum et sanctarum. *Ibid.*,
2 ouvr. en 1 vol pet. in-8, goth., papier réglé, fig., veau
brun, dent., tr. dor. et cisel. (*Reliure du temps*.)

Édition très rare des Heures de la Vierge, accompagnée d'un opuscule non
moins rare. Ce volume, qui est très beau de marges, renferme 19 grandes

figures gravées sur bois et 12 petites, dont l'une représente le roi David au lit
avec Bethsabée. — Simon du Bois, qui a latinisé son nom en celui de *Sylvius*,
était l'imprimeur de Marguerite de Navarre, duchesse d'Alençon. Il transporta
ses presses à Alençon, de 1530 à 1533, et imprima pour le compte de l'illustre
princesse trois ouvrages dont le plus célèbre est le *Miroir de l'âme pécheresse*.
— Les figures des *Heures de la Vierge* sont très remarquables et d'un style tout
particulier. Elles ne ressembient nullement aux *gravures sur bois* exécutées en
France à la même époque. On dirait des gravures de l'école allemande de Dürer
et de Hans Schaueffelein, combinées avec le style de l'école flamande d'Anvers.
— La reliure du temps porte d'un côté des plats, le portrait doré en médaillon
du ROI FRANÇOIS Ier, avec l'inscription *Franciscus Rex*, et de l'autre le
portrait de la reine Didon. A cause de cette particularité, on attribue ces
reliures à la bibliothèque du Roi François Ier.

16. HORE. *Venetiis, in officinâ Francisci Marcolini*, 1545.
Vol. de 17 cent. de haut sur 11 de large, sans réclames
ni signatures, imprimé en caractères gothiques, en rouge
et noir, illustré de figures sur bois et d'encadrements du
plus grand style. Dans les encadrements figurent alter-
nativement le mot « Olim » et les initiales A. F. G. Le
titre représente, dans un cadre d'arabesques, un paysage
sur le premier plan duquel un cerf de grande taille mord
un serpent. Au bas de la planche le mot « Olim ». Mar.
brun taillé en biseau et creusé sur les plats pour recevoir
des plaques et rosaces d'or et de mosaïque. Le dos est
orné, comme les plats, de perles en mosaïque qui, sur
les plats, figurent des fruits portés par des branchages en
filets courbes. Reliure magistrale de *Hagué*, qu'on croit
copiée sur un exemplaire de ces Heures qui serait au
Vatican.

Hagué a beaucoup travaillé à Londres pour Libri qui *tripatouillait* ses
admirables postiches du 16e siècle, pour les vendre comme reliures anciennes.
Le Duc d'Aumale qui a souvent occupé, durant son exil, ce grand artiste,
nous a raconté sur le complice de Libri, à propos du volume décrit ci-dessus,
une histoire édifiante.

17. HEURES en Françoys et Latin à l'usage de Rome,
corrigées et augmentées de plusieurs suffrages et livraisons

avec figures nouvelles, appropriées chascune en son titre.
— *A Lyon chez Guillaume Roville*, 1558. — Beau volume
dans sa première reliure du 16ᵉ siècle, en veau doré en
plein (plaque) tr. dor. Au centre des plats les nom et prénom
de Barbe Colbert.

> Sur la première feuille de garde, Dame Barbe a écrit de sa main :
>
> Dieu en aide et la Vierge Marie. Appartiennent à Barbe Colbert famme de
> Nicolas Boulet, marchant demourant à Rheims.
> Achapté en Aoust 1568
>
> Sur la garde du premier plat :
>
> Ces heures m'ont été données en 1800 par M. Hacquard ancien correcteur
> d'imprimerie. *Amanton*.
>
> Le fameux bibliophile a ajouté de sa main : Barbe Colbert, femme de Nicolas
> Boulet, marchand à Reims, à laquelle ont appartenu ces Heures, était de la
> famille de Jean-Baptiste Colbert, le grand Ministre de Louis XIV, né à Rheims
> le 31 Août 1619, et dont le grand-père, au rapport de l'abbé de Choisy
> (*Mémoires pour servir à l'histoire de Louis XIV*, page 132) était marchand de
> laine, demeurant à l'enseigne du Long-Vêtu à Rheims.

18. HEURES ET PRIÈRES CHRESTIENNES. Manuscrit de la seconde
moitié du 17ᵉᵐᵉ siècle, par une belle main, sur papier, de
212ᵐᵐ· de haut. 125 feuillets en lettres rondes avec un
calendrier des fêtes mobiles commençant en 1674. Chaque
page est encadrée ; les têtes de chapitre et initiales en or,
et d'une large exécution. Neuf estampes intercalées, dont
une de Jérôme Wierix est remarquable. In-4 mar. rouge, dos
orné, tr. dor., filets et compart. à la Du Seuil, *aux armes
d'un Monthion*, un des ancêtres du fondateur du prix de
ce nom. (*Rel. anc.*)

19. Heures nouvelles dédiées à Monseigneur Dauphin. Écrites
et gravées par Élisabeth Senault. *Paris, de Hansy*, petit
in-12, mar. rouge, tr. dorée. Milieux dorés. (*Petit.*)

20. COMMUNE SANCTORUM. Manuscrit Français de la fin du 14ᵉᵐᵉ siècle, sur velin très fin, luxueusement décoré et orné de deux miniatures charmantes, du faire le plus exquis, (pp. 1 et 37). Quarante-cinq feuillets manuscrits et deux feuillets blancs. Vieux velours rouge, tr. dor.

21. Officium sanctorum. Très petit manuscrit carré du 14ᵉᵐᵉ siècle sur velin, orné à chaque chapitre de lettres représentant des fleurs ou des personnages ; le dernier feuillet porte au centre d'une guirlande rose les lettres S. B. Jolie reliure Vénitienne du temps, en bois recouvert de mar. rouge, tr. dorée et ciselée, dos et plats très ornés. Au centre du 1ᵉʳ plat, un Christ en Croix ; au milieu du second une Vierge portant l'enfant Jésus. Restes de fermoirs en argent.

22. OFFICE DE NOEL. Manuscrit de 355 pages plus le titre, sur papier, réglé, musique notée sur portées rouges, portrait de l'auteur, Joseph de Lafontaine Solare de **La** Boissière, prêtre de la Congrégation de l'Oratoire, mort à l'âge de 83 ans en 1732. Il avait donc en 1721, date du manuscrit, 72 ans.

> Ce volume, de format in-12, est revêtu d'une reliure extraordinaire du temps, en mar. rouge richement mosaïqué à petits fers, doublé de mar. olive également mosaïqué portant les initiales et le nom de Louis de Lafontaine. La doublure est d'un éclat et d'une patine incomparables.

23. Officium SS. Ursulæ et sociarum ejus virginum et martyrum. In Festo et per Octavas die XXI Octobris. *Parisiis, excudebat Franciscus Muguet Regis et illustrissimi Archiepiscopi Parisiensis typographus,* 1688.— In-12, réglé, mar. rouge, tr. dor., dos et plats décorés des pièces d'Armoiries du blason du Cardinal de Fleury, dont l'écu figure au centre des plats, doublé de mar. bleu, dentelles, gardes de papier doré. Reliure parfaite de *Padeloup*, repro-

duite en noir dans le « Voyage » et en couleurs (chromotypie Dancl) dans les « Racontars » page 172.

> Un chapitre entier du *Voyage dans un Grenier* est consacré à ce petit
> bouquin (pages 49 à 52).

24. ORATIO DOMINICA CL linguis versa et propriis cujusque
linguæ characteribus plerumque expressa, edente J. J.
Marcel, typographei Imperialis administro generali. *Parisiis, Typis Imperialibus, anno repar. Sal.* 1805, *Imperii
que Napoleonis primo.* — Grand in-4, papier velin, texte
encadré de rouge, diverses pièces ajoutées, et notamment
un beau portrait du pape Pie VII, à qui ce livre a été dédié, à
l'occasion de sa visite à l'Imprimerie Impériale, mar. rouge,
dent., dos très orné, tr. dor. Curieuse reliure de *Simier*,
qui tient à la fois de Derome, Thouvenin et Bozérian.

25. CATHEMERINON ex precatoriis Grœcorum libellis à Johanne
Sylvio Atrebatio congestum, etc., etc. *Antwerpiæ, ex
officina Christophori Plantini, prototypographi Regii,* 1571.
— In-8, admirablement imprimé en Grec et en Latin.
Majuscules magnifiques, nombreux témoins. Mar. rouge,
fil., tr. dor. (or vert), dos ornés de serpents se mordant la
queue. (*Reliure parfaite du* 16*ème siècle*).

26. LES PRIÈRES ET LES CÉRÉMONIES DE LA CONSÉCRATION D'UN
ÉVÊQUE. Sans titre. — 59 pp. in-8, gr. pap., mar. rouge,
filets, coins ornés, tr. dor., Croix de St-Cyr sur les plats.

> Plaquette arrangée pour Madame de Maintenon.

27. Sentences, Prières et Instructions chrétiennes, tirées de
l'ancien et du nouveau Testament, par le sieur de Laval,
Paris, Pierre le Petit, 1676. — In-12, mar. rouge, tr. dor.,
dos à petits fers, filets à compart. et fleurons à la Du Seuil.
(*Rel. anc.*)

III. SAINTS-PÈRES ET TRAITÉS DIVERS.

28. Sancti Aurelii Augustini, Hipponensis Episcopi Confessionum libri XIII emendatissimi et notis illustrati, cum novis in singula capita argumentis. *Parisiis, typis et sumptibus Joannis Baptistæ Coignard, Regis typographi et Bibliopolæ ordinarii,* 1687. — In-12, mar. citron, fil. à fr., gardes dorées. Belle reliure janséniste de *Boyet.*

29. La Méthode dont les Pères se sont servis en traitant des Mystères, dédiée au Roy par M. l'abbé de Moissy, Consiller prédicateur du Roy et Aumônier de la feuë Reine. Mère de Sa Majesté. *Paris, J.-B. Coignard,* 1683. — In-4, gr. pap., mar. rouge, tr. dor., filets à compart., coins fleuronnés.

Exemplaire de dédicace aux armes du Roi Louis XIV.

30. Tractatus de arte bene vivendi et bene moriendi.... *Impressus Parisiis in monte Sancti Hylarii in intersignio sancte Katherine : pro Dionysio Roce librario commoranti in vico sancti Jacobi,* etc. Anno Dñi millesimo quingentesimo primo (1501). — 33 feuillets in-8 (*a-e*), mar. vert russe foncé, dos, coins et milieux fleuronnés, filets, comp. à froid, tr. dor., reliure dans le style du 16ᵉᵐᵉ siècle. (*Capé.*)

Exemplaire très pur.

31. De imitatione Christi et Contemptu mundi omnium que ejus vanitatum libri IV, codex de Advocatis Sæculi XIII, *Londini, Pickering,* 1851. — In-12, pap. velin, mar. vert russe, fil. à froid, tr. dor. (*Thompson.*)

32. L'IMITATION DE JÉSUS-CHRIST. *Paris, L. Cur-mer*, 1855-1858. Chromolithographie de Lemercier, typographie de J. Claye à Paris, 2 tomes en papier velin fort contenant : le premier le texte de l'Imitation encadré dans des ornements empruntés aux plus beaux manuscrits connus ; le second, une notice de Jules Janin sur l'Imitation, une notice de M. l'abbé Delaunay sur les auteurs présumés du livre, l'histoire de l'ornementation des manuscrits par M. Ferdinand Denis, le catalogue bibliographique des manuscrits reproduits, un index copieux, et une grande danse macabre, etc., etc. — 2 vol., gr. in-8, reliés en velin blanc, non rognés.

33. Gerson, de l'Imitation de Jésus-Christ, traduit d'après un manuscrit de 1440 par l'abbé Delaunay, curé de St-Étienne du Mont. Édition nouvelle, corrigée, augmentée d'une nouvelle préface. *Paris, Tross,* 1869. — In-16, front. et encadrements à chaque page, gravés sur bois, demi-rel., dos et coins en velin blanc, non rogné. Couverture. (*Laureau.*)

34. Jodoci Badii Ascensii Stultiferæ naviculæ seu Scaphæ Fatuarum mulierum : Circa sensus quinque exteriores fraude navigantium.... *Impressit honestus Johannes prusz civis Argentinensis*, anno Salutis, 1502. — In-4, front. et fig. sur bois , veau antique , fers à froid , comp. fleur. et gaufrés dans le style du 16ᵐᵉ siècle. (*Rennaes.*)

> Ce livre curieux reproduit l'édition imprimée à Paris deux ans auparavant, en 1500, pour Angelbert de Marnef par Thielman Kerver, sous le titre de : *Stultiferæ naves sensus animos que trahentes mortis in exitium.* La préface (au verso du titre) de Wympfeling de Selestad, adressée à de jeunes étudiants, est très intéressante. *Que d'autres* (dit-il à ses amis), *que d'autres se passionnent pour l'or et les richesses, qu'ils boivent dans l'argent, se drapent dans la soie, se délectent dans les spectacles... qu'ils aillent à Rome, y apprennent la ruse, accumulent les prébendes et sollicitent les dispenses du Souverain pontife... Votre vocation à vous, chers amis, c'est l'étude de la philosophie et de la sagesse.....*
>
> Ce Wympfeling devançait Luther qui n'avait, en 1500, que 17 ans.

35. NAVICULA SIVE SPECULUM FATUARUM, prestantissimi sacrarum literarum Doctoris J. Geiler Reysersbergii Concionatoris Argentinensi a Jacobo Otthero collecta. *Argentorati*, anno 1513. — Petit in-4, gothique, mar. rouge, dos orné, filets, tr. dor. (*Anc. rel.*)

Édition rare d'un livre curieux. L'Exemplaire contient la vie de Geiler, qui manque souvent.

36. Histoire de la Passion de Jésus-Christ, composée en 1490 par le R. P. Olivier Maillard, publiée en 1828, comme monument de la langue française au XVème siècle... par Gabriel Peignot. Seconde édition. *Paris, de l'imprimerie de Crapelet; Paris et Lyon, Bohaire.* — Gr. in-8, front. gravé (le Christ, d'après Léonard de Vinci), gr. pap. velin, demi-mar. violet, triples filets, dos très orné à petits fers, tête dorée, n. rogné.

37. Pia desideria, Emblematis, Elegiis et Affectibus SS. Patrum illustrata authore Hermanno Hugone societatis Jesu, ad Urbanum VIII, Pont. Max. Sculpsit Christophorus à Sichem (C. Vischer) pro P. I. P. *Typis Henrici Aertssenii, Antwerpiæ*, 1628. — Petit in-8 carré, 2 frontispices, le second aux armes d'Urbain VIII, figures et culs-de-lampe curieux, mar. lie de vin, fil. à fr., tr. dor. (*Capé.*)

Exemplaire à toutes marges.

38. INTRODUCTION A LA VIE DÉVOTE du bienheureux François de Sales, Évesque de Genève. *Paris, de l'Imprimerie Royale*, 1651. — In-8, mar. raisin de corinthe, milieux mosaïqués de mar. vert (ceps de vigne) à petits fers, dent. int., tr. dor. (*Lortic.*)

Très bel exemplaire.

39. TRAITTÉ DE LA PERFECTION DU CHRESTIEN par l'Eminentissime Cardinal de Richelieu. — In-4, front. de Claude Mellan, en-têtes, culs-de-lampe, lettres grises remarquables, mar. rouge, tr. dor., triple fil., dos orné de fleurons élégants.

> C'est un des exemplaires de présent aux armes du Cardinal, distribués par l'Archevêque de Lyon, frère de l'auteur. Le portrait du Cardinal qui figure au frontispice est très remarquable.

40. TRAITÉ DE L'ORAISON, divisé en sept livres. Seconde édition reveuë et corrigée. *A Paris, chez Hélie Josset*, 1680 (par Nicole). — In-8, réglé, mar. rouge, tr. dor. (or vert), aux armes de Paule-Françoise-Marguerite de Gondi, duchesse de Retz, douairière de Lesdiguières. (*Boyet.*)

> Ces armes, (d'or à deux masses d'armes de sable, liées de gueules) timbrées de la couronne ducale et ornées de la cordelière des veuves, sont répétées quinze fois sur le dos et les plats du volume, sans altérer le caractère janséniste de ce vénérable bouquin, qui fait l'objet d'un chapitre entier du « Voyage dans un Grenier » (pages 33 à 37).

41. Conduite Chrestienne tirée de l'Ecriture Sainte et des Pères de l'Église, touchant la Confession et la Sainte Communion, dédiée à Madame la Chancelière. *Paris, Hélie Josset*, 1675.— In-12, réglé, mar. rouge, filets, tr. dor. (*Rel. anc.*)

> Édition originale.

42. Caractère ou portrait de l'honnête homme chrétien, avec des pensées et des réflexions ingénieuses et morales par Monsieur le Prieur de St-Hilaire. *Paris, Nicolas Couterot*, 1697. Édition originale. — In-12, réglé, mar. rouge, tr. dor., fil. à compart. fleuronnés. (*Du Seuil.*)

> Très bel exemplaire.

43. EXPLICATION DES MAXIMES DES SAINTS sur la vie intérieure, par Messire François de Salignac Fénelon, archevêque, duc de Cambray, précepteur de Messeigneurs les Ducs de Bourgogne, d'Anjou et de Berry. *A Paris, chez Pierre Aubouin, libr. de Mess. les Enfants de France, Pierre Emery, Charles Clousier,* 1697. — In-12, mar. bleu jans., tête dorée. (*Capé.*)

Édition originale.

44. Réflexions sur la miséricorde de Dieu, par la duchesse de Lavallière, suivies de ses lettres et des sermons pour sa vêture et sa profession, par MM. d'Aire et de Condom. Nouvelle édition revue, annotée et précédée d'une étude biographique par M. Pierre Clément, de l'Institut. *Paris, Techener,* 1860. — Grand papier de Hollande, portrait avant le cadre et avec le cadre, 2 tom. en 1 vol. in-12, mar. vert jans., tr. dor. (*Niédrée.*)

IV. ORDRES MONASTIQUES. INQUISITION.

45. LES EXERCICES SPIRITUELS DE S. IGNACE DE LOYOLA, fondateur de la Compagnie de Jésus, traduits du Latin en François par un Père de la même Compagnie. *A Anvers, chez Michel Cnobbaert,* 1673. — Pet. in-8, portrait de St Ignace et nombreuses figures, mar. vert jans., tr. dor.

Le portrait de Loyola est remarquable et pourrait avoir été dessiné par Rubens ou Van Dyck dont plusieurs tableaux sont reproduits dans le volume. Plusieurs figures sont très curieuses : voir pp. 49 et 63. Note manuscrite d'une écriture du 17e siècle sur le feuillet de garde qui précède le titre.

46. REGLEMENTS DU MONASTÈRE DES NONNES DU St-SÉPULCHRE A VENISE. Manuscrit en rouge

et noir du XVème siècle commençant ainsi : « In nome del signore ñro Jesu xpo incomincia la regula il modo del vivere che se havera a tenire nel monasterio del S^to Sepolcro, etc. S. l. ni date, 16 feuillets sur peau de velin de format in-4, mar. brun, compartiments dorés. *Quatre* fermoirs.

Exemplaire de *Canevari*, dans une riche reliure vénitienne, d'une conservation parfaite, reproduite page 112 du Tome II du nouvel armorial du Bibliophile de Joannis Guigard.

47. Les Constitutions du monastère de Port-Royal du Saint-Sacrement (par les mères Agnès Arnauld, Euphémie Pascal et sœur Gertrude). *Paris, Guillaume Desprez et Jean Desessarts*, 1721. — Pet. in-12, mar. citron, tr. dor., dent. à froid sur le dos et les plats, gardes dorées. (*Rel. anc.*)

48. Sacro Arsenale Overo pratica dell Officio della S. Inquisitione Ampliata in Roma, *appresso gl'Heredi del Corbelletti*, 1639. — In-4, mar. vert, compart. à la Grolier, tr. dor.

Il est permis de supposer que ce livre, du plus grand intérêt, doit être fort rare.

V. ÉCRITS POLÉMIQUES.

49. Recueil. de plusieurs escrits publiés touchant les Jésuites, depuis la mort de Henry-le-Grand jusques au premier jour de ceste année 1611 (suit la liste des neuf opuscules reproduits avec pagination séparée pour chacun) pour Estrennes de l'an 1611. Privilège signé Poussepin daté du 26 juin 1610. — In-8, v. fauve, tr. dor., filets. (*Thouvenin.*)

Recueil très curieux auquel peut s'appliquer la note concernant le volume précédent.

50. Les Provinciales, ou les lettres escrites par Louis de Mon-
talte (Bl. Pascal) à un provincial de ses amis, et aux RR.
PP. Jésuites, sur le sujet de la Morale et de la Politique
de ces Pères. *Cologne, chez Pierre de la Vallée (Amst.,
Louis et Daniel Elzevir).* 1657. — Petit in-12, première
édition, témoins, 131^{mm}, mar. rouge, tr. dor., doublé de
mar. rouge, dent. int. (*Cuzin.*)

51. La Politique des Jésuites. *A Londres,* 1688. — In-12,
front. (curieux), veau marbré, tr. rouge, fil., dos orné de
fers spéciaux (flammes rappelant le frontispice). (*Rel. anc.*)

On a ajouté à ce volume « La décadence de l'Empire Papal, par laquelle il
est menacé d'une prochaine ruine, pour faire place à la Réformation. Eclogue
tirée des papiers de l. B. M. R. A. H. *A Amsterdam, chez Daniel du Fresne,*
1689. »

52. L'Alcoran des Cordeliers, tant en Latin qu'en François,
c'est-à-dire Recueil des plus notables bourdes et blasphèmes
de ceux qui ont osé comparer St François à Jésus-Christ,
etc., etc. Nouvelle édition ornée de figures dessinées par
B. Picart. *A Amsterdam, aux dépens de la Compagnie,*
1734. — 2 vol. in-12, front. double et figures, veau
fauve, tr. dorée, dos orné à la Padeloup, triples fil.
(*Rel. anc.*)

53. Renversement de la morale chrétienne par les désordres
du monachisme. Enrichi de figures. On les vend en Hollande chez les Marchands Libraires et Imagers. Avec
privilège d'Innocent XI (même titre en hollandais), deux
parties, la 1ère avec front. et 25 figures, la 2de avec 25
figures. — In-4, vélin de Holl. gaufré, coins fleurdelysés,
dos à nerfs. (*Rel. anc.*)

Exemplaire très pur.

54. La vie de Jésus, par Ernest Renan, membre de l'Institut,
avec une préface nouvelle, édition illustrée de 60 dessins
par Godefroy Durand. *Paris. Michel Levy frères*, 1870.
— Gr.in-8, dos et coins de mar. brun, tête dor., non r.,
plats toile.

VI. HISTOIRE ET PHYSIQUE SACRÉE.

55. Les Fleurs des Vies des Saints, des Festes de toute l'année,
suivant l'usage du Calendrier Romain réformé, Recueillies par le R. P. Ribadeneira, religieux de la Compagnie
de Jésus, auxquelles ont été adjoutées les Vies de plusieurs
Saints de France, par M. André Du Val, etc., le tout à
présent remis dans la pureté de notre langue Françoise par
le sieur Rault.... *Rouen, R. L'Allemant*, 1668. — 2 tom.
en 1 vol. gr. in-8 à 2 col., figures en tête de chaque mois,
veau brun, filets, dos fleuronné, à toutes marges. (*Rel. anc.*)

De la Bibliothèque du Comte d'Hinnisdael.

56. Physique Sacrée, ou Histoire naturelle de la Bible, traduite du Latin de M. Jean-Jacques Scheuchzer, docteur
en médecine, professeur en mathématiques à Zurich,
membre de l'Académie Impériale des Curieux de la Nature
et des Sociétés Royales d'Angleterre et de Prusse, enrichie
de figures en taille-douce, gravées par les soins de Jean-
André Pfeffel, graveur de S. M. Impériale. *A Amsterdam,
chez Pierre Schenk et Pierre Mortier*, 1732-1737 (750 fig.
la plupart très curieuses). — 8 vol. in-folio, veau fauve,
tr. rouge, filets, coins fleuronnés. (*Rel. anc., attribuée à
Padeloup*).

Très bel exemplaire de la bibliothèque des Prémontrés de Cuissy.

JURISPRUDENCE.

57. Gravina, de ortu et progressu juris civilis. *Neapoli,* 1701. — In-8, aux armes du pape Clément XI à qui ce livre est dédié. Riche reliure italienne, mosaïquée et dorée en plein, aux armes de Clément XI, conservation parfaite.

58. La practique et Enchiridion des Causes criminelles, illustrée par plusieurs élégantes figures, rédigée en escript par Josse de Damhoudère, docteur ès-droicts. *Louvain, Estienne Wauthers et Jehan Bathen,* 1554. — Petit in-4, fig. sur bois, mar. rouge, fil., tr. dor. (*Duru.*)

> Première édition très rare, dont trois figures (sur 53) ont subi des modifications dans les éditions pudibondes qui ont suivi. Elles sont ici *découvertes* comme dans les exemplaires de choix des Contes de La Fontaine.

59. Recueil des Edits, Déclarations, Arrests, et autres pièces concernant les Duels et Rencontres. *A Paris, par Sébastien Mabre-Cramoisy, Imprimeur du Roy,* 1669. — In-12 d'une belle exécution, rel. en vélin, titre calligr., à toutes marges.

60. Recueil d'Édits, Déclarations, Arrêts et autres Pièces
concernant la Régie du Droit sur les Cartes. *A Paris, à
l'Imprimerie Royale*, 1771. — In-4 de 226 pp., basane
marbrée, tr. rouge.

> Chaque pièce est paginée séparément. Le propriétaire du Recueil a paginé
> l'ensemble à la main.

61. Dei delitti e delle pene. Nuova edizione, correcta et
accresciuta. *Paris, Didot*, 1780. — Gr. in-8, papier vélin
fort, veau fauve, tr. dor., fil. (*Derome.*)

62. De l'origine, de la forme et de l'esprit des jugements
rendus au moyen-âge contre les animaux, avec des documents inédits, par Léon Menabrea. *Chambery, Puthod*,
1846. — In-8, pap. fort, mar. brun, fil. à froid, tr. dor.,
riches dent. int. (*Lortic.*)

> Très bel exemplaire à toutes marges.

Cy fine la Jurisprudence.

SCIENCES ET ARTS.

I. — PHILOSOPHIE, MORALE, POLITIQUE, ÉDUCATION.

I. — PHILOSOPHES ET MORALISTES ANCIENS.

63. La Morale et la Politique d'Aristote, traduites du grec par M. Thurot, professeur au Collège de France et à la Faculté des lettres de Paris. *Paris, Firmin Didot père et fils*, 1823-4. — 2 vol. gr. in-8, 2 fig., gr. papier vélin, demi-mar. vert russe, dos fleuronné, non rog. (*Capé.*)

64. ARISTOTELIS, ALEXANDRI ET CASSII PROBLEMATA, etc., etc. *Francofurti, apud heredes Andreæ Wecheli*, 1585. — In-4, mar. citron, tr. dor., aux premières armes et aux chiffres d'Aug. de Thou. (*Rel. anc.*)

Très beau livre, parfaitement conservé.

65. M. Tullii Ciceronis philosophicorum. Tomus I (et II)
cum optimis ac postremis exemplaribus accuratè collatus.
Lugd. Batavor. Ex Officinâ Elzevirianâ. 1642. — 2 vol.
in-12, mar. bleu, tr. dor., fil., dos orné. (*Niedrée.*)

Exemplaire tout neuf. On devine pourquoi.

66. Les Offices de Cicéron traduits en françois sur la nouvelle édition latine de Grœvius, avec des notes et des som-
maires des chapitres. Par le traducteur des lettres de S.
Augustin. *Paris, chez la veuve de J.-B. Coignard, Imp.
et Lib. ord. du Roy et J.-B. Coignard, Imp. ord. du Roy,*
1692. — In-8, veau brun. (*Rel. anc.*)

Beau volume en gros caractères, première et très bonne reliure.

67. Epicteti enchiridion et Cebelis tabula, græcè et latinè,
prioribus editionibus emendatiora et auctiora. *Amstelodami, apud Joannem Ravesteinium,* 1670. — Très petit
in-16, cuir de Russie, fil., comp., tr. dorée. (*Purgold.*)

Délicieux exemplaire de Veinant, acheté à sa vente.

68. Les Morales d'Epictète, de Socrate, de Plutarque et
de Sénèque. *Au chasteau de Richelieu, de l'Imprimerie
d'Etienne Migon, Professeur en mathématique, et Imprimeur ordinaire du Roy pour le faict de la milice,* 1653.
— Très petit in-8, veau fauve, tranche dorée, dos orné de
pièces d'armoiries. (*Rel. anc.*)

Ces pièces sont les écureuils de Fouquet à qui le volume a appartenu et qui
a pu y chercher un adoucissement aux regrets du puissant Seigneur tombé de
si haut. « *Voyage dans un Grenier* », pages 117 à 119.
L'exemplaire est en papier fort et son dernier fleuron n'est pas celui qui
termine les exemplaires ordinaires.

69. Extrait de Platon. *A Paris, chez Louis Josse, Imprimeur de Monseigneur l'Archevêque, ruë St-Jacques, à la*

Couronne d'Epines, 1698. — Petit in-8, réglé, veau rougeâtre jans., tr. dor., fil. à froid, doublé de mar. rouge,
dentelle. (*Boyet.*)

> A servi ; mais où trouver un autre volume relié par Boyet, en veau doublé
> de maroquin ?

70. L. Annœi Senecœ, Philosophi, opera omnia, ex ult. J.
Lipsii emendatione, et M. Annœi Senecœ Rhetoris quæ
extant ex And. Schotti recens. *Lugdun. Bat., apud Elzevirios*, 1640. — Front., portrait et fig. en pied de Sénèque
mourant. — Joh. Fred. Gronovii ad. L. et M. Senecas
notæ. *Lugd. Batav., ex officinâ Elzeviriânâ*, 1649.
— 4 vol. petit in-12, cuir de Russie, dent., tr. dor.
(*Thouvenin.*)

71. Timée de Locres en grec et en françois, avec des disser-
tations sur les principales questions de la métaphisique,
de la phisique et de la morale des anciens, etc., par M. le
marquis d'Argens, chambellan de S. M. le Roi de Prusse,
de l'Académie Royale des Sciences et Belles-Lettres de
Berlin, Directeur de la Classe de Philologie. *A Berlin*,
1763, *chez Haude et Spener*. — In-12, mar. rouge, filets,
tr. dorée. (*Rel. anc.*)

> Reliure d'une fraîcheur extraordinaire, de Derome l'ancien, ex-libris Flamen
> Dassigny fils.

II. — PHILOSOPHES ET MORALISTES MODERNES.

Politique. — Éducation.

72. (Argens). La Philosophie du Bon-Sens ou Reflexions
Philosophiques sur l'Incertitude des Connaissances Humai-
nes à l'usage des Cavaliers et du Beau-Sexe. Nouvelle
édition Revuë, Corrigée et Augmentée d'un Examen

Critique des Remarques de M. l'Abbé d'Olivet, de l'Académie Françoise, sur la Théologie des Philosophes Grecs,
par Monsieur le Marquis d'Argens. *A la Haye, chez Pierre
Paupie,* 1747. — 2 vol. in-12, mar. rouge, filets, dos
orné, tr. dor. (*Rel. anc.*)

> Reliure très fraiche que les Cavaliers et le Beau-Sexe n'ont pas fatiguée (ni
> moi non plus).

73. Bagatelles morales. *Ridentem dicere verum quid vetat ?*
(Horat.) *A Londres, et se trouvent à Paris chez Duchesne,*
1754. — In-12, veau fauve, tr. rouge. (*Anc. rel.*)

> Très bel exemplaire portant un énorme ex-libris aux armes du Prince de
> Marsan-Lorraine.

74. (BOURGOGNE). PROJETS DE GOUVERNE-
MENT résolus par Monseigneur le Duc de Bourgogne,
après y avoir bien mûrement pensé. Manuscrit de 275 pp.
in-fol. de 355^{mm} de haut. sur 240^{mm} de large, exécuté
en bâtarde courante, sur papier de Hollande, pour la Reine
Marie-Antoinette. Reliure anc. de *Derôme le jeune,* portant
son étiquette, en mar. vert, doublé de tabis rose ; large
dent. sur les plats, dos très orné à petits fers, aux armes de
la Reine : écus de France et d'Autriche accolés.

> Note du Toqué extraite des Racontars : « J'ai manié cinq cents reliures de
> Derome : je n'en ai jamais caressé une plus fine et mieux conservée. C'est une
> perle ! »

75. Caractères, pensées, maximes et sentimens, dédiez à
Mgr le Duc de Larochefoucault. Suivant la copie. *A Paris,
chez Nic. de Burre et chez l'auteur.* — Petit in-12, dos
et coins mar. bleu, non rogné. (*Bauzonnet.*)

> Exemplaire de La Bédoyère.

76. (CHARRON). DE LA SAGESSE, Livres trois (*sic*), par M. Pierre
le Charron, Parisien, Chanoine Théologal et Chantre en

l'Eglise Cathédrale de Condom. *A Bourdeaux, par Simon Millanges, Imprimeur ordinaire du Roy*, 1601. — In-8, mar. rouge, dos orné, tr. dor., fil. (*Rel. anc.*)

Édition originale dans sa première reliure, portant sur le feuillet de garde la signature de Sainte-Beuve. Ex-libris Guy Pellion.

77. (Cramezel). Les délices de la Solitude, ou Réflexions sur les matières les plus importantes au vrai bonheur de l'homme. Par M. le Chevalier de Cramezel, ancien Officier des Vaisseaux du Roi. *Paris, Pecquet*, 1752. — In-12, mar. rouge, pièce de titre en mar. vert, fil., tr. dor. (*Rel. anc.*, témoins.)

Édition originale, suivie d'un essai philosophique sur la probité, la vertu et l'honneur. *Aux armes de Madame Adélaïde de France.*

78. (Érasme). Codicille d'or, où petit recueil tiré de l'Institution du prince chrestien, composée par Érasme. Mis premièrement en françois sous le roy François Ier, et à-présent pour la seconde fois. Avec d'autres pièces énoncées dans la page suivante. S. l., 1665. — Petit in-12, mar. citron, fil., tr. dorée. (*Rel. anc.*)

79. FAVORY DE COURT (LE), contenant plusieurs advertissements et bonnes doctrines pour les favoris des Princes, et autres seigneurs et gentilshommes qui hantent la Court : nouuellement traduit d'espaignol en françoys, par maistre Jacques de Rochemore, lieutenant particulier en la seneschaucée et siège présidial de Beaucaire et Nismes en Languedoc. *A Lyon, par Guillaume Roville, à l'Escu de Venise*, 1556. — In-8, veau brun ant. à comp. dorés et en mosaïque, tr. dor. Très riche reliure lyonnaise du 16me siècle.

Sans maquillage.

80. (Fénelon). Lettre de Fénelon à Louis XIV. Tirage spécial sur peau de vélin, demi-mar. rouge à coins. (*Capé.*)

81. (Fleury). Devoirs des Maîtres et des Domestiques, par M. Claude Fleury, prêtre, abbé du Loc-Dieu. *Paris, Pierre Aubouin, Pierre Emery et Charles Clouzier,* 1688. — In-12, v. brun. (*Rel. anc.*), à toutes marges.

Bouquin très intéressant pour l'histoire intime des mœurs du 17ᵉ siècle.

82. (Fortin). Testament et Conseils fidèles d'un bon père à ses enfants. Composé par P. Fortin, seigneur de la Hoguette, dixième édition, corrigée en plusieurs endroits et augmentée de divers traittés, à Monseigneur de Bellièvre, prem. Président. *Paris, Pierre Le Petit,* 1661. Avec privilège daté de 1655. — Suivi du Catéchisme Royal en 56 pp., pagination séparée. — In-12, veau fauve, fil., tr. dor. (*Muller.*)

Dix éditions en peu d'années constituaient à cette époque un grand succès, absolument justifié par le livre de Fortin, un des plus intéressants et des plus instructifs de la seconde moitié du grand siècle.

83. (Gomberville). La Doctrine des Mœurs, où sont représentées en cent tableaux la différence des passions qui enseignent la manière de parvenir à la sagesse universelle. Par Monsieur de Gomberville, de l'Académie Françoise. *Au Palais, chez A. Soubron, libraire de la Reine,* etc., etc., 1681. — 2 parties en 1 vol. in-12, front. et 103 figures, mar. marron, dos très orné, fil., tr. dor. (*Gaillard.*)

Ces figures sont tirées des Emblemata Horatiana d'Otto Vœnius.

84. (Gracian). L'Homme de Cour, traduit de l'espagnol de Baltazar Gracian par le sieur Amelot de la Houssaye. Avec des notes. *A Paris, chez la veuve Martin et Jean Boudot,*

rue St-Jacques, au Soleil d'Or, 1684. — In-12, front.,
mar. rouge, tr. dor. (*Rel. anc.*)

Exemplaire de Guyon de Sardière et du Duc de Lavallière, reliure très fraîche.

85. (Helvetius). De l'Esprit. *Paris, Durand*, 1758. — In-4,
mar. rouge, fil., tr. dorée. (*Rel. anc.*)

Édition originale.

86. (La Bruyère). Les Caractères de Théophraste, traduits
du grec, avec les Caractères ou les Mœurs de ce siècle.
Septième édition Reveuë et corrigée. *A Paris, chez Etienne
Michallet*, 1692. — In-12, carton. en demi-percaline.

Lavé et encollé. 166ᵐᵐ, nombreux témoins.

87. Les Caractères de Théophraste, etc., etc., huitième
édition..., 1694. Même reliure que le n° précédent. 164ᵐᵐ.

88. LES CARACTÈRES DE THÉOPHRASTE, etc.,
etc. Neuvième édition, 1716 (pour 1696). Dernière édition
revue par l'auteur. — Mar. tête de nègre, doublé de mar.
lie de vin, tr. dorée. (*Cuzin*.)

C'est la reliure magistrale inventée par Le Barbier de Tinan. Point de dentelle intérieure : un simple filet sépare les deux peaux.

89. Les Caractères de Théophraste, etc. Nouvelle édition
augmentée de quelques notes sur ces deux ouvrages et de
la défense de La Bruyère et de ses Caractères. Par M. Coste.
Paris, Michel-Étienne David, 1750. — 2 vol. in-12, maroquin citron, larges dentelles, tr. dor., doublé en tabis.
(*Rel. anc.*)

90. (LA CHAMBRE). LES CHARACTÈRES DES
PASSIONS, PAR LE Sʳ DE LA CHAMBRE, médecin

6

de Monseigneur le Chancelier. *A Paris, chez P. Rocolet, Imprimeur du Roy, en la Galerie des Prisonniers : et P. Blaise, ruë St-Jacques,* 1640. — In-4, mar. rouge, doré en plein, dos et plats, aux petits fers. (*Rel. anc.*)

Exemplaire d'Ambroise-Firmin Didot portant son ex-libris. Reliure de Le Gascon reproduite dans les Racontars, page 128, et dans le présent Catalogue (illustré).

91. (Lamennais). Paroles d'un Croyant. *Paris, Eugène Renduel,* 1833. Édition originale, à laquelle on a ajouté la préface de l'édition populaire in-12 qui a suivi. — In-8, mar. rouge jans., tr. dor. (*Duru.*)

Volume très précieux offert par Lamennais à son ami d'Ortigues, pour qui il a écrit de sa main six paragraphes laissés en blanc au chapitre 32, page 186 de l'édition originale, et qui n'ont été imprimés que dans les éditions suivantes. Exemplaire acheté à la vente d'Ortigues, et qui a fait l'objet d'un chapitre du *Voyage dans un Grenier* (pages 53 à 55).

92. (Leibnitz). Essais de théodicée sur la bonté de Dieu, la liberté de l'homme et l'origine du mal, par M. Leibnitz, nouvelle édition augmentée de l'histoire de la vie et des ouvrages de l'auteur, par M. le Chevalier de Jaucourt. *Amsterdam, Fr. Changuion,* 1747. — 2 vol. petit in-8, veau fauve, fil., tr. dorée. (*Bauzonnet.*)

Exemplaire relié sur brochure à toutes marges, pour La Bédoyère. Paraît sortir de l'atelier.

93. (Lingée). Réflexions et Maximes par M. de Lingée. *Paris, Jules Didot aîné,* 1828. — In-12, papier vélin (piqué), mar. vert, tr. dor.

Envoi manuscrit de l'auteur.

94. (Locke). Essai philosophique concernant l'entendement Humain, où l'on montre quelle est l'étendue de nos connaissances certaines, et la manière dont nous y parvenons.

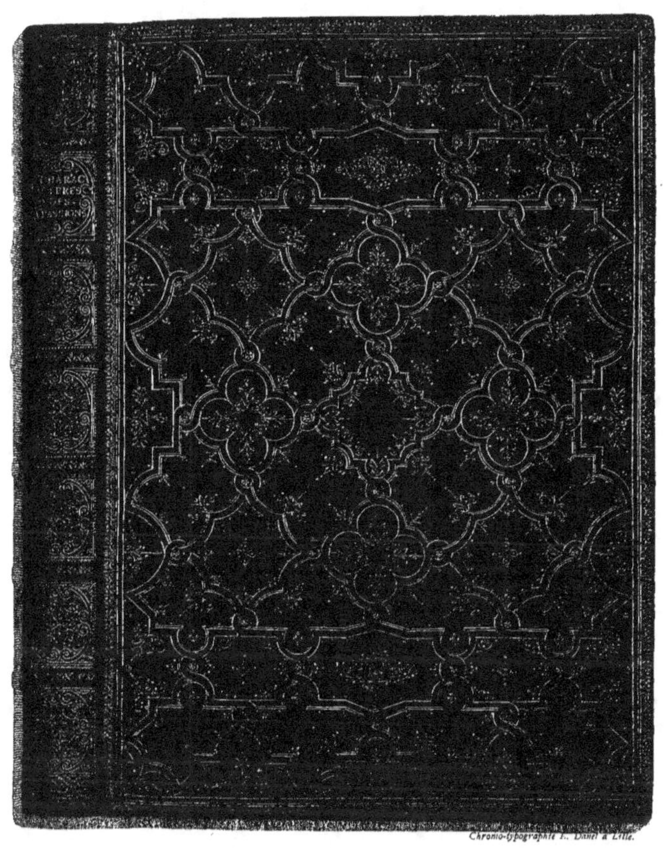

Charactéres des passions.

Traduit de l'anglois de Mr Locke, par Pierre Coste sur la quatrième Édition, revuë, corrigée et augmentée par l'auteur. *A Amsterdam, chez Henri Schelte,* 1700, avec privilège de Nosseigneurs les Estats de Hollande et de West-Frise. — In-4, portrait, veau fauve, tr. dor. (*Rel. anc.*)

Aux armes du Comte d'Hoym. Témoins.

95. De l'Education des Enfans : traduit de l'anglois de Mr Locke, par Pierre Coste, sur la dernière édition revuë, corrigée et augmentée de plus d'un tiers par l'auteur. *Paris, Jean Musier,* 1711. — In-12, veau fauve, dos à la Padeloup, tr. rouge. (*Rel. anc.*)

Très bel exemplaire aux armes du Comte d'Hoym.

96. (Machiavel). Le Prince, de Nicolas Machiavel, citoien et Secrétaire de Florence, traduit et commenté par A. N. Amelot, sieur de la Houssaye. *Amsterdam, H. Wetstein,* 1684. — In-12, mar. noir, tr. dor., aux armes de Louis-César de Cremeaux, marquis d'Entragues, dont le chiffre figure sur le dos du volume, ainsi que deux de ses ex-libris à l'intérieur des plats. (*Rel. anc.*)

Ce beau volume, relié par Boyet, a appartenu à de Cailly (d'Aceilly) dont il porte également l'ex-libris et la signature apposée sur le titre.

97. (Malebranche). De la Recherche de la Vérité où l'on traite de la nature de l'esprit de l'homme et de l'usage qu'il en doit faire pour éviter l'erreur dans les sciences. Septième édition, revuë et augmentée de plusieurs Eclaircissemens. Par N. Malebranche, prêtre de l'Oratoire de Jésus. *A Paris, chez Michel-Étienne David....* 1735. — 4 vol. in-12, veau marbré, tranche dorée.

Exemplaire *aux armes de la Marquise de Pompadour,* qui n'a pas abusé de ces quatre tomes. Même note pour l'exemplaire suivant, ayant appartenu à une autre Dame, de haute qualité.

98. De la Recherche de la Vérité, etc., etc., par N. Malebranche, etc., etc. *Paris, Durand*, 1762. — 4 vol. in-12,
veau fauve, tr. marbrée. (*Rel. anc.*)

> Exemplaire de la *Marquise de Pons* ; grand ex-libris à ses armes. Le Toqué
> avoue ingénuement que ces huit volumes lui ont peu servi.

99. Maximes, Réflexions, Caractères, ou Ebauche des Mœurs
du siècle.

« Ridendo castigat. mores. »

A Arles, chez Jacques Mesnier, 1762. — In-12, mar.
vert, fil. fleur., tr. dor. (*Rel. anc.*)

> Reliure peu commune, bien conservée. Dédicace curieuse.

100. (Mirabaud). Système de la Nature, ou des Loix du Monde
Physique et du Monde Moral, par M. Mirabaud, Secrétaire
Perpétuel et l'un des Quarante de l'Académie Françoise.
Londres, 1770. — 2 parties en 2 vol. in-8, mar. rouge, fil.,
tr. dor. (*Rel. anc.*)

101. (MONTAIGNE). LES ESSAIS DE MICHEL SEI-
GNEUR DE MONTAIGNE. Édition nouuelle trouvée
après le décéds de l'autheur, reveue et augmentée par lui
d'un tiers plus qu'aux précédentes impressions. *A Paris,
M. Sonnius,* 1595. — Petit in-fol., mar. citron, fil. et
milieux dorés, tr. dor. (*Anc. rel.*)

> C'est la meilleure édition ancienne de Montaigne, dans son premier habit,
> de la fin du 16e siècle avec ses vieux fermoirs de soie.

102. Les Essais de Michel seigneur de Montaigne. Edition
nouvelle prise sur l'Exemplaire trouvé après le deceds de
l'autheur, reveue et augmentée d'un tiers oultre les précédentes impressions. Enrichie de deux tables curieusement
exactes et élabourées.

« Vires acquirit eundo. »

*A Paris chez Abel L'Angelier, au premier pilier de la
grand'salle du Palais,* avec privilège du Roy, 1602. —
In-8, mar. noir, fil., comp. fleuronnés et dorés. (*Rel. anc.
du temps.*)

Très bel exemplaire rempli de témoins. C'est la reproduction du texte de
1595. Signature ancienne (Allen) en haut du titre.

103. (Morus). L'utopie de Thomas Morus, traduite nouvellement en françois par M. Gueudeville et ornée de très belles
figures, etc., etc. *Leyde, P. Van der Aa,* 1715. — In-12,
fig., veau brun. (*Rel. anc.*)

Bel exemplaire sans expurgations, auquel l'éditeur a ajouté un Catalogue
copieux et intéressant des livres de la Librairie Van der Aa.

104. (Osorius). Hieronymi Osorii Lusitani, Silvensis Episcopi,
de gloriâ libri V. Ad Joannem tertium, Lusitaniæ Regem,
etc., etc. *Coloniæ, apud Gosvinum Cholinum,* 1595. —
Petit in-12 dans sa première reliure du XVIme siècle, doré
en plein à compartiments, milieux de feuillages entourés
de fleurs de lys, tranche dorée, ciselée.

105. (Toussaint). Les Mœurs. Respicere exemplar vitæ mo-
rumque. *Hor. ad Pis.* 1748. — 3 parties en 1 vol. in-12,
mar. rouge, fil., tr. dor. (*Rel. anc.*)

Par F. V. Toussaint. Édition originale à toutes marges.

106. (Vauvenargues). Œuvres de Vauvenargues. Édition nouvelle précédée de l'Eloge de Vauvenargues, couronné par
l'Académie Française, et accompagnée de notes et de
commentaires par D. L. Gilbert. *Paris, Furne et Cie,* 1857.
— 2 vol. gr. in-8, portrait, brochés.

II. — SCIENCES DIVERSES.

107. GOUJET. De l'État des Sciences en France, depuis la
mort de Charlemagne jusqu'à celle du Roi Robert. Dissertation qui a remporté le Prix de l'Académie des Belles-
Lettres, en 1737. Par M. l'Abbé Goujet, chanoine de St-
Jacques de l'Hôpital. *Paris, par la Compagnie des Libraires
associés à l'impression de la Collection des Historiens de
France.* — In-16, veau fauve, dos très orné, trois fil., tr.
dor. (*Simier.*)

Très bel exemplaire, presque non rogné, auquel est ajoutée une lettre
autographe de deux grandes pages très serrées signée de l'abbé Goujet.

I. SCIENCES PHYSIQUES.

108. De La Perrière de Roiffé. Extrait du nouveau système
général de Physique et d'Astronomie, ou du système élec-
trique de l'Univers, etc., etc. *Paris, Debure l'aîné*, 1761.
In-12, mar. rouge, fil., fleurons, dos orné, tr. dor. (*Rel. anc.*)

Exemplaire de l'auteur, annoté et corrigé de sa main.

109. Parallèles des principes de la Physique d'Aristote et de
celle de René des Cartes. *A Paris, chez Michel le Petit*,
1674. — Petit in-8, mar. rouge, dos orné, fil., fleurons
d'angle, tr. dor. (*Rel. anc.*)

110. PASCAL. TRAITEZ DE L'ÉQUILIBRE DES LIQUEURS et de la
pesanteur de la masse de l'air, contenant l'explication des
causes de divers effets de la nature qui n'avoient point esté

bien connus jusques ici, et particulièrement de ceux que
l'on avoit attribuez à l'horreur du vide, par Monsieur
Pascal. *Paris, Guill. Desprez,* 1663. — In-12, fig., relié
en vélin. (*Rel. anc.*)

Édition originale, dans son premier habit, d'un livre de premier ordre.

II. HISTOIRE NATURELLE, MÉDECINE, HYGIÈNE.

111. BONNET. RECHERCHES SUR L'USAGE DES FEUILLES dans
les Plantes, et sur quelques autres sujets relatifs à l'histoire de la Végétation, par Charles Bonnet, de la Société
Royale de Londres, etc., etc. *A Gottingue et Leyde, chez
Elie Luzac,* 1754. — In-4, mar. rouge, fil. et fleurons, dos
orné, tr. dorée. (*Rel. anc.*)

Beau volume, d'une exécution remarquable, aux armes de Savalette de
Buchelay, fermier général, mort en 1764.

112. FABII COLUMNÆ Lyncei minus cognitarum rariorum que
nostro cœlo orientium stirpium «*ecphrasis*», etc., etc.
Item de aquatilibus aliis que nonnullis animalibus libellus,
etc. A la suite : 1° Traité spécial sur la pourpre issue du
coquillage ; 2° La seconde partie du premier traité ; 3° Un
traité des fossiles de Francisco Imperato. Le tout en langue
latine. Le dernier traité a été imprimé à *Naples* en 1610,
pour *Roncaioli* ; les autres, à *Rome*, pour *Mascardo*. —
In-4, nombreuses figures, mar. rouge, fil., dos orné, tr.
dor. (*Rel. anc.* qui peut être attribuée à Derome père).

Livre superbe dédié par l'auteur au Chef de sa famille, le Duc Colonna.
La première partie est ornée d'un beau frontispice à ses armes (parlantes) et
d'un portrait de l'auteur à l'âge de 38 ans. Les gravures représentant les plantes
décrites sont d'une rare finesse.
Les deux parties suivantes sont dédiées à deux Cardinaux : la seconde au
Cardinal Farnèse avec frontispice à ses armes.

113. GAUTIER DAGOTY. Anatomie des parties de la génération
de l'homme et de la femme, représentées avec leur couleur
naturelle, selon le nouvel art. *Paris, Brunet,* 1773. —
In-fol., fig. en couleur, mar. rouge, tr. dorées. *(Rel. anc.)*

Aux armes de Durfort-Duras. Très curieux.

114. Jacobi Hollerii Stempani, Medici Parisiensis celeberrimi
in aphorismos Hippocratis commentarii septem, etc...
Impensis Heinrici Osthausii Lipsensis, in Germaniâ correc-
tius editi, 1597.

Gros bloc in-8 de 854 pp., sans compter les feuillets d'une table très ample,
habillé en peau de truie estampée à l'aide d'une plaque aux armes de CHARLES-
QUINT, (mort depuis longtemps lorsque le bouquin a paru à Leipsig). Sur cette
plaque, dont le portrait de l'Empereur occupe le centre, figure au bas des
colonnes le millésime 1588 ! Au-dessous du portrait cette légende : « Carole.
» Mortales. dubitant homo sis Deus ve. Sunt tua Sceptra Homenis (sic).
» Sed tua acta Dei. »

115. RAULIN. Traité des Fleurs blanches auec la méthode de
les guérir, par M. Raulin, docteur en médecine, Conseil-
ler-Médecin ordinaire du Roi, de la Société Royale de
Londres, etc., etc. *Paris, Hérissant,* 1766. — 2 vol.
in-12, mar. rouge, fil., tr. dorée. *(Rel. anc.* très fraîche.)

116. RÉGIME DE VIVRE et conservation du corps humain, auquel est amplement discouru des choses naturelles, et de
tous vivres qui sont communément en usage, auec plusieurs receptes bien approuvées : le tout nouvellement
recueilly des bons autheurs, tant anciens que modernes. *A*
Paris, pour Vincent Sertenas, etc., 1561. — In-8, réglé,
mar. rouge, tr. dor. *(Hardy.)*

Exemplaire très pur, de Veinant.

III.—ARTS DIVERS.

ART MILITAIRE, CHASSE, DANSE, ÉQUITATION.

117. DUPATY. PRATIQUE DE L'ÉQUITATION, ou l'Art de l'Équitation réduit en principes par M. Dupaty de Clam, mousquetaire dans la 1re compagnie. *Paris, Lacombe*, 1769. — In-8, mar. rouge, filets, fleurons, tr. dor., gardes dorées aux étoiles. (*Rel. anc.*)

Aux armes du duc de Choiseul-Stainville.

118. ESSAI SUR LES QUALITÉS ET LES CONNAISSANCES NÉCESSAIRES A UN GÉNÉRAL D'ARMÉE, ou Dissertation préliminaire aux Campagnes de Jules-César dans les Gaules. *A Milan*, 1758, *chez Joseph Marelli*. — In-4, mar. rouge, tr. dorée, large dentelle à la Padeloup. (*Rel. anc.*)

Très bel exemplaire de la Bibliothèque de Vienne, aux armes de l'Empire d'Autriche.

119. La Croix (de). Traité de la Petite Guerre pour les Compagnies Franches, dans lequel on voit leur utilité, la différence de leur service avec celui des autres Corps, la manière la plus avantageuse de les conduire, de les équiper, de les commander et de les discipliner, et les ruses de Güerre qui leur sont propres. Par M. de la Croix. *A Paris, chez Antoine Boudet*, 1752. — Petit in-12, veau marbré, tr. dorée. (*Rel. anc.*)

Bel exemplaire aux armes du maréchal-duc de Richelieu.

120. LE LIVRE DU ROY MODUS et de la Royne Racio, nouvelle édition conforme aux manuscrits de la Bibliothèque Royale, ornée de gravures faites d'après les vignettes de

7

ces manuscrits fidèlement reproduites, avec une préface,
par Elzéar Blaze.... *Paris, Elzéar Blaze, faubourg St-
Martin, 55.* 1839. — In-4, mar. tête de nègre jans.,
tr. dor., dentelle intérieure composée avec fers spéciaux
(emblèmes de chasse). (*Trautz-Bauzonnet.*)

Remarquable volume, de la bibliothèque d'Ernest Quentin-Bauchart.

121. Menestrier (Le P.). Des ballets anciens et modernes selon
les règles du Théâtre. *Paris, René Guignard,* 1682. —
In-8, basane brune. (*Rel. anc.*)

A toutes marges. Sur la feuille de garde la signature d'Antoine Pluche.

122. New Jagd und Weidwerck Buch (Nouveau Livre de
Chasse et Vénerie). In-4. *Imprimé à Francfort-sur-Mein
par Johann Feyerabendt. Éditeur, Sigismond Feyerabendt,*
1582. Suivi de deux ouvrages imprimés à *Strasbourg* en
1590 par *Bernard Jobin :* le Nouveau Livre de Chasse de
Jacques du Fouilloux, et la Chasse au Loup, par Jean
de Clamorgan (le dit Clamorgan, comme du Fouilloux,
traduit en allemand de vénerie). Trois ouvrages petit in-fol.
réunis en un vol. Reliure en veau brun, sur planchettes de
bois, taillées en biseau, avec fermoirs et huit encoignures
saillantes en cuivre gravé.

Très beau volume, illustré de figures sur bois par Jost-Amman, coloriées
avant la reliure, probablement par la même main qui a encadré le texte d'un
double filet vert et peint à la gouache, à l'intérieur du plat recto, les armoiries
du premier possesseur de ce bouquin formidable, Sebastian Schedel. Deux
autres ex-libris constatent le passage, en de nobles mains, d'un livre étonnam-
ment conservé pour un Manuel que devaient souvent consulter les chasseurs.
Le « Voyage dans un Grenier » lui a consacré un chapitre entier, pages 215 à 220.

123. Peigné-Delacourt. La Chasse à la Haie. *Paris, Imprimerie de Madame veuve Bouchard-Huzard,* 1858. *Se trouve
à Paris chez Potier.... et à Londres chez Dulau et Cⁱᵉ.* —
Gr. in-4, figures dont une en couleurs, pap. velin, cart.

IV. ARTS INDUSTRIELS.

124. EDMOND BONNAFFÉ. Le meuble en France au 16ᵉᵐᵉ siècle, ouvrage orné de cent vingt dessins. *Librairie de l'Art, à Paris et à Londres*, 1887. — In-4, broché.

Exemplaire sur papier impérial du Japon. N° 14 sur 25.

125. BRONGNIART ET RIOCREUX. Description méthodique du Musée céramique de la Manufacture royale de porcelaine de Sèvres, par MM. A. Brongniart, membre de l'Institut, administrateur, et D. Riocreux, conservateur des Collections. *Paris, A. Leleux*, 1845. — 2 tomes in-4. Texte et planches coloriées, en un vol. demi-mar. rouge, coins; tête dor., non rogné. (*Canape.*)

126. JACQUEMART. HISTOIRE DU MOBILIER. Recherches et notes sur les objets d'art qui peuvent composer l'ameublement et les collections, par Albert Jacquemart.... Ouvrage contenant plus de 200 eaux-fortes typographiques, procédé Gillot, par Jules Jacquemart. *Paris, Hachette*, 1875. — Grand in-8, mar. brun jans., tr. dor. (*Reymann.*)

Exemplaire en papier de Chine.

127. JACQUEMART. LES GEMMES ET JOYAUX DE LA COURONNE, du Musée du Louvre, expliqués par M. Barbet de Jouy, membre de l'Institut, dessinés et gravés à l'eau-forte d'après les originaux, par Jules Jacquemart.... Introduction par M. Alfred Darcel, directeur du Musée de Cluny. *Paris, Techener*, 1886. — In-fol., pap. jésus vergé, demi-mar. rouge, coins, tête dorée, non rogné, fig. montées sur onglets.

128. **JUBINAL. LES ANCIENNES TAPISSERIES HISTORIÉES**, ou Collection des monuments les plus remarquables de ce genre, qui nous sont restés du moyen-âge à partir du XIème siècle jusqu'au XVIème siècle. *Paris,* 1838-39. — 2 vol. in-fol. oblong, demi-mar. rouge, avec coins, tête dor., non rogné.

Ouvrage orné de 123 planches, finement coloriées, montées sur onglets.

BEAUX-ARTS.

I. HISTOIRE DE L'ART ET DES ARTISTES.
II. DESCRIPTION DES MUSÉES ET DES COLLECTIONS
PARTICULIÈRES, ANCIENNES ET MODERNES.
III. RECUEILS D'ESTAMPES.

CLASSEMENT ALPHABÉTIQUE.

I. — HISTOIRE DE L'ART ET DES ARTISTES.

129. Bocher (Emmanuel). Les Gravures françaises au
XVIIIme siècle. Catalogue raisonné des Estampes, Vignettes,
Eaux-fortes, Pièces en couleur, au bistre et au lavis, de
1700 à 1800. *Sixième fascicule : Jean Michel Moreau le
Jeune. — Paris, Morgand et Fatout*, 1882. — Grand in-4,
papier vergé. Portrait. Broché.

130. (Gault de St-Germain). Vie de Nicolas Poussin, suivie
de la description de ses principaux tableaux et du catalogue
de ses œuvres complètes, par Gault de St-Germain. *Paris,
Didot l'aîné et Ant.-Aug. Renouard*, 1806. — Grand in-8,
papier fort, figures et eaux-fortes, dont plusieurs avant
toute lettre, cartonné, non rogné.

131. Goncourt. L'Art au xviiième siècle. *Paris, Quantin,*
1883. — 2 vol. in-4, figures, demi-mar. grenat, tête dor.,
non rogné. (*Quantin.*)

Monographies des principaux maîtres du 18ᵉ siècle : 70 grandes planches.

132. (GONSE). L'ART JAPONAIS, par Louis Gonse,
directeur de la Gazette des Beaux-Arts. *Paris, Quantin,*
1883. — 2 vol. grand in-4, figures, cartonnés en soie.

Un des cent exemplaires sur papier impérial du Japon.

133. (Husson). Eloge historique de Callot, noble Lorrain,
célèbre graveur, dédié à son Altesse Royale Monseigneur
Charles-Alexandre de Lorraine (par F. Husson, religieux
Cordelier). *A Bruxelles,* 1766. — In-8, portr. de Callot,
texte encadré de fil. rocaille, demi-mar. rouge à coins, fil.,
tranches curieusement marbrées. (*Capé.*)

134. Jullien (Adolphe). Richard Wagner ; sa vie et ses
œuvres. Ouvrage orné de quatorze lithographies originales,
par M. Fantin-Latour, de quinze portraits de Richard
Wagner, de 4 eaux-fortes et de 120 gravures, scènes
d'opéras, caricatures, vues de théâtre, autographes, etc.
Librairie de l'Art, 1886. — In-4, broché.

Papier impérial du Japon (N° 8 sur 30).

135. (Mantz). Hans Holbein, par Paul Mantz, dessins et
gravures sous la direction de Édouard Lièvre. *Paris,
Quantin,* 1879. — In-fol., pap. vélin fort, cartonné en
toile, non rogné.

Envoi amical d'Édouard Lièvre.

136. (Muntz). Raphael, sa vie, son œuvre et son temps, par
Eugène Muntz, ouvrage contenant 155 reproductions de

tableaux insérées dans le texte et 41 planches tirées à part.
Paris, Hachette, 1881. — In-4, mar. bleu, dos orné,
larges dent. sur les plats, dent. int., tr. dor. (*Magnier.*)

EXEMPLAIRE SUR PAPIER DE CHINE.

137. (PLON). BENVENUTO CELLINI, orfèvre, médailleur, sculpteur. Recherches sur sa vie, sur son œuvre et sur les pièces
qui lui sont attribuées, par Eugène Plon. Eaux-fortes de
Paul Le Rat. *Paris, E. Plon et Cie*, 1883. — Grand in-4.
Planches en triple état, broché.

138. (PORTALIS). Les Dessinateurs d'illustrations au XVIIIme
siècle, par le Baron Roger Portalis. *Paris, Damascène
Morgand et Charles Fatout,* 1878. — 2 vol. grand in-8,
fig., mar. rouge, triple fil., dos orné, tr. dor. (*Chambolle-
Duru.*)

Un des cinquante exemplaires sur papier Whatman. Eaux-fortes par Jacquemart d'après Meissonier, sur chine, nombreux portraits ajoutés, entre autres
celui de Madame Du Barry avant toute lettre.

139. (THAUSING). ALBERT DURER, sa vie et ses œuvres, par
Moriz Thausing, traduit de l'allemand, avec l'autorisation
de l'auteur, par Gustave Gruyer, ouvrage illustré de
75 gravures en taille-douce, en lithographie et sur bois.
Paris, Firmin-Didot et Cie, 1878. — In-4, broché.

Papier vergé (N° 10 sur 60).

II. — DESCRIPTIONS DES MUSÉES ET DES COLLECTIONS
PARTICULIÈRES.

140. Clarac (le Comte de). Description historique et graphique du Louvre et des Tuileries, publiée dans son musée
de sculpture de 1826 à 1828, précédée d'une notice biogra-

phique sur l'auteur par M. Alfred Maury. *Paris, Imp. Impériale*, 1853. — In-8, demi-chagrin rouge.

24 Planches doubles.

141. CLARAC. MUSÉE DE SCULPTURE antique et moderne, ou Description historique et graphique du Louvre et de toutes ses parties, des statues, bustes, bas-reliefs et inscriptions du musée royal des antiques et des Tuileries, et de plus de 2500 statues antiques, dont 500 au moins sont inédites.... par le Comte F. de Clarac, continué sur les manuscrits de l'Auteur par M. Alfred Maury, publié sous la direction de Victor Texier, graveur. *Paris, Imprimerie Royale*, 1841-1853. — 6 vol. in-8 de texte et 6 vol. in-4 de planches, demi-mar. rouge, avec coins, tête dor., non rogné.

Bel exemplaire dont les planches sont montées sur onglets.

142. (GALERIE CHOISEUL). Recueil d'Estampes gravées d'après les Tableaux du Cabinet de Monseigneur le duc de Choiseul, par les soins du s' Basan, 1771. *A Paris, chez l'Auteur, rue et Hôtel Serpente.* — In-4, veau écaille, fil., tr. dor. (*Rel. anc.*)

Exemplaire très pur, faisant pendant à la Galerie Pouillain, décrite plus loin.

143. GALERIE DU PALAIS ROYAL gravée d'après les Tableaux des différentes Ecoles qui la composent, avec un abrégé de la Vie des Peintres et une description historique de chaque tableau, par M. l'Abbé de Fontenai, dédié à S. A. S. Monseigneur le Duc d'Orléans, Premier Prince du sang, par J. Couché, Graveur de son Cabinet. *A Paris, chez J. Couché et Bouillard*, 1786. Avec priv. du Rói.

Vingt-deux livraisons grand in-folio. La première porte le titre qu'on vient de lire ; la seconde contient la dédicace de Couché entourée d'un superbe

frontispice dessiné par Choffard. Ces 22 livraisons sont celles qui ont paru
avant la mort du propriétaire de la Galerie, et ont été choisies pour lui par
l'auteur de la publication. Chacune d'elles est cartonnée en papier bleu de
Roi, aux armes et aux écoinçons du Duc d'Orléans, par son relieur attitré,
Tessier, successeur de Lemonnier. Les épreuves du frontispice et des 132
figures qu'elles contiennent sont, comme on pense, *de premier choix*. Voir
pages 98 et 99 des « *Racontars* », le récit de cette notable acquisition.

144. (GALERIE POULLAIN). Collection de cent vingt
estampes gravées d'après les Tableaux et Dessins qui
composaient le Cabinet de M. Poullain, Receveur général
des Domaines du Roi, décédé en 1780; Précédée d'un
Abrégé historique de la Vie des Auteurs qui la composent;
Dédiée à M. le Comte d'Orsay. Cette Suite a été exécutée
sous la direction du sieur Fr. Basan, Graveur, par de jeunes
Artistes des deux sexes, dont les talens se font connaître et
accroissent de jour en jour. Le Sr Moitte, Peintre, en avait
fait les dessins, d'après les Tableaux, avant la mort de ce
célèbre Amateur. *Se vend à Paris, chez Basan et Poignant,
marchands d'Estampes, rue et Hôtel Serpente*, 1781. —
In-4, veau écaille, fil., tr. dor. (*Rel. anc.*)

Collections modernes.

145. Catalogue de la Vente Sedelmeyer, comprenant ses
tableaux modernes des Écoles Française et Étrangères,
joints à ceux des Galeries de San Donato et de San Martino. Avril et mai 1877. — Grand in-8, broché.

30 eaux-fortes de Bracquemond, Courtry, Gaujean, Laguillermie, Waltner, etc.

146. Catalogue de 43 Tableaux de Maîtres Anciens, provenant
de la collection de M. le Comte Koucheleff Besborodko.
Juin 1869. — In-8, pap. vélin. Notice par Ernest Feydeau,
15 eaux-fortes par Gaucherel et autres. Broché.

8

147. CATALOGUE des objets d'art, tableaux anciens, livres, composant la collection DOUBLE. — In-4, grand papier vergé; très belles eaux-fortes de Jacquemart et autres, broché.

148. CATALOGUE des tableaux anciens, dessins et aquarelles, composant la Collection de feu M. SCHNEIDER, ancien Président du Corps Législatif. Avril 1876. — Grand in-8, papier vergé, broché.

Notices par Charles Blanc et Paul de Saint-Victor, 23 eaux-fortes, fac-similes des marques et signatures des peintres.

149. Catalogue des Tableaux composant la collection C***, avril 1872. — In-8, 2 photog. : Le Tasse dans la prison des fous, d'après Delacroix ; Angélique attachée au rocher, d'après Ingres. Notice par Th. Gautier, broché.

150. Catalogue des Tableaux de premier ordre, Marbres, Bronzes, Statues, Meubles de prix, Objets d'art, mis en vente par suite du décès de Madame B.... (Broocks), avril 1877. — Grand in-8, 23 eaux-fortes, préface de Paul de St-Victor, broché.

151. CATALOGUE des tableaux modernes et anciens... composant la Galerie de feu M. OPPENHEIM. Avril 1877. — Grand in-8, papier vélin, 24 eaux-fortes de Courtry, Léon et François Flameng, Gaujean, Waltner et autres, broché.

Tableaux modernes importants.

152. CATALOGUE de tableaux modernes, composant la collection de M. FR. HARTMANN. Mai 1881. — In-4, pap. de Hollande ; 17 eaux-fortes de Le Rat, Courtry, Gaujean,

Milius, Champollion, Mongin, Toussaint, Vion, Greux,
Damman, Masson. Broché.

Très beau catalogue. Beaucoup d'eaux-fortes d'après Millet.

153. Catalogue de 24 tableaux modernes de la collection
Deforge. Mars 1857. — In-8, 24 vignettes sur bois, broché.

154. Catalogue de 23 tableaux des Écoles Flamande et Hollandaise provenant de la célèbre Galerie de San Donato, à
Florence. Avril 1868. — Grand in-8, broché. Chaque
tableau est accompagné de sa reproduction au trait ou à
l'eau-forte.

155. COLLECTION BASILEWSKI. Catologue raisonné, précédé
d'un Essai sur les Arts décoratifs du 1er au 16me siècle.
Paris, Morel, 1874. — 2 vol. grand in-4, demi-mar.
rouge, à coins, tête dor., non rogné.

156. Collection de feu le Baron Michel de Trétagne, Catalogue de Tableaux modernes. Fév. 1872. — Grand in-8,
pap. vélin, broché.

18 eaux-fortes de Flameng, Lefort, Laguillermie, Veyrassat, Bracquemond,
Courtry, Hédouin, Rajon.

157. Collection Paturle. Tableaux modernes. Février 1872.
— In-8, 12 eaux-fortes de Veyrassat, Hédouin, Bracquemond, Flameng, Courtry, Rajon, etc. Broché.

158. COLLECTIONS DE SAN DONATO. Tableaux, marbres,
dessins, aquarelles et miniatures. Février et mars 1870. —
Grand in-8, 42 Eaux-fortes par Flameng, Veyrassat, Bracquemond, Gaucherel, Courtry, Rajon, Hédouin; demi-
chag. noir.

159. Galerie de MM. Pereire. Catalogue des Tableaux anciens et modernes des diverses Écoles. Mars 1872. — Grand in-8, papier fort, 50 *Eaux-fortes* de Le Rat, Rajon, de Launay, Veyrassat, Courtry, Gaucherel, Hédouin, La Guillermie, etc., broché.

160. San Donato. Catalogue des Objets d'art et d'ameublement, tableaux, etc. *Paris, Pillet.* — In-fol., cart. en toile, non rogné.

   Très bel exemplaire sur papier Whatman de ce catalogue considérable, illustré d'eaux-fortes, de gravures sur bois et de photogravures. On y a joint la table des prix de la vente qui a été faite à Florence, en mars 1880.

III. RECUEILS D'ESTAMPES, PORTRAITS, SUITES DE PLANCHES GRAVÉES.

161. Béranger. Collection de 22 figures, la plupart de M. de Lemud, faisant partie de l'illustration de l'Édition des Chansons donnée par Perrotin en 1857, *tirées sur papier de Chine, avant la lettre*, suivies de la photographie de Béranger sur son lit de mort. Ces figures, collées sur papier fort du format grand in-4, sont réunies, sur onglets, en un album demi-mar. rouge, à coins, tête dorée. (*Thompson.*)

   Épreuves superbes.

162. De Besze. Les vrais pourtraits des hommes illustres en piété et doctrine, du travail desquels Dieu s'est servi en ces derniers temps, pour remettre sus la vraye Religion en divers pays de la Chrestienté. Avec les Descriptions de leur vie et de leurs faits plus mémorables. Plus quarante-quatre Emblêmes chrestiens Traduicts du latin de Théodore de Besze par Jean de Laon. 1581. — Petit in-4, mar. La Vallière, tr. dor. (*Thibaron.*)

   Ambroise-Firmin Didot qui possédait un exemplaire de ce volume, bien inférieur à celui-ci, qu'on pourrait croire relié sur brochure, à toutes marges, le considérait comme précieux, (*voir son catalogue raisonné*, N° *325*). Les portraits gravés sur bois, des Protestants illustres, sont de *véritables portraits*, d'une exécution magistrale.

163. BOUCHARDON. Études prises dans le bas peuple, ou LES CRIS DE PARIS. *Paris, Fessard*, 1737-1746. — Cinq Suites de 12 pièces chacune, en tout 60 pièces, la dernière suite avant les numéros. Petit in-folio, mar. rouge, tr. dor. (*Hardy*.)

Eaux-fortes par le Comte de Caylus, terminées au burin par Fessard. Collection complète, rarissime, du plus vif intérêt. Épreuves superbes.

164. CHAMPFLEURY. LES VIGNETTES ROMANTIQUES. Histoire de la Littérature et de l'Art. 1825-1840. *Paris, Dentu*, 1883. — In-4, demi-mar. marron, à coins, doré en tête, non rogné. (*Marius-Michel*.)

Très bel exemplaire *sur papier de Hollande*, avec sa couverture, orné de 150 vignettes par Célestin Nanteuil, Tony Johannot, Devéria, Jeanron, etc. A la fin du volume se trouve le catalogue complet des Romans, drames, poésies, ornés de vignettes, de 1825 à 1840.

165. Collection de las principales Suertes de una Corrida de Toros. Dibutada y grabada por Don Antonio Carnicero. *Madrid, Quiroga*, 1790. — Format album in-4, demi-mar. violet, non rogné.

Quatorze planches coloriées, sur papier fort. Un titre frontispice et 12 planches représentant les phases diverses d'une Course de Taureaux, plus une grande planche in-fol. pliée, représentant le Cirque de Madrid un jour de Course.

166. Collection (A) of Prints from the works of the following celebrated masters : Parmigiano, Giorgione, Titian, Tintoretto, Zelotti, Paul Veronese, etc., etc., and engraved by Eminent Italian Artists. *London, Printed by M. Ritchie....* 1800. — In-folio de 40 feuillets, plus le titre ci-dessus, cart. en demi-basane avec coins, non rogné.

167. Cousin. Livre de pourtraiture de Maistre Jean Cousin,
Peintre et Géométrien Très-excellent, contenant.... *Paris,
Jean Clèrc,* 1612. — In-4 oblong, veau marbré, tranche
dorée.

Beau frontispice et 35 planches gravées sur bois.

168. (Dighton). Portraits chargés d'hommes politiques
anglais du commencement du siècle, gravés à l'eau-forte
de 1817 à 1822, par Richard Dighton, et coloriés à la
main. — Trente-huit planches en un vol. petit in-folio,
demi-rel. basane du temps.

Épreuves originales très rares. Recueil très amusant. Une figure trop rognée
sur la marge de droite.

169. (Duplessi-Bertaux). Recueil de cent Sujets de divers
genres, dessinés et gravés à l'eau-forte, par J. Duplessi-
Bertaux ; représentant toutes sortes d'Ouvriers occupés à
leurs travaux, Scènes de Comédies, Scènes populaires,
Mendiants, Militaires, Cavaliers, Chevaux à l'abreuvoir,
Foires, Danses de village, etc., etc. Ouvrage dédié aux
Amateurs des Beaux-Arts et aux Artistes de toutes les
Nations. *Paris, chez les Editeurs, rue Boucher, N° 1, près
le Pont-Neuf,* 1814. — In-4, format album, demi-mar.
rouge avec coins, non rogné. (*Rel. du temps.*)

170. (Félibien). Description de l'Eglise Royale des Invalides
à Paris, 1706. Front., 29 vignettes, têtes de page et culs-
de-lampe : Sur la première page, un très beau portrait du
Roi Louis XIV. Beau fleuron sur le titre ; lettres ornées.
In-folio, grand papier fort, mar. rouge, aux armes et au
chiffre du Roi.

Exemplaire superbe portant l'ex-libris armorié du Grand Chambellan *de la
Tour d'Auvergne, Prince de Turenne.*

171. (Galle). Sancti fundatores Religiosorum ordinum in ecclesiâ Lætiensis Monasterii ordinis S. Benedicti Tabellis pictis pro spectatori, Supra chori sedilia positi D D Q, sub nomine et auspiciis admodum S. E. D. Antonii de Winghe abbatis et Monachorum Lætientium.... *Excudente Joanne Gallœo, Antuerpiæ,* 1634. — In-8, mar. violet, tr. dor. (*Petit.*)

Un frontispice et 39 figures, d'après les peintures du *Monastère de Liesse.*

172. (Gavarni). Œuvres choisies de Gavarni, revues, corrigées et nouvellement classées par l'auteur. Etudes de mœurs contemporaines, avec des notices en tête de chaque série par MM. Théoph. Gautier et Laurent Jan. *Paris, Hetzel,* 1846-8. (L'intérieur du 1er vol. porte la date de 1845). Préface de Théoph. Gautier. 1er *tirage.* — 4 Tomes en 2 vol. grand in-8, cart. en toile, non rogné. (*Behrends.*)

173. GAVARNI. ŒUVRES CHOISIES. Même ouvrage que le précédent.— 4 vol. grand in-8, demi-mar. bleu avec coins, fil., dos orné, plats en brocart, éb., tr. sup. dorée.

Exemplaire entièrement et finement colorié au pinceau, à l'époque de la publication.

174. Grandville (J.-J.). Les fleurs animées. Introduction par Alph. Karr, texte par Taxile Delord. *Paris, Gabriel de Gonet, Éditeur,* 1847. — 2 vol. grand in-8, figures coloriées, demi-mar. à coins, dos mosaïqué, tête dorée, non rogné. (*Ruban.*)

175. (Grandville). Scènes de la Vie privée et publique des Animaux. Vignettes par Grandville. Études de mœurs contemporaines publiées sous la direction de M. P.-J. Stahl, avec la collaboration de MM. de Balzac, Baude,

E. de La Bédollière, P. Bernard, J. Janin, Ed. Lemoine,
Charles Nodier, George Sand. *Paris, Hetzel et Paulin,*
1842. — 2 vol. grand in-8, pap. vélin fort, collé, à toutes
marges, demi-veau bleu, fil., coins, dos orné. (*Simier.*)

> Pour le second volume, le texte est de MM. de Balzac, L'Héritier de l'Ain,
> Alfred et Paul de Musset, Ch. Nodier, Madame Menessier-Nodier, Louis Viardot.
> Le nom de Paulin ne figure plus avec celui d'Hetzel.

176. HOLBEIN. LE TRIOMPHE DE LA MORT. Gravé d'après les
dessins originaux de Holbein, par Chrétien de Méchel,
graveur à Bâle, 1780. — In-8, mar. tête de nègre jans.,
tr. dor. (*Lortic.*)

177. HOLBEIN. PORTRAITS OF ILLUSTRIOUS PERSONNAGES of the
Court Henri VIII, engraved in imitation of the original
drawings of Hans Holbein in the collection of His Majesty,
published by John Chamberlaine. *London,* 1828. — Grand
in-4, demi-mar. rouge avec coins, doré en tête, non rogné.

> Suite de portraits remarquables dont 72 sur papier rose très épais. Très bel
> exemplaire provenant de la bibliothèque de H. de Balzac.

178. LIÉVRE. Bibliothèque des Beaux-Arts, par Édouard
Lièvre, avec le concours des Artistes les plus distingués.
LES MAITRES ANCIENS ET CONTEMPORAINS.
Œuvres choisies dans les meilleures collections particulières.
*Paris, Goupil et Cie ; veuve Morel et Cie ; Londres, Henry
Satheran et Cie ; St-Pétersbourg, Mellier, Libraire de la
Cour.* — Grand in-folio, fig. tirées sur papier fort de
Hollande ; envoi amical de l'Auteur. En livraisons.

179. LE MUSÉE UNIVERSEL, par Édouard Lièvre, avec la collaboration des Artistes et des Écrivains les plus distingués.
Paris, Goupil et Cie, 1868. — Grand in-4, demi-mar. bleu,
non rogné.

> Autographe de l'auteur, ajouté.

180. LIÈVRE. LE MUSÉE GRAPHIQUE, pour l'Étude
de l'Art, dans toutes ses applications. — Gr. in-folio, en
livraisons.

181. MOREAU LE JEUNE. SECONDE SUITE D'ES-
TAMPES pour servir à l'histoire des Modes et du
Costume en France, dans le XVIIIme siècle. Année 1776.
Paris, chez Moreau. — In-8, portrait de Moreau gravé
d'après Cochin par Aug. de St-Aubin, ajouté, mar. rouge,
dos orné, tr. dor. (*Cuzin.*)

Épreuves et portrait superbes.

182. MUSÉE DANTAN. Galerie des charges et croquis des célé-
brités de l'époque, avec texte explicatif et biographique.
Paris, Delloye, 1839.— In-8, nombreux portraits-charges,
chagr. bleu jans., dent. int., tr. dorée.

Exemplaire relié sur brochure ; couverture conservée.

183. LE MUSÉE POUR RIRE, dessins par tous les Caricatu-
ristes de Paris, texte par MM. Alhoy, Huart et Philipon.
Paris, Aubert, 1839. — 2 tomes en 1 vol. in-4, demi-
chagrin rouge à coins, dos orné, tête dor., non rogné.

Figures soigneusement coloriées à l'époque de la publication.

184. PERRAULT. LES HOMMES ILLUSTRES qui ont paru en
France pendant ce siècle : avec leurs portraits au naturel.
Paris, Ant. Dezallier, 1696. — 2 vol. in-folio, veau brun,
dos très finement orné. (*Rel. anc. fatiguée.*)

Exemplaire de premier tirage, avec les portraits et biographies d'Arnaud et
de Pascal en même temps que ceux de Thomassin et de Ducange. Belles
épreuves qui ont décidé le Toqué, contrairement à ses habitudes, à introduire
dans son sanctuaire un bouquin d'un extérieur si minable.

185. PERRIER. SEGMENTA NOBILIUM SIGNORUM ET STATUARUM....
(Collection de gravures sur cuivre représentant les princi-

pales statues antiques de Rome), cent figures plus le frontispice gravé. *Romæ, 1638, et se vend à Paris, chez la
veuve de deffunct Perier, rue des Fossés-St-G^{ain}, vis-à-vis
de l'hôtel de Sourdy* (sic). — In-folio, veau brun.

186. Petitot. Les Émaux de Petitot, du Musée Impérial du
Louvre. Portraits de personnages historiques et de femmes
célèbres du siècle de Louis XIV, gravés au burin par
M. L. Ceroni. *Paris, Blaisot, 1862-3.* — 2 vol. in-4,
cart. en toile, non rogné. (*Behrends.*)

> Papier velin, *Figures sur chine, avant la lettre.*

187. (POMPADOUR). SUITTE D'ESTAMPES gravées
Par Madame la Marquise de Pompadour, d'après les Pierres
Gravées de Guai, Graveur du Roy. Un Frontispice par
Boucher et 63 planches grand in-4 numérotées (quelques-
unes à la main), glomisées dans des cadres tracés en noir
et rouge. Texte explicatif et tables, calligraphiés à la main
sur papier fort, mar. brun, dos très orné en mosaïque,
larges dentelles sur les plats et milieux fleuris en mosaïque
rehaussée d'argent et d'or de plusieurs nuances, tr. dorées.
(*Rel. anc.*)

> *Un chef-d'œuvre de Padeloup sur un de ces très rares
> exemplaires de présent pour lesquels la Marquise a natu
> rellement fait choisir les plus belles épreuves de son œuvre.*

> Reliure reproduite dans les *Racontars*, page 276, et dans le présent catalogue
> illustré.

188. Racinet. L'Ornement polychrôme. Cent planches en couleurs, or et argent, contenant environ 2000 motifs, etc.,
Recueil historique et pratique. *Paris, Didot.* — Grand
in-folio, demi-mar. rouge, avec coins, tête dorée, non
rogné. (*Petit.*)

> Bel exemplaire dont *toutes les feuilles* sont *montées sur onglets.*

Pompadour : Suitte d'Estampes.

189. RECUEIL D'ESTAMPES DU XVIIIme SIÈCLE. 438 pièces extraites
des livres à figures du temps, en-têtes, culs-de-lampe tirés
à part, ex-libris, armoiries, planches d'ornement, etc. Ces
pièces (parmi lesquelles on remarque deux eaux-fortes
pures, dont une de Née d'après Eisen, *page 71 des Baisers*),
sont collées sur des feuillets de papier bleu très épais, et
réunies en un vol. de format in-4, demi-mar. citron.

190. THEATRUM CRUDELITATUM HÆRETICORUM nostri temporis.
Antuerpiæ apud Adrianum Huberti, anno 1587. —
In-4, vélin blanc.

Très curieux et très rare volume avec 29 figures représentant les tortures
infligées aux Catholiques par les Protestants. Page 85: Exécution de Marie Stuart.

191. TYPES ET CARACTÈRES BELGES, mœurs contemporaines.
Bruxelles, Lemaire et Sœur, 1851. (Table des matières et
liste des auteurs en tête).— In-4, demi-mar. rouge. (*Weber*.)

Hommage à M. A. Devéria, signé E. de Friedberg. Le dos du volume porte
le monogramme doré de Devéria.

192. VERNET. ALBUM LITHOGRAPHIQUE par Horace Vernet. *A
Paris, chez Delpech*. — Format d'album grand in-4 allongé,
cartonné.

A la suite des 27 figures de Vernet, qui figurent au commencement de cet
album, on a placé 2 lithographies d'après Decaisne et Cogniet, 5 d'après
Grenier, 1 de Monfort, et 8 de Bellangé. Ces dernières sont datées de 1827 et
1828. Deux seulement, dans la série de Vernet, portent une date : 1818. Très
joli recueil.

193. VIVANT-DENON (ŒUVRE ORIGINALE DE).
Collection de 317 Eaux-fortes, dessinées et gravées par ce
célèbre artiste, avec notice sur sa vie... par de la Fizelière.
Paris, Barraud, 1873. — 2 tomes en 1 fort volume grand
in-4, demi-mar. rouge, dos orné, tête dorée, non rogné.
(*Petit*.)

Très bel exemplaire, *avec les Priapées*.

BELLES-LETTRES.

I. LINGUISTIQUE. — RHÉTORIQUE.

194. (Ciceron). Rhetoricorum ad C. Herennium libri IV incerto auctore. Ciceronis De Inventione. De Oratore. Brutus, Orator ad Brutum. Topica ad Trebatium. Oratoriæ partitiones, Initium libri de optimo genere Oratorum. *Aldi filii, corrigente Paulò Manutio, Aldi filio, Venetiis,* 1550. — In-8, mar. noir, dorure à la Grolier, tr. dorée. Au centre des plats, un grand flambeau en forme de torche allumée avec cette devise : « Hoc Virtutis opus ».

Belle reliure du XVIme siècle, d'une conservation parfaite.

195. Ciceronis Rhetoricorum ad C. Herennium libri quatuor. Ejusdem de inventione libri duo. *Lugduni, apud hæredes Seb. Gryphii,* 1560. — Petit in-8, vélin, doré en plein, tr. ciselée. (*Rel. anc.*)

Première reliure du XVIme siècle, d'un décor original.

196. L'Escole des Muses, dans laquelle sont enseignées toutes les Reigles qui concernent la Poësie Françoise. Recueillies par le Sieur C. *A Paris, chez Louis Chamoudry, au Palais, proche la Saincte-Chapelle, au bon Marché,* 1652. — Petit in-12, veau fauve, tr. dorée. (*Rel. anc.*)

197. M. Fabii Victorini Rhetoris doctissimi Commentarii in Rhetoricos M. Tullii Ciceronis. *Parisiis, in officinâ Roberti Stephani,* 1537. — In-8, mar. rouge, filets, tr. dorée. (*Rel. anc.*)

Aux premières armes et chiffres d'Aug. de Thou, à toutes marges. Reliure parfaite d'une conservation remarquable.

198. (Fénelon). Dialogues sur l'Eloquence en général et sur celle de la chaire en particulier, avec une lettre à l'Académie Françoise, par feu Messire de Salignac de Lamothe Fénelon..... *Paris, Jacques Estienne,* 1718. — In-12, veau fauve, tr. dor. (*Rel. anc.*)

199. Glossarium Eroticum linguæ latinæ auctore P. P. (Pierrugues). *Paris, Dondey-Dupré,* 1826. — In-8, papier fort, cart. en toile verte, non rogné. (*Behrends.*)

200. (Laporte). Les Epithètes de M. de Laporte, Parisien. *A Paris, chez Gabriel Buon,* 1582. — Petit in-12, mar. brun, tr. dor. (*Duru et Chambolle.*)

A toutes marges. Édition non châtrée.

201. (La Serre). Le Secrétaire a la Mode, par le Sieur de La Serre, augmenté d'une instruction d'escrire des Lettres; cy-devant non imprimée. Plus, d'un recueil des Lettres morales des plus beaux esprits de ce temps. Et des

complimens de la Langue Française. *A Amsterdam, chez Louys et Daniel Elzevier*, 1655. — In-12 (titre doublé), mar. vert, fil., tr. dor. (*Muller, Sr de Thouvenin.*)

> Bel exemplaire à grandes marges, d'un livre intéressant au point de vue des idées, des mœurs et du langage dans les premières années du règne de Louis XIV.

202. LE LIVRE JAUNE, contenant quelques conversations sur les Logomachies, c'est-à-dire sur les Disputes de mots, abus des termes, contradictions, double entente, faux-sens, que l'on emploie dans les Discours et dans les Ecrits. *A Bâle*, 1748. — In-8, grand papier jaune, demi-mar. citron, coins, non rogné. (*Thouvenin.*)

> Curiosité typographique, attribuée à Gros de Boze et tirée, dit-on, à quelques exemplaires seulement. Celui-ci a appartenu à M. Cicongne.

203. (MASSILLON). PETIT CARÊME de Massillon, Evêque de Clermont. *Paris, de l'Imprimerie de P. Didot l'aîné* (de la collection in-12 des meilleurs ouvrages de la langue Française). — In-12, pap. vélin (collé), mar. rouge, fil., tr. dor., dos orné. (*Niédrée.*)

204. DES MOTS A LA MODE et des nouvelles façons de parler, avec des observations sur diverses manières d'agir et de s'exprimer, et un Discours en Vers sur les mêmes matières. Quatrième Edition, augmentée de plusieurs mots nouveaux et d'une Lettre sur ces mots à la mode. *A la Haye, chez Abraham Troyet, Marchand Libraire à la Grand'Salle de la Cour* (1693). — Avec un Catalogue des livres de Troyet. A la suite : Du bon et du mauvais usage dans les manières de s'exprimer. Des façons de parler bourgeoises. Et en quoi elles sont différentes de celles de la Cour. *Suivant la copie à Paris, chez Claude Barbin, au Palais,*

sur le second perron de la Ste-Chapelle, 1694. — 2 ouvrages en un vol. petit in-12, mar. bleu, tr. dorée.
(*H. Duru.*)

Aux armes et aux chiffres du Baron J. Pichon. Ces petits volumes reliés en
maroquin bleu par H. Duru, dans son bon temps, pour le Président de la
Société des Bibliophiles Français, sont d'un goût exquis.

205. (Patru). Plaidoyers et œuvres diverses de Monsieur
Patru, de l'Académie Françoise. Nouvelle édition, augmentée de plusieurs pièces qui ont esté trouvées parmi
les papiers de l'auteur, après sa mort (2 part. en 1 vol.
de 984 pages). *A Paris, chez Sébastien Mabre-Cramoisy,*
1681. — In-8, veau brun. (*Rel. anc.*)

Aux armes d'un abbé crossé et mitré, entourées du cartouche employé par
Boyet autour des armoiries du Comte d'Hoym.

206. Universalité (de l') de la langue Française. Discours qui
a remporté le prix à l'Académie de Berlin en 1784.

Tu regere Eloquio populos, ò Galle memento !

Seconde édition. *A Berlin, et se trouve à Paris, chez
Prault et chez Bailly,* 1785. — In-12, grand papier fort,
veau fauve, fil., tr. dor. (*Rel. anc.*)

Hélas ! que les temps sont changés !

*Cette amère réflexion clot la maigre série
de la Linguistique.*

II. — POÉSIE.

CLASSEMENT ALPHABÉTIQUE EN SIX DIVISIONS :

1° Poètes Grecs et Latins.
2° Poètes Français antérieurs à Malherbe.
3° — de Malherbe à la fin du XVIIe siècle.
4° — du XVIIIe siècle.
5° — du XIXe siècle.
6° Poètes Italiens.

I. — POÈTES GRECS ET LATINS.

207. ANACRÉON, Sapho, Bion et Moschus, traduction nouvelle en prose, suivie de la veillée des fêtes de Vénus et d'un choix de pièces par differens auteurs, par M. C. (*Moutonnet de Clairfons*). *Paphos et Paris, Le Boucher,* 1773. — In-8, fig. d'Eisen, gravées par Massart. Exemplaire en papier de Hollande, relié sur brochure en mar. rouge, filets, comp. à la Du Seuil, tr. dor. (*Duru.*)

CINQUANTE FIGURES AJOUTÉES à celles de l'édition font de ce volume déjà très agréable un recueil précieux de spécimens d'illustrations de la plupart des maîtres du XVIIIe siècle, dessinateurs et graveurs.

Outre une eau-forte pure de Ponce, d'après Marillier, douze pièces sont avant la signature des artistes et presque toutes les autres signées en lettres grises avant la lettre.

Le choix de ces estampes est parfaitement approprié au texte qu'elles illustrent, au point qu'on pourrait les croire faites pour le livre.

Voici la liste des principaux Dessinateurs et Graveurs : Monnet, Girodet, Moreau le Jeune, Eisen, Cochin, Marillier, Leprince, Boucher, Choquet, Borel ; — Tardieu, Queverdo, Gaucher, Baquoy, de Longueil, Alliamet, Masquelier, de Launay, Ponce, Dambrun, Le Mire, Née, A. de St-Aubin, Elluin, Simonet, de Ghendt, Duclos.

208. Odes d'Anacréon avec LIV compositions par Girodet, traduction d'Amb. Firmin-Didot, *typographie de Firmin-Didot frères. Paris,* 1864. — In-16, pap. vélin fort, texte encadré, photogr., mar. rouge, tr. dor., milieux ornés. (*Smeers.*)

209. Homeri Opera omnia, cum interpretatione latinâ ad verbum.... *Amstelodami, apud Joannem Ravesteinium,* 1650. — 1 vol. (Ilias) in-8, front. gravé, mar. rouge, tr. dor., comp. à la Du Seuil. (*Rel. anc.*)

210. L'Iliade et l'Odyssée d'Homère, avec des remarques, précédées de réflexions, etc., par Bitaubé, 3me édition. *Paris, imp. de Didot l'aîné,* 1787. — 10 vol. in-18, portraits et figures, mar. rouge, ornements sur les plats, doublés de tabis, tr. dor. (*Rel. anc.*)

211. Théocrite. Les Idylles, traduites du grec en vers françois. Auec des Remarques. *A Paris, chez Pierre Aubouin, Pierre Emery et Charles Clouzier,* 1688. — In-12, veau brun. (*Rel. anc.*)

Envoi autographe de l'auteur, LONGEPIERRE, au dos du frontispice gravé : « pour Madamoille (sic) de Doré ». Aux armes de Cordebœuf, Sr de Beauverger.

Poëtes Latins.

212. (Claudien). La Chute de Rufin, Poëme en deux chants, traduit du latin de Claudien ; auec des notes... par le marquis de Sy... dédié, auec permission, à Son Excellence le Marquis de Wellesley. *Londres, Dulau et Cie,* 1811. — In-8, mar. rouge, mors de mar., filets et coins dorés, dent. à froid. (*Kalthoeber.*)

Dédicace spéciale en vers, à l'honorable Barnewal, calligraphiée et signée de l'auteur, émigré et ennemi furieux du régime Napoléonien. Pour lui Rufin,

10

dont il chante la chute, représente l'Empereur des Français, et il est heureux d'offrir son œuvre au frère de Wellington.

213. (Horace). Quinti Horatii Flacci opera. *Londini, œneis tabulis incidit Joannes Pine*, 1733-1737. — 2 vol. in-8, front. et figures, mar. brun, dos orné, fil., doublé de mar. gris ardoise, riches ornements, gardes de soie, tr. dor.

Édition entièrement gravée, dont les illustrations reproduisent des camées, statues et monuments antiques. L'exemplaire est du second tirage : mais toutes les figures sont très finement coloriées à la main.

214. QUINTI HORATII FLACCI OPERA cum novo commentario ad modum Joannis Bond. *Parisiis, ex typographiâ Firminorum Didot*, 1855. Phot. et cartes, texte encadré de rouge. — In-12 elzevirien, cart. en vélin, dans un étui, non rogné.

Exemplaire imprimé sur peau de velin.

215. Le même ouvrage, sur papier de chine, cartonné en percaline, non rogné.

216. Le même ouvrage, papier vélin, cartonné en percaline, non rogné.

217. Quinti Horatii Flacci Carmina Nitori suo restituta, accurante Steph. And. Philippo; front. et culs-de-lampe de B. Picart. *Lutetiæ Parisiorum, typis Josephi Barbou*, 1754. — In-12, veau marbré, fil., tr. dor.

Superbe exemplaire en papier fort de Hollande, dans le mauvais habit infligé par Barbou à ses plus beaux livres.

218. Juvenalis. Persius. *Venetiis, in Œdibus Aldi et Andreæ soceri, mense Augusto*, 1501. Ancre aldine sur le titre. Grande lettre initiale et majuscules coloriées. — Petit in-8 à toutes marges, mar. La Vallière, dos fleuronné, milieux dorés, tr. dor. (*Hardy.*)

219. JUNII JUVENALIS ET AULI PERSII Flacci Satyrœ, Ex doct. viror. emendatione. *Amsterodami, apud Joannem Janssonium*, 1626. — Très petit in-12 de 116 pp. mar. rouge, quatre fil. dont un au pointillé, comp., fleurons aux angles, dos très orné aux petits fers. (*Rel. anc.*)

AUX ARMES DU CARDINAL DE RICHELIEU. Reliure attribuée à Le Gascon par notre *dictateur impeccable* : Eugène Paillet. La très petite taille de ce précieux bouquin permet de croire que le grand Cardinal le mettait quelquefois dans sa poche. C'est une conviction bien arrêtée chez le Toqué.

220. Satires de Juvénal traduites par J. Dusaulx, membre de l'Institut. Deuxième édition, augmentée de notes et précédée de notices historiques sur la vie de Juvénal et sur celle de Dusaulx, par N. L. Achaintre. *Paris, Dalibon*, 1826. — 2 vol. in-8, veau rouge clair, gaufré, filets noirs à comp., dos très orné, tr. dor. (*Vogel.*)

Très jolie reliure du temps, très fraîche.

221. Lucain. La Pharsale ou les guerres civiles de César et de Pompée, en vers françois, par M. de Brébeuf. *A la Haye, chez Arnout Leers*, 1683. — In-12, front. et figures, vélin. (*Rel. anc.*)

222. LUCRÈCE : DE LA NATURE DES CHOSES, trad. par La Grange. *Paris, Bleuet, imp. de Didot le Jeune*, An II de la Rép. — 2 vol. in-4, demi-rel., dos et coins mar. rouge, éb., tête dor.

Exemplaire en papier vélin orné de 4 suites de figures : 1° suite de Monnet gravée par de Ghendt, avec les cadres, en noir ; 2° même suite en bistre avant la lettre ; 3° même suite en noir avant lettre et cadre ; 4° suite de Gravelot, gravée par Binet.

223. OVIDE. LES MÉTAMORPHOSES, gravées sur les dessins des meilleurs Peintres français. Par les soins des

sʳᵃ Le Mire et Basan, Graveurs. *A Paris, chez Basan et Le Mire.* — In-4, mar. rouge, tr. dor. *(Rel. anc.)*

> Recueil des illustrations des Métamorphoses, édition Banier, se composant d'un titre gravé par Choffard, de la dédicace au Duc de Chartres et de 139 figures numérotées de 2 à 140. Très belles épreuves de premier tirage, ce qui se reconnaît comme on sait à l'absence au frontispice de la mention « avec privilège du Roy », et à l'erreur qui attribue la 13ᵉ planche à Eisen, erreur rectifiée dans les tirages ultérieurs qui restituent cette planche à son véritable auteur : Gravelot. Inutile d'insister sur l'importance de la reliure ancienne pour ces recueils d'estampes.

224. Les Métamorphoses d'Ovide. Même recueil que le précédent, mar. rouge, dos orné, fil., dent. int., tr. dor. *(R. Petit.)*

> Belles épreuves, bonne reliure : mais moderne.

225. Métamorphoses d'Ovide en rondeaux, imprimés et enrichis de figures, par ordre de Sa Majesté... *Paris, Imp. Royale,* 1676. — In-4, front. gravé et fig. en têtes de pages, mar. rouge, dos orné, fil. et ornements sur les plats, dent. int., tr. dor.

226. Phœdri fabulæ et Publii Syri Sententiæ. *Parisiis, ex typographiâ Regiâ,* 1729. — Très petit in-12, caractères minuscules, front. gravé, maroquin vert, dent., tr. dor. *(Rel. anc.)*

> Exemplaire en grand papier, très gentiment habillé par Derome, et ayant appartenu à Méon, de Soleinne et de Givenchy. Un vrai bijou.

227. Fables de Phèdre, affranchi d'Auguste, traduites en français, avec le texte à côté et ornées de gravures. *Paris, de l'Imprimerie de P. Didot l'aîné,* 1806. — 2 vol. in-12, nombreuses figures, mar. rouge, dentelles, dos orné avec fers spéciaux, tr. dor. *(Lefebvre.)*

> Ouvrage dédié par l'éditeur J. Langlois à Madame Fanny Beauharnais dont le portrait figure en face du frontispice.

228. Publii Virgilii Maronis Bucolica, Georgica et Aeneis, ex editione Petri Burmanni. *Glasguæ, in Œdibus A. ademicis excudebat Andreas Foulis, Academiæ Typographus.* — In-fol., demi-mar. rouge, coins, dos fleuronné, tête dorée, non rogné. (*Belz-Niédrée.*)

Très bel exemplaire en grand papier fort, auquel on a ajouté les figures gravées d'après Gérard et Girodet pour la grande édition de Didot, savoir : 7 figures pour les Bucoliques et 4 pour les Géorgiques, par Gérard, et 12 figures pour l'Enéide, moitié par Gérard, moitié par Girodet. Graveurs : Copia, Marais, Delignon, Godefroy, Brisson, Simonet, Viel, Patas, Baquoy, Massard, Mathieu.

229. Publii Virgilii Maronis Carmina omnia, perpetuo commentario ad modum Johannis Bond explicuit Fr. Dubner. *Parisiis, ex typographiâ Firminorum Didot,* 1858. — In-12 elzevirien, texte encadré de rouge et photog., cart. en percaline, n. r.

230. Les Géorgiques de Virgile, traduction nouvelle en vers françois, enrichies de Notes et de Figures ; par M. Delille... 3me édition. *Paris, Bleuet,* 1770. — In-8, veau fauve, fil., dos orné, tr. dor. (*Rel. anc.*)

Papier fort de Hollande ; figures avant la lettre.

II. — POÈTES FRANÇAIS ANTÉRIEURS A MALHERBE.

231. BAÏF. ŒUVRES EN RIME DE JAN ANTOINE DE BAIF, Secrétaire de la Chambre du Roy. *A Paris, pour Lucas Breyer,* 1573. In-8 de 10 feuillets préliminaires et 272 feuillets chiffrés. — Les Amours de Jan Antoine de Baif. A Monseigneur le Duc d'Anjou, fils et frère de Roy. *A Paris, pour Lucas Breyer,* 1572. In-8 de 8 feuillets prélim. y compris le titre et 232 feuillets chiffrés. — Les Passe-Tems de Jan Antoine de Baif. A Monseigneur

le Grand Prieur. *A Paris, pour Lucas Breyer*, 1573. In-8 de 4 feuill. prélim. y compris le titre et 126 feuill. chiffrés. — Les Jeux, de Jan Antoine de Baif. A Monseigneur le Duc d'Alençon. *A Paris, pour Lucas Breyer*, 1573. In-8, 1 feuillet pour le titre et 231 feuill. chiffrés. — Ensemble, 4 vol. in-8, mar. bleu, dos orné, milieu à feuillages, doublé de mar. rouge, larges dent. à petits fers, tr. dor. (*Chambolle-Duru.*)

Superbe exemplaire (157ᵐᵐ) de ces poésies dont l'ensemble n'est pas facile à réunir.

232. DU BELLAY. Les Œuvres françoises de Joachim du Bellay, gentilhomme Angevin et Poëte excellent de ce temps. Reveuës et de nouveau augm. de plusieurs poësies non encores auparavant imprimées. *A Rouen, pour George l'Oyselet*, 1592. — In-12, 12 feuill. limin. et 583 feuillets, plus 1 pour la marque de l'Oyselet, mar. bleu, à filets droits et courbes, tr. dor. (*Muller*, succʳ de Thouvenin.)

Superbe exemplaire à toutes marges d'une édition charmante.

233. (ALAIN-CHARTIER). Les Œuvres de maistre Alain-Chartier, contenant l'histoire de son temps, l'Espérance, le Curial, le Quadriloque et autres pièces, toutes nouvellement réunies, corrigées et de beaucoup augmentées sur les exemplaires écrits à la main, par André Du Chesne, Tourangeau. *Paris, chez Samuel Thiboust*, 1617. — In-4, mar. rouge jans., doublé de mar. rouge, larges dent. à petits fers, tr. dor. (*Chambolle-Duru.*)

La plus complète et la meilleure des éditions d'Alain Chartier. Bel exemplaire en GRAND PAPIER.

234. (GOMBAULT). Les Epigrammes de J. Ogier de Gombauld, nouvelle édition donnée aux frais et par les soins de J. V. F.

Liber. *Lille, typ. A. Béhague*, 1861. — In-12, mar.
rouge, fil., dos orné, tr. dor. (*Petit.*)

Très bel exemplaire sur papier jaune serin d'une couleur intense, offert
par l'éditeur au libraire Leleu, de Lille.

235. (JAMYN). LES ŒUVRES POÉTIQUES d'Amadis
Jamyn, revues, corrigées et augmentées en ceste dernière
impression. *Paris, Robert le Mangnier*, 1579. — Le second
volume des Œuvres d'Amadis Jamyn, Secrétaire et lecteur
ordinaire de la Chambre du Roy. *Paris, Félix le Mangnier*, 1584. — Ensemble 2 vol. in-12, mar. brun, fil.,
dos orné, tr. dor. (*Bauzonnet.*)

Très bel exemplaire, grandes marges (138 ᵐᵐ), nombreux témoins. Le
second volume est fort rare.

236. LABÉ. ŒUVRES DE LOUISE LABÉ. Nouvelle édition publiée
par Edwin Tross et imprimée en caractères dits de civilité.
Paris, Tross, 1871. — In-8, mar. rouge, dos orné, fil.,
dent. int., tr. dor. (*R. Petit.*).

Exemplaire tiré sur PEAU DE VÉLIN.

237. LE VASSEUR. LE BOCAGE DE JOSSIGNY. Où est compris
le Verger des Vierges, et autres plusieurs pièces sainctes,
tant en vers qu'en prose. Par Jaques Le Vasseur, archidiacre
de Noyon. A Monsieur de Bragelongne, Conseiller du
Roy, et Maistre ordinaire en sa Chambre des Comptes.
Paris, Fleury Bourriquant..., 1608. Suivi des Antithèses
ou Contrepointes du Ciel et de la Terre (par le même). A
Monsieur Hallé, Conseiller du Roy, et Maistre ordinaire
de sa Chambre des Comptes. *Paris, ibidem*, 1608. —
Deux ouvrages en un vol. in-8, mar. vert clair, dos et plats
très ornés à petits fers, tr. dor. (*Lortic.*)

Exemplaire à toutes marges, sur lequel Lortic a dépensé trop de pointil-
lage. Volume rare que le libraire Caen, prédécesseur de Morgand, a disputé
avec énergie au Toqué.

238. LORRIS (G.) ET JEHAN DE MEUNG. Le Rom
mant de la Rose. Nouvellement Reveû et corrigé, oultre
les precedentes impressions. *On le vend à Paris par Gal-
liot du pre, Libraire jure ayant sa boutique au premier
pillier de la grant salle du Pallais,* 1529. — Petit in-8,
mar. rouge, dentelle sur les plats, dos orné, dent. int.,
doublé de tabis bleu, tr. dorée. (*Rel. anc.*)

Jolie édition en lettres rondes, ornée de vignettes gravées sur bois. Témoins.
Exemplaire superbe haut de 138 ᵐᵐ et très large, détail important en raison
des nombreuses manchettes du livre. Derome l'a compris, et ce terrible rogneur
a respecté religieusement les marges du volume.

239. Le Roman de la Rose, par Guillaume de Lorris et
Jehan de Meung : nouvelle édition, revue et corrigée sur
les meilleurs et plus anciens manuscrits par M. Méon.
Paris, Didot l'aîné, 1814. — 4 vol. grand in-8 cart., non
rognés.

Grand papier velin, sans figures.

240. (MAROT). L'ADOLESCENCE CLÉMENTINE. Ce
sont les Œuvres de Clément Marot nouvellement imprimées auecque plus de soixante nouvelles compositions,
lesquelles jamays ne furent imprimées, comme pourrez
veoir à la fin du livre. 1535. *On les vend à Lyon en la
maison de Françoys Juste, demourant devant Nostre-Dame
de Confort.* — In-12, mar. La Vallière, tr. dor., doublé du
même, compart. mosaïqués de mar. noir. (Reliure de
Brany. — Marius Michel, doreur.)

On ne connaît que trois exemplaires de ce volume qui fait l'objet d'un
chapitre du « Voyage dans un Grenier » (pages 187 à 191).

241. LES ŒUVRES DE CLÉMENT MAROT de Cahors,
Vallet de Chambre du Roy, Plus amples et en meilleur
ordre que paravant. *A Lyon, à l'enseigne du Rocher,* 1545.

— In-8, réglé, mar. rouge, trois fil., doublé de mar. vert,
dent. int., dos très orné à petits fers. (*Rel. anc.*)

Ce volume comprend deux parties distinctes : 1° Les poésies de Clément
Marot, comprenant 479 pages plus 14 pages de table, et un feuillet blanc
portant la marque du *Rocher* ; 2° 264 pages pour les traductions faites par le
poète. L'exemplaire, un des plus beaux que l'on connaisse de cette excellente
édition, a des marges énormes. La dorure vermiculée du dos rappelle Padeloup :
mais le Toqué penche pour Boyet.

242. CLÉMENT MAROT. *A Lyon, par Jan de Tournes*, 1553.
— Petit in-8, mar. bleu, comp. à froid, dos, coins et
milieux fleur., tr. dor. (*Duru.*)

Lettres rondes : 13 feuillets lim. y compris le titre, plus 597 pp. et un verso
blanc pour les Œuvres, suivies de « Les traductions de Clément Marot », en
324 pages : au verso de la dernière la fameuse devise « La Mort n'y mord » et
un feuillet blanc portant un fleuron à son verso. Les deux livres de la Métamor-
phose et l'Histoire de Leander et Ero sont ornés de vignettes gravées sur bois.
On sait que Duru excellait dans la reliure de ces petits « billots ». Celui-ci
est d'une souplesse remarquable.

243. LES ŒUVRES DE CLÉMENT MAROT DE
CAHORS, Valet de Chambre du Roy, revuës et augmentées de nouveau. *La Haye, chez Adrien Moetjens*, 1700.
— 2 vol. petit in-12, mar. *vert pomme*, dentelles, tr. dor.
(*Rel. anc.*)

Reliure charmante de DEROME le jeune, d'une fraîcheur inouïe, digne de
l'ancienne collection de Le Barbier de Tinan, qui recherchait, comme on sait,
avec fureur les vieux habits de cette couleur si séduisante.

244. MOLINET. LES FAICTS ET DITS de feu de
bonne mémoire Maistre Jehan Molinet, contenans plusieurs beaulx traictés, oraisons et chants royaulx. *Paris,
pour Jehan Longis et la veuve feu Jehan Sainct-Denys*,
1531. — Petit in-folio gothique, mar. rouge, larges dentelles, tr. dor. (*Petit.*)

Bel exemplaire de la bibliothèque Desq.

11

245. NICOLAS DE VÉRONE. La Passion de Jésus-
Christ, poëme *en langue de France* par Nicolas de Vérone,
MANUSCRIT SUR VÉLIN DE LA FIN DU 14me SIÈCLE, décoré
de trente miniatures, de la facture la plus originale, d'un
tiers ou d'un quart de page accompagnant le texte. — Petit
in-fol. cartonné en parchemin.

« La première page est ornée d'une bordure ornementée de fleurs et de
» feuillages. Au milieu de la guirlande du bas se détache l'écusson des
» GONZAGUE, SEIGNEURS DE MANTOUE (de sable aux trois fasces d'or).Le manuscrit
» commence par une très belle lettre S historiée, à deux compartiments. Dans
» celui du haut on voit un personnage à mi-corps, tête nue, vêtu d'un manteau,
» qui paraît écouter ; au-dessous,dans le second compartiment,un autre person-
» nage à figure très expressive, la tête couverte d'une étoffe verte qui retombe
» sur ses épaules, joue d'un instrument de musique ressemblant exactement à
» un violon.

» Le texte débute ainsi :

» *SEIGNOUR je vous ay ja pour vers et pour sentançe*
» *Contié maintes istoires en la langue de France*
» *Or m'est venu dou tout en cuer e en remembrançe*
» *De ceisir toutes couses pour fer vous rementançe*
» *De la grand passion che porta en paciançe*
» *Jesu le fil de Dieu pur notre delivrançe.*
. . . .

» L'auteur se nomme une première fois quelques vers plus loin, au bas de
» cette même page :

» *E sil vous pleit pries la santissime sustançe*
» *Pour celu NICHOLAIS cha rimé par certançe*
» *Ceste sanctisme couse qar Dieu de larme avançe*
» *Cil che pour autru prie a droite consciançe*
» *Car prier pour soi seul n'est buene costumançe.*

» Les quatre derniers vers indiquent clairement que Vérone est la patrie de
» l'auteur :

» *NICOLAUS VERONOIS e pour rime estendue*
» *Mes de cist feit nest plus de luy rime veue.*
» *Pour ce plus nen dirai fors che a la departue.*
» *Jhesu nous beneie cha en bien fer nous aigue.*
» *Amen.*

» Ce poème est resté inédit jusqu'à ce jour et pour ainsi dire inconnu. Il
» comprend 994 vers alexandrins et est disposé en tirades monorimes. Il a été,
» selon toute apparence, composé pour Louis II de Gonzague, second fils de
» Guido de Gonzague, et lui a été présenté par NICOLAS DE VÉRONE, trouvère

» attaché à sa maison ainsi que l'on peut en inférer des deux premiers vers que
» nous avons déjà rapportés :

> » *Seignour, je vous ay jà pour vers et pour sentançe*
> » *Contié maintes istoires en la langue de Françe.*

» Nicolas de Vérone aurait, ainsi qu'il le dit lui-même, fait d'autres
» ouvrages « *contie maintes istoires* » pour Gonzague ; ces œuvres paraissent
» perdues.

» Cette *Passion* rimée nous paraît avoir été faite au moment de l'apaise-
» ment des luttes intestines, après les guerres que les belliqueux ducs de
» Mantoue eurent à soutenir contre leurs voisins. C'est très probablement à ces
» temps tourmentés que le poète fait allusion dans ses derniers vers lorsqu'il
» adjure Dieu afin qu'il l'entende

> » *E mande pais entre nous e confonde c destrue*
> » *La gere et la discorde................* »

» Il est fait mention d'un trouvère franco-italien du nom de *Nicolas* dans
» une chanson de geste inédite intitulée l'*Entrée en Espagne*, tirée d'un
» manuscrit de la Bibliothèque de Saint-Marc, à Venise. M. Léon Gautier, dans
» la *Bibliothèque de l'École des Chartes*, 4ᵉ série, tome IV, livraison 3 de janvier-
» février 1858, pages 217-270, donne une analyse intéressante de cette chanson
» de geste qui ne compte pas moins de 20,000 vers tantôt alexandrins, tantôt
» de dix syllabes, avec couplets monorimes. Cette composition qui appartient
» au cycle carolingien (ce sont les exploits de Charlemagne pénétrant en
» Espagne avec Roland et ses pairs) paraît avoir été rimée au xivᵉ siècle et
» offre les plus grandes analogies de style et de facture avec notre *Passion.*
» C'est le même dialecte français et une *espèce de langue d'Oïl* italianisée.
» L'auteur après avoir dit qu'il ne se nommerait pas mais qu'il est *Patavian*
» (Padouan), dans la Marche de Trévise, « près la mer, à x lieues » finit par
» dire qu'il s'appelle *Nicolais, Nicolas* comme le *Veronais.*

» Les miniatures, au nombre de trente, qui décorent notre manuscrit, sont
» fort curieuses à étudier. Les personnages sont nimbés comme dans les pein-
» tures byzantines. Cette influence de l'art oriental se fait surtout remarquer
» dans certains costumes et dans les physionomies des personnages. Il ne faut
» pas chercher dans ces miniatures le fini remarquable de certains livres
» d'heures. Ce sont plutôt des peintures à effet et des esquisses faites rapide-
» ment pour un poème de circonstance par un scribe de talent, et non par un
» peintre miniaturiste de profession. Ces illustrations sont probablement de
» la même main qui a écrit le texte du manuscrit. Les peintures de quelques
» miniatures sont un peu écaillées ; d'autres sont dans un parfait état de
» conservation. On y remarque les fonds de damier qui caractérisent la der-
» nière moitié du xivᵉ siècle. Louis II de Gonzague étant mort en octobre
» 1382, l'exécution de ce manuscrit peut être reportée à l'année 1380 environ,
» époque la plus paisible de la domination du duc, qui concorde avec les
» allusions du poète.

» Il nous reste maintenant à retracer la filiation de ce manuscrit et à
» expliquer comment il a pu rester à peu près ignoré jusqu'ici. Ayant été
» exécuté pour la maison de Gonzague, ainsi que cela est hors de doute, il a

» dû nécessairement faire partie de la *librairie* comme on disait alors, ou du
» *trésor* des ducs de Mantoue. On sait que le 18 juillet 1630, Mantoue surprise
» par les Impériaux, fut livrée à un pillage effréné qui dura trois jours. Le
» cabinet et le trésor des ducs ne furent pas épargnés et les choses curieuses
» qu'ils renfermaient furent dispersées par les soldats. Les plus belles peintures
» des palais de Mantoue furent portées à Prague.

  » Il est très probable que le manuscrit de la *Passion de Nicolas de Vérone*
» disparut de Mantoue à la suite de ce pillage, et resta longtemps perdu.
» Dépouillé de sa reliure, il fut retrouvé à Turin il y a une quarantaine
» d'années par M. Rouard, à la vente duquel nous l'avons acquis. — Terminons
» en souhaitant que ce monument de l'influence de notre vieille langue d'Oïl
» en Italie, à placer à côté du *Tresor* de Brunetto Latini, des *Relations* de
» Rusticien de Pise, et d'autres œuvres composées « *en la langue de France* »
» au-delà les Monts, « *la parleure la plus delitable à toutes gens,* » comme disait
» le maître de Dante, soit désormais mis à l'abri des vicissitudes des temps
» dans quelque bibliothèque publique. »

  La description qui précède est empruntée au bulletin de G. Claudin, à qui
le Toqué enthousiasmé demanda, par télégramme, le précieux manuscrit. Bien
lui prit de cet empressement, car il arriva bon premier dans le *steeple chase* des
amateurs, au nombre d'une douzaine, qui se présentèrent ou écrivirent dans
la journée pour se disputer Nicolas de Vérone, qui avait fait avant midi l'ascen-
sion du Grenier.

246. PASSERAT. Recueil des Œuvres Poétiques de Jan
Passerat, Lecteur et Interprête du Roy, augmenté de plus
de la moitié, outre les précédantes impressions : Dédié à
Monsieur de Rosny. *A Paris, chez Abel Langelier, au
premier pilier de la grand'Salle du Palais,* 1606. — In-8,
portrait du poète à l'âge de 64 ans par Thomas de Leu,
veau jaspé, fil., tr. pointillée, dos très orné à petits fers.
(*Rel. anc.*)

  Précieux exemplaire, dans son premier habit, ayant appartenu à M. de
Monmerqué, qui a joint au volume quatre pièces inédites, copiées de sa main
dans un manuscrit attribué à Passerat. Ex-libris ancien de Camusat de
Vaugourdon.

247. REGNIER. LES SATYRES et autres Œuvres du sieur Regnier,
augmentées de diverses pièces cy-devant non imprimées.
A Leiden, chez Jean et Daniel Elzevier, 1652. — Petit
in-12, mar. rouge jans., dent. int., tr. dor. (*Thibaron-Joly.*)

  Très bonne édition.

248. Œuvres de Regnier, avec les Commentaires, revues, corrigées et augmentées, précédées de l'histoire de la Satire en France..., par Viollet-Le Duc. *Paris, Desoer,* 1822. — In-18, mar. rouge, dos orné, fil., dent. int., tr. dor. (*Hardy.*)

Bel exemplaire en papier velin.

249. Œuvres de Mathurin Regnier, texte original, avec notice, variantes et glossaire par Courbet. *Paris, Lemerre,* 1879. — Petit in-12, portrait à l'eau-forte par Bracquemond, mar. bleu, fil., dos orné, tr. dor. (*Reymann.*)

Un des deux exemplaires tirés sur peau de velin.

250. (Remy). La Magdeleine de F. Remy de Beauvais, Capucin de la Province des Pays-Bas. *Tournay, Charles Martin,* 1617. — In-8, front. et figures, mar. Lavallière, fil. fleur., dos doré en plein, tr. dor.

Exemplaire de Veinant. Témoins.

251. (Thibault). Poésies du Roi de Navarre, auec des Notes et un glossaire françois. *Paris, Guérin,* 1742. — 2 vol. petit in-8, figures, veau fauve, fil., fleurons, dos orné, tr. dor., aux armes de France.

252. (Villon). Œuvres de François Villon, publiées avec Préface, Notices, Notes et Glossaire par Paul Lacroix. *Paris, Jouaust,* 1877. — In-8, demi-mar. citron à coins, doré en tête, non rogné. (*Allô.*)

Papier Whatman (N° 96 sur 100).

III. — POÈTES FRANÇAIS, DE MALHERBE
A LA FIN DU XVIIme SIÈCLE.

253. Beauchasteau. La Lyre du jeune Apollon, ou la Muse

naissante du petit de Beauchasteau. *A Paris, chez Ch. de
Sercy*, 1657. — In-4, mar. rouge, fil., dos orné. (*Hardy.*)

Exemplaire de Desq et de Léop. Double. Vingt-sept portraits, dont plusieurs
très intéressants.

254. BOILEAU. ŒUVRES DIVERSES du sieur Boileau Despreaux,
avec le traité du Sublime ou du Merveilleux dans le discours, traduit du grec de Longin. Nouvelle édition reveuë
et augmentée. *Paris, D. Thierry*, 1701. — 2 tomes en
2 vol. in-12, vélin.

C'est l'édition favorite du poète, frontispice et figures. 165ᵐᵐ.

255. ŒUVRES COMPLÈTES de Boileau-Despréaux. *Stéréotype
d'Herhan. Paris, Mame frères*, 1812. — 3 vol. in-8,
figures ajoutées dont un très beau portrait du poète, et une
fig. de Marillier, gravée par Dambrun, eau-forte et avant
la lettre, mar. bleu, large dentelle, dos à petits fers, plats
ornés d'une Lyre, tr. dor.

Riche reliure, très fraîche, de Bozérian.

256. ŒUVRES CHOISIES DE BOILEAU-DESPRÉAUX. Par ordre de
Mᵍʳ le Comte d'Artois. *A Paris, de l'Imprimerie de Didot
l'aîné*, 1781. — Petit in-12, port. avant la lettre et sept
figures de Choquet ajoutées, relié sur brochure en mar.
rouge, tr. dor. (*Brany.*)

257. ŒUVRES POÉTIQUES DE BOILEAU-DESPRÉAUX, avec une
introduction et des notes par F. Brunetière. *Paris, Librairie
Hachette et Cⁱᵉ*, 1889. — Grand in-4, papier à la forme
des papeteries du Marais, Nᵒ 166, broché.

Un choix d'épreuves avant la lettre, sur papier du Japon, est ajouté aux
figures de l'édition, exécutées par les premiers artistes de ce temps.

258. BOUILLON. Œuvres de Monsieur de Bouillon, contenans (*sic*) l'histoire de Joconde, le Mary commode, etc. *Paris, J. Guignard,* 1663. — Petit in-12, mar. rouge jans., dent. int., tr. dor. (*Hardy.*)

259. (CANTENAC). POÉSIES NOUVELLES ET AUTRES ŒUVRES GALANTES du sieur de C....... (Cantenac). *Paris, chez Théodore Girard,* 1662. — In-12, front. gravé, mar. rouge, fil., dos orné, tr. dor. (*Lebrun.*)

Exemplaire de *Samuel Turner*. Entre les pages 102 et 103 se trouve la pièce « l'occasion perdue et recouverte », qui a été attribuée à Corneille.

260. LA FONTAINE. ÉLÉGIE, etc.— In-4 de 2 feuillets, mar. orange, fil. à compart., milieux en mosaïque, tr. dor. (*Lortic.*)

« Edition originale de cette célèbre Élégie, aux Nymphes de Vaux, écrite à » l'occasion de la disgrâce du surintendant Fouquet. C'est une pièce volante, » imprimée probablement à Paris en 1661, d'une manière occulte. Les exem- » plaires en sont introuvables, et elle est restée inconnue à Walckenaer et à » M. Brunet. Les pages sont chiffrées et le texte finit au milieu de la troisième.

» Cet exemplaire a appartenu au fameux surintendant. Au haut de la » première page, on lit : M. Foucquet, envoi écrit de la main même du grand » poète.

» On a ajouté à cette haute rareté bibliographique un précieux autographe » de La Fontaine.

» C'est le brouillon même de son Ode pour la paix qui a paru pour la » première fois en 1671. Le texte en était d'abord conforme à l'imprimé, sauf » deux changements, mais ensuite La Fontaine a biffé les trois premiers vers » qu'il a remplacés par sept autres. La pièce ainsi modifiée a été réimprimée » dans les ouvrages de prose et de poésie des sieurs de Maucroix et de La » Fontaine; Amsterdam, 1685, 2 volumes in-12, tome I, page 121. Notre » autographe offre en outre la première pensée du poète, car il s'y trouve des » mots raturés qui n'ont jamais figuré à l'impression. »

La description qui précède est extraite du Catalogue de la vente des livres de la Bibliothèque d'Ambroise Firmin-Didot (Catalogue de Juin 1878, page 138) à laquelle le Toqué a acheté cette plaquette pour le prix modique de 1980 fr. frais compris. Il l'a fait reproduire en fac-similé pour les exemplaires de luxe des « Racontars » : mais, ce qu'il n'a pu reproduire, c'est le papier sur lequel La Fontaine a écrit le brouillon de son Ode pour la Paix, papier à lettres de Mazarin, à ses armes imprimées dans la pâte. Évidemment cette ode en l'honneur du Cardinal a été improvisée dans son Cabinet.

261. FABLES CHOISIES, MISES EN VERS PAR JEAN
DE LA FONTAINE. *Paris, Desaint et Saillant, et
Durand,* 1755, *de l'Imprimerie de Charles-Antoine Jombert.* — 4 vol. in-folio, front. et figures d'Oudry. En-têtes
et culs-de-lampe gravés sur bois, mar. rouge, filets, dos
très orné, tr. dor. (*Rel. anc.*)

SUPERBE EXEMPLAIRE DE PREMIER TIRAGE (avant l'inscription *au Léopard*), sur
papier moyen de HOLLANDE, dans une reliure parfaite.

*On sait que les plus belles épreuves des planches ont été
tirées sur ce papier.*

262. FABLES CHOISIES; MISES EN VERS PAR J.
DE LA FONTAINE. Nouvelle édition, gravée en taille-
douce, les Figures par le s^r Fessard, le Texte par le s^r
Montulay. Dédiées aux Enfans de France. *A Paris, chez
l'Auteur, Graveur Ordinaire du Roy,* 1765 à 1775. —
6 vol. de format in-8, mar. rouge, triples filets, dos très
orné, tr. dor. (*Rel. anc.*)

Exemplaire d'une fraîcheur remarquable, qui paraît sortir de l'atelier de
Derome l'ancien.

263. Fables de La Fontaine. *A Paris, de l'Imprimerie de
Didot l'aîné,* 1782.— 2 tom. en 2 vol. petit in-12, réglés à
la main, mar. vert, dentelles, tr. dor., gardes rouges.
(*Rel. anc.*)

Exemplaire très pur et très grand, 130^{mm}.

264. LES MÊMES. Même édition, mar. rouge, fil., tr. dor.
(*Derome.*)

265. FABLES DE LA FONTAINE. Imprimé par ordre du Roi pour
l'éducation de Monseigneur le Dauphin. *A Paris, de
l'Imprimerie de Didot l'aîné,* 1788. — In-4, mar. rouge,
fil., dos orné, tr. dor. (*Rel. anc.*)

266. Fables de La Fontaine, suivies d'Adonis, poëme. Édition stéréotype. *A Paris, de l'Imprimerie de P. Didot l'aîné,* an VII. — 2 tomes en 1 vol. in-12, mar. rouge, large dentelle, dos très orné à la Padeloup, mors en mar., tr. dor. (*Rel. anc.*)

Exemplaire en grand papier velin, portrait gravé par Ficquet d'après Rigaud, *au ruisseau blanc,* ajouté, impression superbe. Reliure de Bradel, *neveu et successeur de Derome le jeune,* ainsi que l'affirme son étiquette. Il lui a succédé, sans le remplacer.

267. Fables choisies de La Fontaine, ornées de figures lithographiques de MM. Carle Vernet, Horace Vernet et Hipolyte (*sic*) Lecomte. *De l'imprimerie de Fain, Paris, à la Lithographie d'Engelmann,* 1818. — 2 vol. format d'album, demi-veau brun, non rognés. (*Hering.*)

268. Fables de La Fontaine. Édition illustrée par J.-J. Granville. *Paris, H. Fournier aîné et Perrotin,* 1838. 2 vol. in-8, demi-mar. rouge et coins, lavé, collé et non rogné. (*Kœhler.*)

Très bel exemplaire de Mademoiselle L. Bertin. Un feuillet non coupé !

269. Fables de La Fontaine, publiées par D. Jouaust, avec une introduction par Saint-René Taillandier, de l'Académie française, ornées de douze dessins originaux de Bodmer, J.-L. Brown, F. Daubigny, Detaille, Gérôme, L. Leloir, Émile Lévy, Henri Lévy, Millet, Ph. Rousseau, Alf. Stevens, J. Worms. Portrait gravé par Flameng. *Paris, Librairie des Bibliophiles,* 1873. — 2 vol. in-8, mar. rouge, fil., dos orné, gardes de moire bleue, large dent. int., tr. dor. (*Masson-Debonnelle.*)

Un des 25 exemplaires sur papier de Chine, figures avant la lettre.

270. FABULÆ SELECTÆ FONTANII e Gallico in Latinum Sermonem Conversæ, Authore J.-B. Giraud. *Rhotomagi*, 1775.
— 2 vol. in-8, texte français et latin, en-têtes et culs-de-
lampe gravés sur bois, mar. rouge, dent., tr. dorée.
(*Rel. anc.*)

Agréable spécimen de l'imprimerie Rouennaise au 18e siècle. *Aux
armes de la Duchesse d'Angoulême, Dauphine.*

271. FABLES CAUSIDES DE LA FONTAINE en BERS GASCOUNS.
A Bayoune, de l'empremerie de Paul Fauvet Duhard,
1776. — In-8, pap. de Hollande, titre et front. gravés par
Le Mire d'après Moreau le jeune, mar. rouge, tranche dor.,
dos orné (à l'oiseau). (*Capé.*)

Ex musæo L. Double. Nombreux témoins. Belles épreuves des figures ;
le portrait de La Fontaine qui orne le centre du frontispice est charmant.
De la vente Potier : avril 1870, N° 1011. Livre intéressant pour l'histoire de la
langue du pays *Gascoun* dans la seconde moitié du 18e siècle.

272. CONTES DE MONSIEUR DE LA FONTAINE
enrichis de tailles-douces. *A Amsterdam, chès Henry Des-
bordes,* 1685. — Petit in-8, réglé, front. et figures de
Romain de Hooge, mar. bleu, dos orné, trois fil., tr.
dor. (*Rel. anc.*)

*Exemplaire irréprochable, du premier tirage, relié par
Padeloup, Ex-libris Guy Pellion.*

273. CONTES ET NOUVELLES EN VERS PAR M.
DE LA FONTAINE (avec préface par Diderot). *A
Amsterdam,* 1762. — 2 tomes en 2 vol. in-8, mar. rouge,
filets, dos orné, tr. dor., doub. de tabis bleu. (*Rel. anc.*)

Superbe exemplaire de l'édition dite des « Fermiers Généraux » ; PREMIER
TIRAGE, double épreuve du *Cas de Conscience*, couverte et découverte. Le *Diable
de Papefiguière* et le *Rossignol* découverts. Nombreux témoins. Reliure parfaite
de DEROME.

274. CONTES DE LA FONTAINE. *Paris*, 1875. — 2 vol. in-4, mar. grenat, dos orné, fil., comp. doublé de mar. vert, riches ornements, tr. dor.

Exemplaire composé du texte de la réimpression de Lemonnyer, avec les vignettes coloriées, et ORNÉ DE SOIXANTE DESSINS ORIGINAUX AU LAVIS, exécutés pour le Comte de R******, par un artiste dont le Toqué n'a pu encore découvrir le nom. C'est un habile homme qui a fortement creusé son sujet : architecture, mobilier, tentures, costumes, tout est approprié à la date des événements racontés par le poète. Les vignettes sont agréables, quelques-unes charmantes, plusieurs très *découvertes*.

275. LA FONTAINE. CONTES ET NOUVELLES EN VERS. *Paris*, *Lemonnyer*, 1882. — 2 vol. in-4, fig. d'après Fragonard, br.

PAPIER DE CHINE.

276. POÈME DU QUINQUINA ET AUTRES OUVRAGES en vers de M. de La Fontaine. *A Paris, chez Denis Thierry et Claude Barbin*, 1682. — In-12, mar. rouge, dos orné, fil., dent. int., tr. dor. (*Brany.*)

Bel exemplaire de l'édition originale : on y trouve pour la première fois *La Matrone d'Ephèse*, *Belphégor*, *Daphné* et les *Amours d'Acis et Galathée*.

277. LES ŒUVRES POSTUMES (*sic*) DE MONSIEUR DE LA FONTAINE. *A Paris, chez Guillaume de Luyne*, 1696. — In-12, mar. rouge, dos orné, fil., tr. dor. (*Brany.*)

278. LES AMOURS DE PSYCHÉ ET DE CUPIDON, avec le poëme d'Adonis, par La Fontaine. Édition ornée de Figures dessinées par Moreau le Jeune, et gravées sous sa direction. *A Paris, chez Saugrain et Didot*, l'an V, 1797. — 2 vol. in-12, mar. rouge, dentelle, tr. dor., doublé de tabis. (*Rel. anc.*)

Exemplaire en PAPIER VELIN très pur, avec de nombreux témoins, contenant : 1° le portrait de La Fontaine, gravé par Delvaux, d'après Rigault ; 2° huit figures gravées d'après Moreau le jeune, par Dambrun, Duhamel, Dupréel, de Ghendt, Halbou, Petit et Simonet.

EPREUVES EN DOUBLE ÉTAT, AVANT ET AVEC LA LETTRE.

279. MALHERBE. LES ŒUVRES DE Mre FRANÇOIS DE MAL-
HERBE, Gentilhomme ordinaire de la Chambre du Roy.
Troisième Édition. *Paris, chez Antoine de Sommaville,*
1638. — In-4, mar. vert, fil., dos orné à petits fers,
doublé de vieux brocart.

> Le Toqué, en feuilletant ce bouquin, luxueusement habillé en Belgique,
> s'est demandé si le relieur n'avait pas oublié la dernière page. C'est à vérifier.

IV. — POÈTES FRANÇAIS DU XVIIIme SIÈCLE.

280. LES BAINS DE DIANE, ou le triomphe de l'amour.
Poëme. *A Paris, chez Costard,* 1770. — Titre gravé et
figures de Marillier, mar. vert, dos orné, fil., dent. int.,
tr. dor. (*Marius Michel.*)

> Exemplaire en grand papier.

281. Bernard. L'art d'aimer et poësies diverses de Bernard.
Éd^{on} ornée de sept figures. *Paris, de l'Imprimerie de Didot
jeune,* l'an IIIème. *Se vend chez Deterville* (1795 v. st.).
— Grand in-8, papier vélin très fort, fig. de Martini et
d'Eisen, maroquin *de Maroc* rouge, dent., tr. dor., comp.
de mar. vert sur le dos. (*Rel. anc.*)

> Curieuse reliure signée Guedon. Nombreux témoins.

282. ŒUVRES DE BERNARD, ORNÉES DE GRAVURES d'après les
dessins de Prudhon. *Paris, Didot l'aîné,* 1797. — In-4,
mar. rouge, dos orné, dentelles sur les plats, doublé de
mar. vert, dentelles, gardes de moire, éb., tr. sup. dor.

> Exemplaire orné, outre les figures de Prudhon, de onze gravures en
> couleurs, dont plusieurs avant la lettre. Très beau volume, richement habillé.

283. ŒUVRES DE BERNARD, ORNÉES D'UNE GRAVURE D'APRÈS
PRUDHON. *Paris, Janet et Cotelle,* 1823. — In-8, papier

fin, veau fauve, gaufré sur les plats, fil. noirs, tr. dor.
(*Thouvenin.*)

La gravure (Phrosine et Melidor) en deux états : avant et avec la lettre ; très belle reliure de Thouvenin.

284. (Berquin). Idylles, par M. Berquin. *Paris, Ruault,*
1775. — 2 vol. petit in-8, figures de Marillier gravées
par de Ghendt, gr. papier vélin fort, mar. La Vallière clair,
dent. int., tr. dor. (*Lortic.*)

285. Boufflers. Œuvres complètes de Boufflers, de l'Académie française. Nouvelle Edition, augmentée d'un grand
nombre de pièces non recueillies. *Paris, Furne,* 1827. —
2 vol. in-8, demi-mar. rouge, coins, fil., dos très orné,
tête dor., non rogné.

Papier vélin (un peu piqué). Très nombreuses figures avant et avec la lettre ajoutées, par Devéria, Desenne, Marillier, (grav. par Delignon, etc.)

286. Chenier. Poësies de André Chenier, édition critique.
Étude sur la vie et les œuvres d'André Chenier, variantes,
notes et commentaires, lexique et index, par L. Becq de
Feuquières. Éd^{on} ornée d'un portrait d'André Chenier.
Paris, Charpentier, 1862. — 2 parties en 2 vol. grand
in-8, broché.

Grand papier fort.

287. Poésies de André Chénier, publiées avec une introduction nouvelle, par L. Becq de Feuquières, et enrichies
de quinze compositions de Bida gravées à l'eau-forte par
Courtry, Champollion, Monziès, et des portraits de Marie
Cosway et de Fanny, gravés à l'eau-forte par F. Desmoulin
d'après Richard Cosway et David. *Paris, G. Charpentier
et Cie,* 1888. — Grand in-4, broché.

Papier Whatman, N° 52. Double suite des eaux-fortes sur japon et hollande.

288. (Didot). Essai de fables nouvelles dédiées au Roi, suivies de Poésies diverses et d'une épître sur les progrès de l'Imprimerie par Didot fils aîné. *Imprimé par Franc. Ambr. Didot l'aîné*, avec les caractères de Firmin, son 2^d fils, 1786. — In-12, pap. vélin, mar. rouge, fil., tr. dorées, gardes dor. étoilées. (*Rel. anc.*)

289. (DORAT). LES BAISERS, PRÉCÉDÉS DU MOIS DE MAI, poëme. *A La Haye et se trouve à Paris chez Lambert, imprimeur rue de Laharpe, et Delalain*, 1770. — Front. gravé et vignettes, mar. vert foncé, dos orné, plats couverts d'animaux, feuillage et mosaïque, doublé de mar. orange, ornements spéciaux, comp., gardes de maroquin dorées, tr. dor.

Très riche et curieuse reliure, non pas doublée mais *triplée*, sur un bel exemplaire, en grand papier.

290. FABLES NOUVELLES (par Dorat). *A Lahaye et se trouve à Paris chez Delalain*, 1773. — 2 part. en 1 vol. in-8, front. et vignettes par Marillier, mar. orange, dos et plats couverts d'ornements, feuillages et animaux, doublé de mar. vert foncé, fil., comp., gardes mar. vert ornées de feuillages, tr. dorées.

Très bel exemplaire en grand papier, très richement habillé d'une reliure *triplee*, analogue à la précédente, avec interversion dans la couleur des maroquins.

291. (Du Laurens). La Chandelle d'Arras, poëme héroïcomique en 18 chants. *A Bernes* (sic) *aux dépens de l'Académie d'Arras*, 1765. — In-12, front., veau fauve, fil., tr. rouge. (*Rel. anc.*)

Bel exemplaire de l'édition originale aux armes de Fontenu, Sr de Montretout : chiffres couronnés sur le dos du volume. Le frontispice (gravé par Tassaert, d'après Desrais) est signé : R. P. Isaac Berruyer inv. R. P. Ignace de Loyola Sculp. Le Dictionnaire des anonymes admet l'impression à Berne. Le *Toqué* se permet d'en douter : *Bernes* en ce cas serait une coquille aussi abracadabrante que *Pari*, sur le titre d'un livre imprimé à Paris.

292. La Chandelle d'Arras, poëme en 18 chants, nouvelle éd. précédée d'une notice sur la vie et les ouvrages de l'auteur, et ornée de 19 figures. *Paris*, 1807. — In-8, mar. brun, fil., ornements à froid, tr. dor. (*Thouvenin.*)

Bel exemplaire en papier vélin.

293. (Frédéric II, Roi de Prusse). Poésies du philosophe de Sans-Souci. Nouvelle édition, conforme à celles avouées par l'Auteur et plus ample d'un tiers, avec des variantes très curieuses qui ne se trouvent dans aucune des Éditions publiées jusqu'à présent. *A Sans-Souci*, 1760. — 2 vol. in-12, titre rouge et noir, mar. rouge, fil., dos orné, tr. dor. (*Rel. anc.*)

Un roi de Prusse, classé dans les Poètes Français ! C'est raide ; mais, où le mettre ?

294. Grécourt. Œuvres choisies de Grécourt, précédées de considérations.... *Paris*, 1833. — In-8, fig. coloriées, pap. vélin, chagrin La Vallière, fil., dos orné, tr. sup. dor., non rogné.

Une de ces figures coloriées est vraiment *galbeuse*.

295. Gresset. Œuvres choisies de Gresset, stéréotype d'Herhan. *Paris*, *de l'Imprimerie des Frères Mame*, 1808. — In-12, mar. rouge, dentelle entre filets, dos orné à petits fers, tr. dor. (*Bozérian jeune.*)

Très bel exemplaire en papier fin.

296. Hero et Léandre. Poëme nouveau en trois chants, Traduit du grec, sur un manuscrit trouvé à Castro, auquel on a ajouté des notes historiques. Cette édition est ornée

d'un Frontispice et de huit Estampes en couleur, dessinées et gravées par P.-L. Debucourt, de la ci-devant Académie. *A Paris, de l'Imprimerie de Pierre Didot l'aîné, au Palais des Sciences et des Arts*, An IX, 1801. — Grand in-4, gr. papier vélin, dans son premier cartonnage, non rogné.

Superbe exemplaire avec les *figures avant la lettre*.

297. Narcisse dans l'Isle de Vénus, poëme en quatre chants. *A Paris, chez Lejay*, s. d. — In-8, front. gravé et figures, mar. vert, dos orné, riches ornements sur les plats, larges dent. int., tr. dor. (*Chambolle-Duru.*)

Très bel exemplaire, supérieurement habillé.

298. Œuvres diverses du sieur D**. *A Paris*, 1711 (par de Blainville). — In-12, front. et vignettes de B. Picart, mar. rouge jans., tr. dor. (*Duru.*)

Grand papier fort.

299. Reyrac. Œuvres de Reyrac, de l'Académie des Inscriptions et Belles-Lettres,... Contenant l'hymne au Soleil, des variétés littéraires sur les beautés de la nature et des poësies diverses. Nouvelle édition ornée du portrait de l'auteur. *Paris, Desessarts*, an VII de la Rép. — In-8, mar. rouge, trois fil., tr. dor. (*Rel. anc.*)

300. Robbé de Beauveset. Œuvres badines de Robbé de Beauveset. *Londres*, 1801. — 2 tomes en 1 vol. in-12, veau fauve, tr. dor., dent. (*Rel. anc.*)

Très bel exemplaire portant l'ex-libris de Jacques-Phil. Le Dru, médecin.

301. (Rosset). L'Agriculture, poème. *A Paris, de l'Imprimerie Royale*, 1774. — In-4, veau fauve, fil., tr. dor. (*Rel. anc.*)

Bonnes épreuves des figures de Marillier, St-Quentin, etc.

302. Rousseau. Œuvres de J.-B. Rousseau. Nouvelle édition. *A Londres,* 1753. — 5 vol. in-12, veau fauve, fil., tr. dor. (*Rel. anc.*)

Portrait de l'auteur en tête du premier volume et, dans le cinquième, fac-simile de l'autographe des fameux couplets.

303. (La Sablière). Madrigaux de Monsieur de la Sablière. Nouvelle édition. *Paris, Duchesne,* 1758. — In-16, texte encadré de filets rouges dentelés, culs-de-lampe rouges, demi-mar. vert Russe, à coins, fil., tête dor., non rogné. (*Petit.*)

304. Sacombe. La Luciniade, poëme en dix chants sur l'art des accouchements, par le citoyen Sacombe, de Carcassonne (!), etc. Troisième édition (! !) revue, corrigée et augmentée de trois mille vers (! ! !). *A Paris, chez Courcier,* an VII. — In-12, demi-veau fauve, non rogné.

Portrait de l'auteur avant la lettre ajouté, envoi autographe au citoyen Laya.

305. Le Tableau de la Volupté, ou les quatre parties du jour, poëme en vers libres, par M. D. B (du Buisson). *A Cythère, au Temple du plaisir,* 1771. — In-8, front., vignettes et figures d'Eisen, grav. par de Longueil, mar. vert, dos orné, fil., dent. int., tr. dor. (*Chambolle-Duru.*)

306. (Tanevot). Adam et Eve, tragédie, dédiée à l'Académie Française, Revûe et Corregée (*sic*) par l'auteur. Le prix est de 24 sols, broché. *A Paris, chez Jean-Baptiste Garnier...,* 1752. — In-8, front. de Marillier gravé par de Launay, dédicace signée Tanevot dont le nom ne figure pas sur le titre, mar. rouge, plats entièrement couverts d'ornements rocaille, aux armes du Contrôleur des Finances, comte de Boulongne, tr. dor. (*Rel. anc.*)

Exemplaire de Méon, de Soleinne et de La Bédoyère. La dorure des plats, d'un éclat incomparable, paraît obtenue à l'aide d'une plaque. Le Sr Tanevot, premier commis des Finances, quadrisaïeul du Toqué, ne se doutait guère que mon ami Rouquette demanderait à son descendant, pour le prix d'une tragédie cotée 24 sols, la somme de 450 livres tournois. (Voir pp. 133 à 135 du « Voyage dans un Grenier » l'histoire et le fac-simile du volume).

307. (Vadé). La Pipe cassée, poëme Epitragipoissardihéroï-comique. *A la Liberté, chez Pierre Bonne-Humeur*, avec permission du public, s. d. — Petit in-8, vignettes d'Eisen, mar. vert foncé, fil., dent. int., tr. dor.

> Reliure originale, ornée sur le plat recto, d'une pipe cassée en mosaïque.

308. Œuvres poissardes de Vadé et de L'Ecluse. *Paris, imp. Didot jeune*, an IV, 1796. — Petit in-12, portr. et figures, mar. orange, dos et plats couverts d'ornements à petits fers sur mosaïque de mar. vert et bleu, dent. int., tr. dor.

> Charmant volume, contenant une double suite des figures avant et avec la lettre.

309. Le Vice Puni ou Cartouche, poëme. Nouvelle édition, plus belle, plus correcte et augmentée par l'Auteur. Avec des figures convenables à chaque Chant, dont les desseins (*sic*) ont été faits sur les lieux où Cartouche s'est le plus signalé. *A Paris, et se vend à La Haye, chez M. G. de Merville*, 1728. — In-8, prem. reliure en vélin, dont un plat paraît avoir été taché de sang.

> Les figures sont de Bonnart, gravées par J.-B. Scotin.

310. Voltaire. La Henriade. Nouvelle Edition. *A Paris, chez la Veuve Duchesne, Saillant, Desaint, Panckoucke et Nyon, Libraires.* — 2 vol. in-8, front. et figures d'Eisen, grav. par de Longueil, mar. rouge, fil., dos orné, tr. dor. (*Rel. anc.*)

311. La Pucelle d'Orléans, poëme divisé en vingt chants,
avec des notes. Nouvelle édition, corrigée, augmentée et
collationnée sur le manuscrit de l'Auteur. 1762. — Petit
in-12, veau marbré, fil., dos orné, tr. dor. (*Rel. anc.*)

Ving-cinq figures, en belles épreuves, de Gravelot et autres, ajoutées.
Nombreux témoins.

312. LA PUCELLE D'ORLÉANS. Poëme Héroï-comique
en dix-huit chants.

Non vultus, non color unus.

A Londres, 1780. — Petit in-12, mar. rouge, fil., dos
orné, tr. dor. (*Rel. anc.*)

Très belles épreuves des vingt figures de Marillier. Amours de l'âne au
complet.
Grandes marges : 127^{mm} de haut sur 77^{mm} de large. Conservation parfaite.

313. Zacharie. Les quatre parties du jour, poëme traduit
de l'allemand de M. Zacharie. *Paris, Musier,* 1769. —
In-8, veau marbré, fil., tranche jaspée. (*Rel. anc.*)

Grand papier. Figures d'Eisen gravées par Baquoy.

314. ZELIS AU BAIN. Poëme en quatre chants. *A Genève.*
— In-8, mar. rouge, fil., tr. dorée. (*Rel. anc.*)

Grand papier velin fort ; épreuves hors ligne des figures d'Eisen, gravées
par Le Mire et Longueil, portant au verso les initiales autographes de l'auteur
D. P. (De Pezay). Le Frontispice du 3° chant est avant toute lettre. Il ne
paraît pas possible de souhaiter un plus bel exemplaire de ce joli volume, qui
paraît relié par Derome l'ancien. Posséder, dans ces conditions, tous les livres
du XVIII° siècle, recherchés pour leurs illustrations : — Quel rêve !

V. POÈTES FRANÇAIS DU XIXme SIÈCLE.

315. Banville (Théodore de). Odes Funambulesques, avec
un frontispice gravé à l'eau-forte par Bracquemond, d'après

un dessin de Charles Vuillemot. *Alençon, Poulet-Malassis et de Broise*, 1857. — In-16, papier vergé, broché.

316. Barbey d'Aurevilly. Poésies de Jules Barbey d'Aurevilly, commentées par lui-même, 1870. *Imprimé à 72 exemplaires par Insignis Nebulo.*

Don gracieux de Nebulo (Poulet-Malassis) au Toqué.

317. BARBIER. IAMBES, par Auguste Barbier. *Paris, Urbain Canel et Ad. Guyot*, 1832. — In-8, mar. rouge jans., tête dorée, non rogné, couv. cons.

Édition originale. Exemplaire de Poulet-Malassis. Notes et pièces diverses ajoutées.

318. BAUDELAIRE. LES FLEURS DU MAL, par Charles Baudelaire. *Paris, Poulet-Malassis et de Broise*, 1857. — Broché, couverture conservée.

Édition originale complète, portrait curieux à l'eau-forte ajouté. Ce portrait de Baudelaire reproduit un dessin exécuté pour le Toqué par le poète lui-même, en 184., un jour que le futur auteur des « Paradis Artificiels » venait de faire un premier essai du haschisch (« Voyage dans un Grenier », page 15).

319. BÉRANGER. CHANSONS de P. J. de Béranger. Nouvelle édition. *Paris, Baudouin frères, éditeurs*, 1826. — 2 vol. in-12, demi-mar. rouge, non rogné.

Très beau papier, non piqué. Première reliure du temps.

320. ŒUVRES COMPLÈTES DE BÉRANGER, nouvelle édition revue par l'auteur, contenant cinquante-trois gravures sur acier, d'après Charlet, Lemud, Johannot et autres. *Paris, Perrotin*, 1857, 2 vol.— Dernières chansons de P. J. de Béranger, de 1834 à 1851, avec lettre de préface de l'auteur. *Paris, Perrotin*, 1857, avec portrait et 15 figures. 1 vol.— Ma biographie, ouvrage posthume de

Béranger, avec un appendice et un grand nombre de notes
inédites de Béranger sur ses chansons. *Paris, Perrotin,
1859*, 1 vol. avec portraits et figures. — Ensemble 4 vol.
in-8, papier velin, mar. vert, dos orné, fil., dent. int.,
tr. dor. : pour les deux prem. vol. (*Capé*) ; (*Marius Michel*)
pour les deux autres. Reliure absolument uniforme.

Superbe exemplaire : FIGURES SUR CHINE AVANT LA LETTRE. Rarissime.

321. ŒUVRES COMPLÈTES DE P. J. DE BÉRANGER. Édition
illustrée par Grandville et Raffet. *Paris, Fournier aîné
éditeur, Perrotin libraire*, 1837. — 3 vol. in-8, figures,
demi-veau rouge, dos orné *à la romantique*, non rogné.

Première reliure du temps.

322. Chevigné (Comte de). Les Contes Rémois. Édition
miniature. *Épernay, Bonnedame père et fils, éditeurs*, 1875.
— In-32, demi-mar. La Vallière, coins, tête dor., non rogné.

Un des 500 exemplaires sur papier vergé. Titre en rouge et noir; portrait
gravé par Varin. Cette édition contient les huit contes réservés, dont la
famille a exigé la suppression dans l'édition donnée par Jouaust en 1877.

323. Colas (Charles). Coqs et Vautours. Quarante illustra-
tions de Berne-Bellecour, Gustave Jeanniot, Henri
Dupray, Ferdinand Bac, Kauffmann et Clérice. *Paris,
Auguste Ghio*, 1885. — In-8, broché.

Papier du Japon.

324. COPPÉE. ŒUVRES de François Coppée. Poésies 1864-
1872, etc. etc. EAUX-FORTES PAR E. BOILVIN. *Paris,
Alphonse Lemerre*, 1883. — In-4, broché.

Exemplaire sur papier Whatman (N° 2 sur 50) avec DOUBLE SUITE, sur
whatman et sur japon, des eaux-fortes que le plus aimable et le plus compé-
tent des *Iconophiles*, Henri Beraldi, déclare adorables.

325. Cottignies (de). Les Chansons et Histoires facétieuses et plaisantes de feu F. de Cottignies, dit Brûle-Maison. *Lille, Ernest Vanackère, éditeur*, 1856. — In-16, portrait, demi-mar. violet, tr. rouge, dos orné.

> Exemplaire de E. Plouvier, à son chiffre. Témoins.

326. GAUTIER. LA COMÉDIE DE LA MORT, par Théophile Gautier. *Paris, Desessarts*, 1838. — In-8, mar. bleu, fil., dos orné, dent. int., tr. dor. (*Chambolle-Duru.*)

> Superbe exemplaire de l'édition originale.

327. EMAUX ET CAMÉES, PAR THÉOPHILE GAUTIER. Cent douze dessins de Gustave Fraipont. Préface par Maxime Du Camp, de l'Académie Française. *Paris, L. Conquet*, 1887. — In-12, broché, fig. tirées à part dans un carton.

> Exemplaire sur japon. Aquarelle de Fraipont sur le faux-titre. Prime aux souscripteurs et spécimen ajoutés.

328. Emaux et Camées. — *Paris, Eugène Didier*, 1852. — In-12, pap. velin fort, demi-mar. rouge, tête dor., non rogné.

> Exemplaire de Poulet-Malassis avec son ex-libris.

329. Hugo. Nouvelles Odes par Victor M. Hugo.

Nos canimus surdis.

A Paris, chez Ladvocat, libraire, 1824. — Petit in-12, figure de Devéria (Le Sylphe), demi-veau.

> Édition originale.

330. VICTOR HUGO. LES ORIENTALES. *Imprimé pour les Amis des Livres*, 1883. — In-4, figures, broché.

> Imprimé par Chamerot avec les caractères Didot, sur papier Impérial du Japon. Frontispice par Gérome, et sept sujets par Benjamin Constant gravés par M. de Los Rios. Portrait du poète ajouté : avant lettre et eau-forte. Nº 10 sur 131.

331. Legouvé. Le Mérite des Femmes, Poème, par Gabriel. Legouvé, Membre de l'Institut National. Cinquième édition, revue et augmentée, *de l'Imprimerie de P. Didot l'aîné, à Paris, chez Louis*, An IX. — In-12, gr. pap. velin, figures, mar. bleu, dentelles, dos orné, tr. dor. (*Bozérian*.)

332. Le Mérite des femmes et autres poésies, par Legouvé. *Paris, Louis Janet*. — In-12, papier velin, figures romantiques de Desenne, mar. rouge, dentelles, tr. dor. (*Bozérian*).

333. Méry. Les vierges de Lesbos, poème antique, par Méry, dessins par L. Hamon, photographiés par Bertsch et Arnaud. *Paris, G. Bell*, 1858. — Gr. in-4, pap. velin, mar. rouge jans., dent. int., tr. dor. (*Lortic*.)

Très bel exemplaire à la fin duquel on a relié : Nuit Lesbienne, par Méry.

334. MUSSET. ŒUVRES de Alfred de Musset, *Paris, Lemerre*, 1876. — Onze vol. in-12, papier de chine. Illustrations de Henri Pille, gravées par Monziès en trois états : avant la lettre, avec la lettre, en noir et sanguine ; figures de Bida, gravées par Lalauze, ajoutées. Mar. vert clair, fil., dos orné à petits fers, tr. dorée. (*Lortic*).

Superbe exemplaire.

335. Richepin (Jean). La Chanson des Gueux. Edit. définitive, revue et augmentée d'un grand nombre de poëmes nouveaux, d'une Préface inédite et d'un Glossaire argotique. *Paris, M. Dreyfous*, 1881. — In-16, demi-mar. bleu à coins, doré en tête, non rogné.

Papier de Hollande. Deux portraits de l'auteur.

VI. POÈTES ITALIENS.

336. Maphœi S. R. E. Caŕd. Barbeŕini, nunc Urbani P. P. VIII
Poemata, suivis de « Poesie Toscane del Card. Maffeo
Barberino, Hoggi Papa Urbano Ottavo, *in Roma, nella
Stampęria della Reverénda Camera Apostolica*, 1637. —
2 parties en un vol. in-4, dans sa première reliure de velin
doré.

337. Marino. La Sampogna del Cavalier Marino, Divisa in
Idillÿ, Favolosi et Pastorale, al Ser^mo Sig^r Prencipe Tomaso
di Savoia. *In Parigi, presso Abraam Pacardo*, 1620. —
In-12 allongé, réglé, mar. vert, fil., tr. dor. compart.
fleurdelysés sur les plats et sur le dos. (*Rel. anc.*)

Édition originale. Pièces liminaires et reliure curieuses.

338. Pétrarque. Le Rime di Francesco Petrarca. *Parigi,* 1768.
— 2 vol. in-12, portrait et front. de Moreau dans chaque
vol., mar. rouge, filets, tr. dor. (*Rel. anc.*)

Bel exemplaire. Témoins.

339. Soldani. Satire di Jacopo Soldani, Pier Jacopo Mar-
telli, Lodovico Paterno, M. Francesco Berni et altri. *Londra,*
1787. — In-12, titre gravé, portrait de Soldani, mar. rouge,
tr. dorée. (*Rel. anc.*)

Exemplaire précieux ayant appartenu à *Alfieri* dont il porte la signature et
qui a pris la peine d'y ajouter une table manuscrite écrite de sa main, qui se
termine par ces mots : « *Non una mediocre* ».

340. Tasso (Torquato). La Gerusalémme liberata. Seconda
edizione, coi rami della edizione di Monsieur. *Parigi, nella
Stamperia di Fr.-Amb. Didot l'aîné. S. d. (1785-86). —*

2 vol. gr. in-4, papier velin, figures, mar. rouge. dent. doublé de tabis, dos orné, tr. dor. (*Bradel le jeune*).

Frontispice et 40 figures de Cochin, gravées par Dambrun, de Launay, Duclos, A. de St-Aubin, Simonet, etc.

341. La Gerusalemme liberata di Torquato Tasso. *Parigi*, 1771. *Delalain, Durand, Molini*. — 2 vol. gr. in-8, illustrés par Gravelot, mar. rouge, filets, tr. dor., dos ornés avec les fers spéciaux des éditeurs. (*Rel. anc.*)

Double provenance anglaise : Westdean Library. Ex-libris John Peachey Esqre.

342. Aminta favola boschereccia di Torquato Tasso. *Parigi*, *Renouard*, An IX (1800). — In-12, pap. velin fort. Front. de Prudhon, portr. du Tasse par Desenne et 6 fig. de Desenne et de Girodet, dont cinq avant la lettre, demi-mar. rouge et coins, dos orné, non rogné. (*Thompson*.)

343. Tassoni. La Secchia rapita. Poema Eroicomico di Alessandro Tassoni. *In Parigi, Prault et Durand*, 1766. — 2 vol. in-8, figures de Gravelot, mar. rouge, dos orné, fil., fleurons, tr. dor. (*Rel. anc.*)

Ex-libris et timbres du Marquis de Courtanvaux. Reliure très fraîche.

III. RECUEILS DE POÉSIES, FABLIAUX, CHANSONS.

CLASSEMENT ALPHABÉTIQUE.

344. Annales Romantiques. Recueil de morceaux choisis de Littérature contemporaine. *Paris, Urbain Canel,* 1826.— In-12, front., demi-veau.

Littérature et frontispice *Troubadour abricot.*

345. ANTHOLOGIE FRANÇOISE, ou chansons choisies depuis le XIIIme siècle jusqu'à présent. 1775. — 4 vol. petit in-8, mar. rouge, trois fil., tr. dor., portrait de Monet, gravé d'après Cochin par Aug. de St-Aubin. (*Rel. anc.*)

Exemplaire d'une fraîcheur agréable.

346. LE BIJOU DE SOCIÉTÉ, ou l'Amusement des Grâces. *A Paphos,* l'an des plaisirs, (s. d.) vers 1750. — 2 vol. petit in-12, texte et figures gravés, mar. rouge, fil., dos orné, tr. dor., dans un étui en maroquin. (*Rel. anc.*)

Bel exemplaire d'un recueil très amusant. Figure à chaque page. Ex-libris *Guy Pellion.*

347. LE CABINET DES MUSES, ou nouveau recueil des plus beaux vers de ce temps. *A Rouen, de l'imprimerie de David du Petit-Val,* 1619. — Fort vol. petit in-12, mar. bleu, dos orné, fil., dent. int., tr. dor. (*Thibaron-Joly.*)

348. Contes en vers, imités du Moyen de parvenir, par
Autran, Dorat, Grécourt, La Fontaine, B. de la Monnoye,
Plancher de Valcourt, Regnier, Vergier, etc., avec les imi-
tations de M. le Comte de Chevigné et celles d'Epiphane
Sidredoulx, publiés par un Membre de la Société des
Bibliophiles Gaulois. *Paris, Léon Willem*, 1874. — In-8,
demi-mar. La Vallière avec coins, dos orné, tête dor.,.non
rogné.

Nombreuses vignettes, livre très amusant.

349. Fabliaux. Cy commence le Fabel d'Estula (Manuscrits du
Roy 7218), 14 ff. Le Fabel de celle qui se fist...... sur la
fosse de son mari, 4 ff. — Petit in-4, mar. rouge, fil., tr.
dor. (*Hardy-Mennil.*)

Manuscrit du XVIIIe siècle sur velin, en lettres gothiques. Majuscules
ornées.

350. Feuillets glanés, poésies inédites. *Paris, Librairie de
l'Art.* — In-4, figures à chaque page, cart. de l'Éditeur
en percaline.

Papier impérial du Japon (N° 3 sur 10). Publication très élégante.

351. La Fleur des Chansons. Les Grans Chansons nouvelles,
qui sont au nombre de cent et dix, ou est comprinse la
chanson du roy, la chanson de Pavie, la chanson que le
roy fit en espaigne, la chanson de Romme, la chanson des
Brunettes et Teremutu, etc. — Petit in-4, réimpression
en caractères gothiques, demi-mar. brun, tête dorée, non
rogné.

Papier vergé fort. Une charmante figure sur bois.

352. Les Goguettes du bon vieux temps, ou recueil choisi
de chansons joyeuses, de Vaudevilles, Cantiques, Rondes et

Pots-pourris gaillards, publiés dans le cours des XII, XVI,
XVII et XVIIIme siècles. Rédigé par un vieil amateur.

> *Dieux et Rois sont à respecter,*
> *Liberté, sur le reste, entière.*
> GRÉCOURT.

*A Paphos, et se trouve à Paris, chez les Vieux Marchands
de Nouveautés,* 1810. — Petit in-12, fig., demi-rel., non
rogné. (*Raparlier.*)

Recueil excellent, compilé avec beaucoup de goût.

353. La Guirlande de Julie, offerte à Melle de Rambouillet,
Julie Lucine d'Angennes, par le Marquis de Montausier.
Paris, Imprimerie de Monsieur, 1784. — In-12, mar. vert,
doubles fil., tr. dor.

Papier velin. Ex-libris T. de Latour.

354. LA GUIRLANDE DE JULIE. Copie manuscrite sur
vélin, par V. Bouton, du manuscrit de Jarry, appartenant
à Madame la Duchesse d'Uzès. — Mar. bleu, doublé de
vélin, tr. dorée, dos et plats très richement ornés de feuillages. (*Motte.*)

Reliure magistrale, digne du manuscrit. Dans un étui de peau de truie.

355. JARDIN DES MUSES où se voyent les fleurs de plusieurs
agréables poësies, recueillies de divers Autheurs, tant
anciens que modernes. *Paris, A. de Sommaville,* 1642. —
In-12, mar. citron, dos orné avec mosaïque de mar. rouge,
fil., dent. int., tr. dor. (*Lortic.*)

Première édition d'un recueil rare.

356. JONGLEURS ET TROUVÈRES, ou choix de saluts, épîtres,
rêveries et autres pièces des XIIIe et XIVe siècles, publié

pour la première fois par A. Jubinal. *Paris, A. Merklein,*
1835. — In-8, mar. brun, fil., doublé de mar. grenat,
dent., ornements en mosaïque, tr. dor.

Un des trois exemplaires imprimés sur peau de vélin.

357. (Méon). Blasons, poësies anciennes des XVme et XVIme
siècles, extraits de différents auteurs imprimés et manuscrits, par D. M. M***. Nouvelle édition augmentée d'un
glossaire de mots hors d'usage. Avec les Cartons au
complet. *Paris, Guillemet et Nicolle,* 1809. — Demi-mar.
vert, tête dor., non rogné.

C'est l'édition de 1807 dont le titre seul a été changé, pour indiquer l'addition du Glossaire.

358. La Muse Pariétaire et la Muse Foraine, ou les Chansons des Rues depuis quinze ans, par C. N. Suivi de :
Appendice à la Muse Pariétaire et la Muse Foraine, contenant : 1° une lettre de M. Jules Choux à M. Jules Gay,
éditeur de la Muse Pariétaire ; 2° une table analytique des
matières et un Index alphabétique des noms et des chansons
cités dans la Muse Pariétaire et la Muse Foraine et dans
cet appendice, dressés par M. Jules Choux. *Paris, Jules
Gay,* 1863 (pour la 1re partie), et 1864 pour la seconde,
qui manque souvent. — In-12, mar. rouge, tr. dor., à
toutes marges. (*Brany.*)

N° 3 sur 252 exemplaires. Recueil curieux.

359. Nouveau choix de pièces de poésies (par Duval de
Tours). *Nancy et Paris,* 1715. — 2 tomes en 1 vol.,
mar. bleu jans., tr. dor. (*Hardy.*)

Exemplaire à toutes marges d'un recueil qui contient une pièce de M. Arouet
(âgé alors de 21 ans) et plusieurs de Jean de La Fontaine qui n'avaient pas
encore paru.

360. Les Nouvelles Fleurs du Parnasse. *A Lyon , chez Daniel Gayet, à l'Epée Royale, 1667.* — In-12 , mar. bleu, coins fleuronnés, tr. dorée. (*Duru-Chambolle.*)

> Joli exemplaire à toutes marges, d'un recueil cocasse, analysé dans le *Voyage dans un Grenier*, pages 113 et 114.

361. Poésies des XVme et XVIme siècles publiées d'après des Éditions Gothiques et des Manuscrits. *Paris, Silvestre, 1830-1832.*— Gd. in-8, demi-mar. grenat avec coins, non rogné.

> Un des douze exemplaires (N° 3), orné d'un double frontispice, ayant appartenu à M. de Montmerqué, qui a inscrit sur la garde plusieurs notes de sa main.

362. Recueil dit de Maurepas. Pièces libres, chansons, épi-grammes et autres vers satyriques sur divers personnages des siècles de Louis XIV et de Louis XV, accompagnés de Remarques curieuses du temps, publiés pour la première fois d'après les manuscrits conservés à la bibliothèque impériale à Paris, avec des notices, tables, clefs, etc. *Leide,* 1865. — 6 vol. in-12, demi-mar. rouge, non rognés.

> Ce recueil n'appartient pas au *Genre ennuyeux.*

363. Sonnets et Eaux-fortes, 1869. *Paris, Alphonse Lemerçe, éditeur.* — Petit in-folio, figures (une eau-forte pour chaque sonnet), demi-mar. rouge avec coins, tête dor., non rogné.

> Exemplaire dans sa couverture de parchemin, portant l'envoi de l'éditeur à Edmond Texier. Les planches du livre, tiré à 350 exemplaires seulement, ont été détruites.

364. Le Souvenir des Ménestrels, contenant une collection de Romances inédites composées par les meilleurs auteurs.... Vol. orné de sept jolies gravures en taille-douce. *Paris, chez l'Auteur....,* quatorzième année, 1827. — In-18, mar. rouge, tr. dor., dos orné de fers spéciaux.

> Pièces inédites de Béranger et de Mme Walmore. Musique gravée de Rossini.

IV. THÉATRE ANCIEN ET MODERNE.
DOCUMENTS RELATIFS AU THÉATRE.

CLASSEMENT ALPHABÉTIQUE.

365. BEAUMARCHAIS (CARON DE). Le Barbier de Séville, comédie en quatre actes, avec une Notice, par Auguste Vitu,
dessins de S. Arcos, gravés à l'eau-forte par Monziès.
Paris, Librairie des Bibliophiles, 1882. — In-8, demi-
mar. vert, dos et coins, tête dorée, non rogné. (*Cuzin.*)
Le Mariage de Figaro, comédie en cinq actes, dessins de
S. Arcos, gravés à l'eau-forte par Monziès. *Paris, Librairie
des Bibliophiles*, 1882. — In-8, demi-mar. vert, dos et
coins, tête dorée, non rogné. (*Cuzin.*)

Un des 20 exemplaires sur papier de Chine. Figures en double état ; couvertures conservées.

366. CHARLOTTE CORDAY, ou la Judith moderne. Tragédie
en trois actes et en vers. *A Caen,* 1797. — In-8, mar.
citron, filets, tr. dorée.

De la Bibliothèque de Soleinne, avec indications autographes.

367. (CORNEILLE). LE THÉATRE de P. Corneille,
Reveu et Corrigé par l'Autheur. *A Rouen et se vend à
Paris, chez Guillaume de Luyne,* 1668. — 4 vol. in-12,
portr. et front., veau brun, dos orné. (*Rel. anc.*)

Cette édition est justement recherchée comme une des plus précieuses au
point de vue du texte décidément adopté par le poète.

368. (Du Cerceau). Théâtre du Père du Cerceau, à l'usage des Collèges, précédé d'une notice sur cet auteur. *Paris, Duprat-Duverger*, 1807. — 2 tomes en 1 vol. in-12, demi-mar. bleu, coins, fil., non rogné.

Exemplaire en grand papier.

369. FAVART. LA BELLE ARSÈNE, Comédie-Féerie en quatre actes, mêlés d'ariettes. Les Paroles de M. Favart, la Musique de M***. Représentée devant Sa Majesté à Fontainebleau le 6 novembre 1773, et à Paris le 14 août 1775.... *Paris, chez la veuve Duchesne*, 1775. — In-8, mar. rouge, fil., tr. dor. (*Rel. anc.*)

Aux armes du Maréchal Duc de Richelieu, à qui le livre est dédié.

370. (GARNIER). LES TRAGEDIES de Robert Garnier, Conseiller du Roy, Lieutenant General Criminel du Siège Presidial et Seneschaussée du Mayne. Au Roy de France et de Polongne. *A Lyon, pour Paul Frellon et Abraham Cloquemin*, 1592. — In-12, mar. bleu, tr. dorée. (*Trautz-Bauzonnet.*)

Exemplaire de Veinant, réglé de sa main et portant sa marque, à toutes marges. Aucun lavage. Reliure charmante et très souple.

371. VICTOR HUGO. RUY BLAS, drame en cinq actes. Un portrait et quinze compositions de Adrien Moreau, gravés à l'eau-forte par Champollion. *Paris, Librairie L. Conquet*, 1889. — Grand in-8, broché.

Papier du Japon, N° 47.

372. VICTOR HUGO. HERNANI, drame en cinq actes. Un portrait d'après Devéria et quinze compositions de Michelena,

gravés à l'eau-forte par Boisson. *Paris, L. Conquet,* 1890.
— Grand in-8, broché.

Velin du Marais, figures avant et avec la lettre (n⁰ 36
sur 150.)

373. (La Fontaine). Pièces de théatre de Monsieur de La
Fontaine. *A la Haye, chez Adrien Moetjens, marchand
libraire près la Cour, à la Librairie Française,* 1702. —
In-12, mar. vert jans., tr. dor.

>   Édition originale de diverses pièces, dont trois sont en effet de La Fontaine,
>   en collaboration avec Champmeslé. On sait que le Fabuliste collaborait aussi
>   avec Madame.

374. (La Grange). Archives de la Comédie Française.
Registre de La Grange, 1658-1685, précédé d'une notice
biographique. Publié par les soins de la Comédie Française. *Paris,* Janvier 1876. — In-4, mar. rouge, fil., dos
orné, tr. dor. *(Chambolle-Duru.)*

375. (Le Brun). Discours sur la Comédie, ou traité historique et dogmatique des Jeux de Théâtre et des autres
Divertissements comiques, Soufferts ou Condamnés depuis le premier siècle de l'Eglise jusqu'à présent....
Seconde édition, augmentée de plus de la moitié par le
R. P. Le Brun, Prêtre de l'Oratoire. *Paris, veuve Delaulne,* 1731. — In-12, relié sur brochure en demi-mar.
bleu, à coins, tête dorée, non rogné.

376. (Lemercier de Neuville). Soirées Parisiennes. I. Pu-
pazzi. Texte et Images par Lemercier de Neuville. *Paris,
Dentu,* 1866. — Paris Pantin. Deuxième série des
Pupazzi. Edition illustrée de trente figures. *Paris, Librairie
Internationale, A. Lacroix, Verboeckhoven et Cⁱᵉ, Éditeurs*

à Bruxelles, 1868. — Deux vol. in-12, brochés avec leurs couvertures.

Sur la feuille de garde du 1er volume, une dédicace autographe amusante :

« *A mon ami Ch. Monselet.* »
« (Imitation d'une Chanson connue). »

« *Les critiques paresseuses*
« *Qu'on dévore le Lundi*
« *N'ont pas osé, les peureuses,*
« *Parler de mes Pupp.. Ah ! Di-*

« *Avolo ! Je t'en supplie*
« *Ma victime, ô Monselet !*
« *En déplorant ma folie ,*
« *Vois tout beau — même le laid.*

« Lemercier de Neuville. »

377. Les Métamorphoses de Melpomène et de Thalie, ou Caractères dramatiques des Comédies françoise et italienne. *Paris , chez l'auteur*, s. d. (1780). — Cart., non rogné.

Ouvrage orné d'un frontispice, d'une table et de 23 planches représentant les acteurs et actrices en vogue, dans leur principal rôle, dessinés d'après nature par Whirsker. Bel exemplaire de M. de Saint-Genieys, en anciennes épreuves.

378. (MOLIÈRE). LES ŒUVRES de Monsieur de Molière, Reveuës, corrigées et augmentées. Enrichies de figures en taille-douce. *A Paris, chez Denys Thierry, Claude Barbin et chez Pierre Trabouillet*, 1682. — 8 vol. in-12, mar. bleu, fil., dos orné, tr. dor. (*Duru et Chambolle*, 1862.)

C'est la première édition complète de Molière. Les Tomes VII et VIII portent : *Les Œuvres Posthumes* de M. de Molière *imprimées pour la première fois*. Il y a, pour ces œuvres posthumes, un privilège spécial d'où il résulte que les Libraires ont traité avec la Veuve de J. B. Poclin (sic) de Molière. Le Tome VIII se termine par un *achevé d'imprimer pour la première fois en 1682*. Tous les privilèges de cette édition, qui serait d'un très grand prix si son tirage eût été plus restreint, méritent une lecture attentive.

Duru avait préparé cet exemplaire pour M. le Baron de La Roche Lacarelle qui, en ayant trouvé un autre en reliure ancienne, l'a cédé à Miard, chez qui le Toqué en a fait l'acquisition.

379. Les Œuvres de Molière, avec notes et variantes par
Alphonse Pauly. *Paris, Lemerre.* — 8 vol. petit in-12,
papier de Hollande, double suite de figures d'après
Boucher, mar. rouge jans., tr. dorée, à toutes marges.
(*Reyman.*)

380. LE MISANTROPE. COMEDIE PAR J. B. P.
DE MOLIÈRE. *A Paris, chez Jean Ribov, au Palais,
vis à vis la Porte de l'Eglise de la Sainte Chapelle, à
l'Image Saint-Louis,* MDCLXVII. Avec Privilège du Roy.
— Petit in-12 de 11 feuillets, y compris le titre et 84 pages,
fig., mar. rouge jans., tr. dorée. (*Trautz-Bauzonnet.*)

*Édition originale. Exemplaire ayant appartenu au Duc
d'Aumale, avec son chiffre aux angles des plats de la
reliure.*

381. Plauti (M. Actii). Comediæ viginti, apud Seb. Gryphium. *Lugduni,* 1547. — Petit in-8, mar. rouge, dos à
petits fers, fil., tr. dor. (*Rel. anc.*)

Jolie reliure du milieu du 17e siècle. Conservation parfaite.

382. (RACINE). ŒUVRES DE RACINE. *A Paris, chez
Claude Barbin, sur le second Perron de la Sainte-Chapelle,*
MDCXCVII. Avec Privilège du Roy. 2 tomes : le second
porte : *chez Pierre Trabouillet, dans la Galerie des Prisonniers, à l'Image Saint-Hubert.* Le front. du 1er tome
porte : Tragédies de Racine, Φοβοσ Καί Ελεοσ; le front. du
second porte Œvvres de Racine. Figures de Chauveau
à chaque pièce. — 2 vol. in-12, mar. bleu, dos orné,
tr. dor., reliure à la Du Seuil. (*Cuzin,* dorure de *Maillard.*)

Exemplaire très pur de 162mm, acheté à la Librairie Caen, le jour même des
obsèques de ce bibliopole éminent qui m'a vendu mes premiers beaux livres,
et dont les successeurs, devenus mes amis, m'ont fait l'honneur d'éditer le
premier essai bibliographique du Toqué.

383. (Sand). Masques et Bouffons, comédie italienne, gravures par Manceau, texte par Maurice Sand, préface par
G. Sand. *Paris, Michel Lévy*, 1860. — 2 vol. grand in-8,
figures coloriées, demi-mar. rouge et coins, dos orné, fil.,
tête dor., non rogné. (*Petit.*)

384. (Shakespeare) Sentiments and similes of William Shakespeare. A classified selection of similes, definitions, descriptions and other remarkable passages in the plays and
poems of Shakespeare, by Henry Noel Humphreys.
London, Longman, Brown, Green and Longmans, 1851.
— Format petit in-4, papier vélin fort, très richement décoré, réglure en or avec encadrements, frontispice en
couleurs d'une finesse remarquable. Reliure en cuir noir,
tranches dorées; plats recouverts de plaques ciselées à
jour sur fond d'or, ornées au centre de deux médaillons en
terre cuite : l'un est un portrait en relief du poète, l'autre
reproduit ses initiales.

> *Volume extrêmement anglais.*

385. Les Souvenirs et les Regrets du Vieil Amateur dramatique, ou Lettres d'un oncle à son neveu sur l'ancien
Théâtre Français, depuis Bellecour... jusqu'à Molé...,
ouvrage orné de gravures coloriées représentant en pied,
d'après les miniatures originales, faites d'après nature, de
Foëch de Basle et de Whirsker, ces différens acteurs dans
les rôles où ils ont excellé. *Paris, Alph. Leclère*, 1861.
— Mar. rouge, compart. à la Du Seuil, tr. dor. (*Belz-
Niédrée.*)

386. (SPERONI). CANACE, TRAGEDIA del Sign.
Sperone Speroni alla quale sono adgiunte alcune altre sue
compositioni et una apologia ad alcune Lettioni in difesa

della tragedia. *In Venetia,* 1597. *Presso Giovanni Alberti.*
— Petit in-4, imprimé en caractères italiques, sauf la dédicace à Alphonse d'Este, Duc de Ferrare. Mar. rouge, dos
et plats dorés en plein, et couverts de marguerites et d'ornements du plus grand style. Au centre de chaque plat
l'écusson fleurdelysé qui a fait attribuer à la Reine Marguerite ces reliures charmantes exécutées, croit-on, par
Clovis Eve.

*Le format de ce volume a permis au grand artiste, qui
l'a revêtu de cette dorure somptueuse, de donner l'essor à
sa fantaisie. Conservation parfaite.*

387. Terentii Afri Comædiæ. *Birminghamiæ, Typis Johannis
Baskerville,* 1772. — In-12, pap. vélin, mar. vert, dent.,
tr. dor. (*Rel. anc.*)

388. Théatre Lyonnais de Guignol, publié pour la première
fois avec une Introduction et des Notes. *Lyon, N. Scheu-
ring.* 1ʳᵉ partie publiée en 1865, 2ᵐᵉ partie en 1870. —
2 vol. grand in-8, vignettes, brochés.

V. — LETTRES, DIALOGUES, MÉMOIRES, MÉLANGES HISTORIQUES ET LITTÉRAIRES.

CLASSEMENT ALPHABÉTIQUE.

389. (Aïssé). Lettres de Mademoiselle Aïssé à Madame C***
(Calandrini), qui contiennent plusieurs anecdotes de l'his-
toire du temps, depuis l'année 1726 jusqu'en 1733.
Précédées d'un narré très court de l'histoire de Mademoi-
selle Aïssé, pour servir à l'intelligence de ses lettres. *Paris,
La Grange*, 1787.— In-12, veau fauve, tr. rouge. (*Rel. anc.*)

    Bel exemplaire de l'édition originale.

390. (Arnauld). Lettres de Monsieur Arnauld d'Andilly. Édi-
tion nouvelle, jouste la copie. *A Paris, chez Pierre le
Petit*, 1662. — Petit in-12 elzévirien, vélin blanc de
Hollande, titre calligraphié sur le dos. (*Rel. anc.*)

    Très joli volume, dans son premier habit.

391. (Bachaumont). Voyage de Messieurs Bachaumont et
Lachapelle, auquel on a joint les poësies du chevalier de
Cailly, la relation des Campagnes de Rocroy et de Fri-
bourg, et les Visionnaires, comédie de Jean des Marets,
etc. *A Amsterdam, chez Pierre de Coup*, 1708. — In-8,
mar. vert, fil., tr. dor. (*Rel. anc.*)

392. BALZAC. LES ŒUVRES DIVERSES. *Paris*, 1644. — In-4
de 543 pages, mar. rouge, dos orné, fil., tr. dor. (*Hardy.*)

    Édition originale. Grand papier.

393. (Bonaparte). Le discours du Prince Napoléon. Boutade.
(Par le Prince Pierre-Napoléon Bonaparte, l'auteur du
meurtre de Victor Noir). *Sceaux*, 1869. — Grand in-8,
papier vélin, cart. en toile. (*Behrends*.)

> Envoi autographe à Nicolas Martin, et réponse en vers du poète au verso
> de la couverture.

394. (Bussy). Les Mémoires de Messire Roger de Rabutin,
Comte de Bussy, Lieutenant Général des Armées du Roy
et Mestre de Camp Général de la Cavalerie légère. *Paris,
chez Jean Anisson, Directeur de l'Imprimerie Royale,*
1696. — 2 vol. in-4, portrait, veau fauve, dos très orné
à petits fers, tr. rouge. (*Rel. anc.*)

395. (CAYLUS). SOUVENIRS de Madame de Caylus, nouvelle
édition, avec une Introduction et des Notes par M. Charles
Asselineau. *Paris, Techener,* 1860. — In-8, figures, mar.
vert, fil., dos orné à petits fers, tr. dor. (*Capé.*)

> Papier de Hollande avec deux suites des figures, avec et avant les cadres.

396. M.-T. CICERONIS. EPISTOLÆ ad Atticum, Brutum et Q.
Fratrem. *Apud Seb. Gryphium, Lugduni,* 1546. — M. T.
Cic. Epistolarum, ut vocant, familiarium, *Libri* XVI.
Apud Seb. Gryphium, Lugduni, 1549. — 2 vol. petit
in-12, réglés, mar. rouge, tr. dorée, doublé de mar. rouge,
(*Rel. anc. de Boyet.*)

397. Correspondance historique, philosophique et critique
entre Ariste, Lisandre et quelques autres amis : pour servir
de Réponse aux Lettres Juives. *A la Haye, chez Antoine
Van Dole,* 1737-1738. — Trois tomes en 2 vol. in-12, veau
fauve, dos à petits fers (style Padeloup), tr. rouge. (*Rel. anc.*)

> Chacun des deux volumes porte l'ex-libris de Lavoisier, de l'Académie
> Royale des Sciences, régisseur des Poudres et Salpêtres de France, Fermier
> Général du Roy, à ses armes.

398. (Crébillon fils). Lettres de la Marquise de M*** au Comte de R***, 1732. — Deux parties en un vol. in-12, veau fauve, tr. rouge. (*Rel. anc.*)

> Belle reliure de *Padeloup*, aux armes de Brehan, sire de Plelo. Décor héraldique très intéressant ; sur chaque plat un guerrier vêtu à la Romaine porte de la main gauche le fanion des Brehan avec le cri : *Brithan* et la devise *Foy de Brehan* ; sa main droite repose sur l'écu (d'or au léopard de sable), qui est répété à chaque coin du volume et cinq fois sur le dos, timbré d'une couronne Ducale. *Ex-libris Roberti Samuelis Turner.*

399. (Crequy). Lettres inédites de la Marquise de Crequy à Senac de Meilhan (1782-1789), mises en ordre et annotées par Ed. Fournier, précédées d'une introduction par M. Ste-Beuve. *Paris, Potier*, 1856. — In-18, broché.

> Grand papier de Hollande, tiré à 30 exemplaires.

400. DELVAU (ALFRED). SON DERNIER CARNET DE POCHE, autographe de format in-12, dans un étui de mar. rouge, à son chiffre.

> *Notes prises au jour le jour sur divers personnages très connus. Indiscrétions croustillantes, dont la publication ferait du bruit dans Landerneau.*

401. Dialogue aux Enfers entre Machiavel et Montesquieu, ou : la Politique de Machiavel au XIXme siècle, par un Contemporain. *Bruxelles, Mertens et fils*, 1864. — In-12, mar. rouge, tr. dor. (*Belz-Niédrée.*)

> Envoi de l'auteur, Maurice Joly, qui, très jeune encore, a pris congé, par le suicide, d'un monde où il n'avait pu se faire une place digne de son talent.

402. Dictionnaire d'anecdotes, de traits singuliers et caractéristiques, historiettes, bons mots, naïvetés, saillies, réparties ingénieuses, etc. Nouvelle édition, augmentée. *Paris, Delaguette*, 1770. — 2 vol. in-8, mar. rouge, fil., tr. dor. (*Rel. anc.*)

> Par Honoré Lacombe de Prezel dont le privilège figure à la fin du deuxième tome avec un catalogue de ses livres.

403. (Doni). Les Mondes Célestes, Terrestres et Infernaux... Tirés des Œuvres de Doni, Florentin, par Gabriel Chappuis, Tourangeau. *A Lyon, pour Estienne Michel*, 1583. — In-12, demi-mar. rouge avec coins, tête dorée. (*Capé.*)

Très bel exemplaire, très pur, à toutes marges.

404. Les Epistres de l'Aurore à Céphale, Léandre à Hero, Héleine à Ménélas, etc. *Rouen, Jean Osmont*, 1632. — In-12, mar. rouge, fil., dos orné en plein à petits fers, tr. dor. (*Rel. anc.*)

Aux armes de la Comtesse de Verrue.

405. (Estienne). Apologie pour Hérodote, ou traité de la conformité des merveilles anciennes avec les modernes, nouvelle édition faite sur la première, augmentée de tout ce que les postérieures ont de curieux, et de remarques par Le Duchat. Avec une table alphab. des matières. *La Haye, Scheurleer*, 1733. — 3 vol. petit in-8, trois front., veau fauve, tr. dor., fil. (*Rel. anc.*)

406. (Fénelon). Dialogues des Morts anciens et modernes, avec quelques Fables, composez pour l'éducation d'un Prince, par feu Messire François de Salignac de La Motte-Fénelon, Précepteur de Messeigneurs les Enfans de France et depuis Archevêque duc de Cambrai, Prince du Saint-Empire, etc. *Paris, chez Jacques Estienne*, 1718. — 2 vol. in-12, veau fauve, à toutes marges, dos orné à petits fers, tr. dor. (*Rel. anc.*)

Transpositions à la fin du second volume. Pour qui veut lire entre les lignes, plusieurs de ces dialogues sont du plus vif intérêt. Dès le premier, on se sent transporté en pleine Cour de Louis XIV, dans le Cabinet d'étude du duc de Bourgogne, dont le portrait est tracé par son précepteur sous le nom de *Picrochole*. Ce souvenir de Rabelais n'est-il pas piquant au début, et presque à la première page des instructions épiscopales rédigées pour l'héritier *probable* du Roi-Soleil ?

407. (Fontenelle). Nouveaux Dialogues des Morts. *A Paris, chez Gabriel Quinet,* 1683. — In-12, veau fauve, fil., tr. dor., dos orné à petits fers. (*Petit.*)

Édition originale.

408. Lettres galantes de Monsieur le Chevalier d'Her..., par Monsieur de Fontenelle, de l'Académie Françoise, quatrième édition, augmentée. *Paris, Michel Brunet,* 1708. — In-12, veau fauve, tr. rouge. (*Rel. anc.*)

Très bonne reliure. A la fin du volume, catalogue copieux des livres à vendre chez Michel Brunet.

409. Entretiens sur la pluralité des Mondes, par Monsieur de Fontenelle, de l'Académie Françoise. Sixième édition, augmentée de beaucoup (avec une carte). *A Paris, chez Michel Brunet,* avec privilège du Roy, 1708. — In-12, veau fauve, tr. rouge. (*Rel. anc.,* pareille à celle de l'ouvrage précédent.)

410. Jugement de Pluton sur les deux parties des Nouveaux Dialogues des Morts (Par Fontenelle, nommé dans le Privilège). *Paris, au Palais, chez Michel Brunet,* 1703. — In-12, reliure ancienne parfaite, en veau fauve, pareille aux deux précédentes.

411. (Frédéric II). Œuvres posthumes de Frédéric II, Roi de Prusse. *Berlin, chez Voss et fils et Decker et fils,* 1788. — 15 vol. in-8, papier fort, veau fauve, fil., tr. tigrée blanc et bleu, dos orné en mosaïque verte et rouge, armoiries princières sur les plats. (*Rel. anc.*)

Le Toqué est confus de n'avoir pas trouvé le temps ou l'occasion de découvrir le nom du Seigneur à qui ont appartenu ces beaux volumes.

412. (Hamilton). Mémoires du Comte de Grammont, par le C. Antoine Hamilton. Édition ornée de 72 portraits,

gravés d'après les tableaux originaux. *A Londres, chez
Edwards, n° 78, Pall Mall,* 1792. — In-4, grand papier
vélin, mar. rouge, dos orné à petits fers, dent. int. et ext.,
doublure de tabis bleu, mors de mar. *(C. Hering.)*

Reliure anglaise.

413. Mémoires du Comte de Grammont, par Antoine Hamilton. Un portrait de A. Hamilton et trente-huit compositions de C. Delort, gravés au burin et à l'eau-forte par
L. Boisson. Préface de H. Gausseron. *Paris, L. Conquet,*
1888. — Grand in-8, broché.

Papier velin du Marais, N° 56.

414. (Henri IV). Correspondance inédite de Henri IV avec
Maurice le Savant, Landgrave de Hesse, avec des notes
par de Rommel. *Paris, Renouard,* 1840. — In-8, veau
fauve, fil., dos orné, tr. dorée. *(Capé.)*

Exemplaire du Comte de *La Bédoyère*, en grand papier velin ; très beau
portrait d'Henri IV, d'après Gérard, avant la lettre, ajouté.

415. (LA CHAMBRE). RECUEIL DES EPISTRES,
lettres et préfaces de Monsieur de La Chambre. *Paris,
Claude Barbin,* 1664. — In-8, front. gravé, mar. rouge,
tr. dor., dos et plats dorés en plein à petits fers et au
pointillé. *(Rel. anc.)*

*Très belle reliure de Le Gascon. Exemplaire de Colbert
portant l'ex-libris du Baron de La Roche Lacarelle.*

416. Mémoires de la vie de Jacques-Auguste de Thou, conseiller d'État et président à mortier au parlement de Paris.
Nouvelle Édition enrichie de Portraits et d'une Pyramide fort
curieuse. *A Amsterdam, chez François L'Honoré,* 1713.—
In-12, veau antique, fil., dos orné, tr. dorée. *(Petit-Simier.)*

Bel exemplaire à toutes marges, relié sur brochure.

417. Mémoires de la Cour d'Angleterre, par Madame D. (d'Aulnoye). Seconde édition. *A La Haye, chez Meyndert Uytwerf*, 1695. — 2 tomes en un vol. petit in-12, titres en rouge et noir. Dédicace à S. A. S. Mgr le Duc du Maine, en gros car. italiques, 254 pp. et 2 feuillets blancs pour le 1er tome; 204 pp. pour le 2^d . *Rel. anc.* en mar. citron, fil., tr. dor. Sur les plats *et sur le dos* les armes de la *Comtesse de Verrue*.

418. Mémoires d'un favori de Son Altesse Royalle Monsieur le Duc d'Orléans. *A Leide, chez Jean Sambix le jeune, à la Sphère*. — Petit in-12, mar. rouge, fil., tr. dor. (*Rel. anc.*)

Elzévir rare.

419. (Monti). La Ierogamia di Creta, Inno del Cavaliere Vincenzo Monti. *Parisi, dai torchi di P. Didot, il Maggiore*, 1810; suivie de la traduction en français. — In-4, broché.

Épithalame ridicule, adressé à S. M. Napoléon Ier à l'occasion de son mariage avec l'archiduchesse Marie-Louise, mariage qui rappelle au Chevalier Vincent les Noces Sacrées de Jupiter. Ce Vincent est encore plus pédant qu'idiot. C'est beaucoup dire.

420. (Patin). Lettres choisies de feu M. Guy Patin, docteur en médecine de la faculté de Paris et Professeur au Collège Royal. Dans lesquelles sont contenues plusieurs particularités historiques sur la Vie et la Mort des Sçavans de ce Siècle, sur leurs écrits et plusieurs autres choses curieuses, depuis l'an 1645 jusqu'en 1672, augmentées de plus de 300 lettres. *A Cologne, chez Pierre du Laurens*, 1692. — Trois tomes in-12 en un vol., veau brun. (*Rel. anc.*)

Bel exemplaire : témoins.

421. Rœderer (P.-L.). Mémoires pour servir à l'histoire de
la Société polie en France. *Paris, Firmin-Didot*, 1835. —
In-8, demi-mar. rouge.

Livre rare. Envoi autographe de l'auteur au Général Thirion.

422. (J.-J. Rousseau). Lettres originales de J.-R. Rousseau
à Madame de ***, à Madame la Maréchale de Luxembourg,
etc., publiées par Ch. Pougens. *Paris*, 1798. — Mar.
rouge, fil., tr. dorée. (*Rel. anc. de Purgold*, d'une fraîcheur
parfaite.)

Aux armes du dernier prince de Condé.

Volume très intéressant qui contient un fac-simile d'une lettre de Jean-
Jacques et la reproduction de la musique (gravée par lui) d'une marche
militaire.

423. (Sainct-Julien). Meslanges historiques et recueil de
diverses matières, pour la pluspart paradoxalles, et néant-
moins vrayes. Par Pierre de Sainct-Jullien, de la maison
de Balleure, Doyen de Chalons, etc. *A Lyon, par Benoist
Rigaud,* 1589. — In-8, mar. rouge, dos orné, compartiments, tr. dor. (*Rel. anc.*)

Aux Armes de Hector Le Breton de La Doineterie, Roy d'armes de France.
Inscriptions dorées sur les plats. Volume très curieux portant l'ex-libris de
Denis-François Secousse, chevalier.

424. (Sévigné). Lettres de Madame de Sévigné, avec les
notes de tous les commentateurs. *Paris, Firmin-Didot
frères,* 1853. — 6 vol., demi-veau fauve à coins. Charmante reliure à toutes marges de *Trautz-Bauzonnet*.

Ex-libris Henri Harduin.

425. (Vigneul-Marville). Mélanges d'Histoire et de Littérature, par M. de Vigneul-Marville. Quatrième édition,
revuë, corrigée et augmentée par M ***. *A Paris, au*

Palais, chez Claude Prudhomme, etc., 1725. — 3 vol. petit in-8, mar. bleu, doré sur tr. (*Duru,* 1843.)

> *Exemplaire relié sur brochure pour notre maître à tous, le Baron Jérôme Pichon, Président des Bibliophiles Français, dont les armes décorent les plats et le dos des trois volumes.*

426. (VOITURE). LES ŒUVRES de Monsieur de Voiture. Nouvelle édition corrigée. *A Paris, chez la Veuve Mauger, au quatrième Pillier de la Grand'Salle du Palais, au grand Cyrus,* 1680. — 2 tomes en 2 vol. in-12, frontispice et portrait, mar. rouge, fil., tr. dor. (*Rel. anc.*)

> Vrai maroquin du Levant, très dur, gardes curieuses. Bonne édition, très complète, que Brunet paraît n'avoir pas connue.

VI. — MONOGRAPHIES

PHILOSOPHIQUES, SCIENTIFIQUES, ARCHÉOLOGIQUES, ARTISTIQUES,
FANTAISISTES ET LITTÉRAIRES.

CLASSEMENT ALPHABÉTIQUE.

427. (AUGUIN). MONOGRAPHIE DE LA CATHÉDRALE DE NANCY,
depuis sa fondation, jusqu'à l'époque actuelle, par Ed.
Auguin, Ingénieur civil des mines. *Nancy, Berger-Levrault
et Cie*, 1882. — In-4, demi-mar. Lavallière, avec coins,
tête dor., non rogné.

> Nombreuses figures ; frontispice superbe en couleurs, représentant la reliure
> de l'Évangéliaire de Saint-Gauzelain. Autographe intéressant de l'auteur,
> ajouté au volume.

428. (BEAUMONT). L'EPÉE ET LES FEMMES, par Ed. de Beaumont.
Paris, Librairie des Bibliophiles, 1881. — Grand in-8,
demi-mar. rouge à coins, entièrement non rogné. (*Lancelin.*)

> Très bel exemplaire sur *papier Whatman*, avec sa couverture, orné de *cinq*
> dessins de *Meissonier*, tirés hors texte, en *triple état*.

429. LES BEAUTÉS DE L'OPÉRA ou Chefs-d'œuvre Lyriques,
par Th. Gautier, J. Janin et Ph. Chasles, illustrés d'après
les premiers artistes de Paris ou de Londres, sous la direction de Giraldon. *Paris, Soulié*, 1845. — Grand in-8,
demi-chagrin rouge, tête dorée, n. rogné.

> Premier tirage de ce livre imprimé avec luxe sur papier velin fort, avec
> encadrements différents de dessin et de couleurs pour chaque page.

430. (Beauvoir). Aventurières et Courtisanes, par Roger de
Beauvoir. *Paris, Michel Léry frères*, 1856. — In-12,
demi-mar. noir, plats en toile.

> Exemplaire de Mademoiselle Rachel, à son chiffre, avec son ex-libris sur le
> faux-titre : *Tout ou Rien*.

431. (Blanchemain). Poëtes et Amoureuses. Portraits littéraires du XVIme siècle par Prosper Blanchemain, de la
Société des Bibliophiles Français. *Paris, Léon Willem*,
1877. — 2 tomes in-8, brochés.

> Un des trente exemplaires sur *papier Whatman* (N° 25), *figures en double état*.

432. (Boaistuau). Histoires Prodigieuses, extraites de plu-
sieurs fameux Autheurs, grecs et latins, sacrez et pro-
phanes : mises en nostre langue par P. Boaistuau, surnommé
Launay, natif de Bretaigne : avec les pourtraicts et figures.
Dédiées à très hault et puissant Seigneur Jehan de Rieux,
Seigneur d'Asserac. *Paris, chez Hiérosme de Marnef et
Guillaume Cavellat : à l'enseigne du Pellican, au mont
St-Hilaire*, 1564, avec privilège du Roy. — In-8, mar.
rouge, dos orné, larges dentelles, tr. dor. (*Tripon.*)

> Curieuses figures sur bois.

433. G. de Cherville. Les Chiens et les Chats d'Eugène
Lambert, avec une lettre-préface d'Alexandre Dumas, de
l'Académie Française, et notes biographiques, par Paul
Leroi, ouvrage illustré de 6 eaux-fortes et de 145 dessins
par Eugène Lambert. *Paris, Librairie de l'Art*, 1888. —
In-4, broché.
> *Papier du Japon, N° 1 sur cent.*

434. Collection of all the Wills, now known to be extant of
the Kings and Queens of England, Princes and Princesses of

Wales, and every branch of the blood Royal, from the reign of William the Conqueror to that of Henry the Seventh exclusive, with explanation, notes and a glossary. *London, Nichols*, 1781. — In-4, demi-veau fauve avec coins, témoins. (*Rel. anc.*)

Bel exemplaire avec les cartons page 10* et 12*. Recueil de testaments authentiques dans leur texte ancien : document précieux pour l'histoire de la langue et des coutumes de la vieille Angleterre.

435. (CORMENIN). LIVRE DES ORATEURS PAR TIMON. Onzième édition, ornée de 27 portraits gravés sur acier. *Paris, Pagnerre*, 1842. — Grand in-8, pap. vélin, demi-veau bleu, non rogné.

Très bel exemplaire.

436. Coup d'œil Anglais sur les cérémonies du mariage, avec des notes et des observations historiques et critiques pour et contre les Dames, auxquelles on a joint les aventures de M. Harry et de ses sept femmes, ouvrage traduit sur la 2me édition de Londres par Mrs ***. *A Genéve*, 1750. — In-12, veau marbré, fil., tr. dor. (*Rel. anc.*)

Aux armes du Maréchal Duc de Richelieu.

437. LA GRANT DANSE MACABRE des homes et des femes, avec les dis des trois mors et trois vifs, le debat du corps et de l'ame, la complainte de l'ame dampnée, et l'enseignement pour bien vivre et bien mourir. *Nouvellement imprimé à Paris*. Réimpression gothique sur papier vergé fort, *par Lahure pour Potier*, 1858.— Petit in-4 gothique, figures sur bois, demi-mar. vert, avec coins, dos *orné* de têtes de mort, tête dor., non rogné. (*Petit.*)

438. THE ENGLISH DANCE OF DEATH, from the designs of TH. ROWLANDSON, with metrical illus-

trations by the author of Doctor Syntax. *London, Acker-mann,* 1815. — 2 vol. in-8, front., titres et figures en couleurs, riche rel. en cuir de Russie, dos et plats ornés, compart. de filets, dent. int., tr. dor. (*Petit.*)

Très bel exemplaire d'un livre rare, très recherché pour les illustrations si humoristiques et si fantasques de Rowlandson.

439. (Daumier). Les Cent et un Robert-Macaire, composés et dessinés par M. H. Daumier, sur les idées et les légendes de M. Ch. Philippon, réduits en lithogr. par MM. ***; texte par MM. Maurice Alhoy et Louis Huart. *Paris, chez Aubert et Cie,* 1839. — 2 tomes en 1 vol. in-4, demi-chagrin rouge.

440. Delvau (Alfred). Les Heures Parisiennes. 25 eaux-fortes d'Émile Benassit. *Paris, Librairie Centrale,* 1866. — Grand in-16, titre rouge et noir, imprimé par Jouaust, 25 eaux-fortes par E. Benassit, demi-mar. vert, avec coins, tête dor., non rogné. (*R. Petit.*)

Exemplaire en papier de Hollande (N° 17) avec la figure de Minuit intacte. Ce livre est dédié à Alexandre Privat d'Anglemont, bohême émérite que le Toqué rencontrait souvent au quartier Latin, en compagnie de Baudelaire, en l'an de grâce 184.. (*Voyage dans un Grenier,* page 17). C'est sous la tonnelle d'un cabaret du boulevard Montparnasse que ce grand gaillard à la peau rousse comme ses cheveux, nous a récité, pour la première fois, quelques-uns de ses *Sonnets rocaille,* comme il les appelait. Baudelaire, en me le présentant, m'avait invité à lui offrir un certain vin d'Anjou, dont le bouquet spécial amenait souvent les deux amis dans ce vide-bouteilles excentrique. Excité par sa boisson favorite, Privat daigna m'honorer de ses confidences les plus intimes et me conta, (je le voyais pour la première fois), qu'il avait trouvé jusqu'alors des avantages sérieux dans la profession de maq...... (ce fut son mot), mais qu'il venait d'y renoncer en faveur de la littérature. Ce gentleman, un peu pique-assiette à ses débuts, offrait, à titre de revanche, à ses amphitryons, certaines franchises, dans deux ou trois maisons à gros numéro honorées de son patro-nage. « Allez-y de ma part, leur disait-il, vous b.... rez à l'œil sur mon » ardoise. »

441. Les Devises des Roys de France, latines et françaises; Tirées de divers Autheurs, anciens et modernes, avec une

briefve exposition d'icelles, en vers françois, par J. L. V.
D. L. D. P., et la paraphrase en vers latins par Michel
Grenet de Chartres. Le tout enrichi des figures de tous
les Roys de France jusqu'à Henri IV, à présent régnant. A
Monseigneur le Dauphin. *A Paris, par Fleury Bourri-
quant, au mont St-Hilaire, près le puits Certain, aux
Fleurs Royalles, 1609.* — Petit in-8, mar. rouge, tr. dor.
(*Duru*, 1843.)

Par Jacques le Vasseur, archidiacre de Noyon, auteur du Bocage de Jossigny
édité en 1608 par le même Bourriquant. (*Voir aux Poètes Français du XVII*
siècle.) Le portrait d'Henri IV, fait de son vivant, n'est pas sans intérêt.

442. Les Etrangers à Paris, par MM. Louis Desnoyers, J.
Janin, Old Nick, Stanislas Bellanger, E. Guinot, Marco
St-Hilaire, E. Lemoine, Roger de Beauvoir, etc. Illustrations de MM. Gavarni, Th. Frère, H. Emy, Th. Guérin,
Ed. Frère. *Paris, Charles Warée,* s. d. — Grand in-8,
lavé, collé, demi-mar. rouge, à coins, fil., dos très orné,
tête dor., non rogné.

443. Goncourt (Edmond et Jules de). La Femme au
XVIIIme siècle. Nouvelle édition, revue, augmentée et illustrée de 64 reproductions sur cuivre, par Dujardin, d'après
les originaux de l'époque. *Paris, Firmin-Didot et Cie,*
1887. — In-4, broché, couverture de l'éditeur, dorée
avec fers spéciaux.

444. (Jolimont). Polyanthea archéologique, curiosités ou raretés, bizarreries et singularités de l'histoire religieuse, civile,
industrielle, artistique et littéraire, dans l'antiquité, le
moyen-âge et les temps modernes, Recueillies sur les
monuments de tout genre et de tout âge et publiées en
différents opuscules par T. de Jolimont, ex-Ingénieur,
membre des Académies de Caen, Dijon, etc. Trois opus-

cules réunis : 1° Monologie du mois d'avril. Poissons d'avril. 1843 ; 2° Histoire des œufs. Œufs de Pâques, etc. 1844 ; 3° De l'usage de saluer ceux qui éternuent et de leur adresser des souhaits. 1844. Ensemble, trois brochures, imprimées à *Moulins, chez Martial Place*. — In-8, culs-de-lampe et lettres ornées, composant un vol. cart. en toile, non rogné. (*Behrends*.)

445. (Julien). Les Césars de l'Empereur Julien, traduits du grec, avec des Remarques et des Preuves illustrées par les Médailles et autres anciens Monuments. *Paris, Florentin et Pierre Delaulne*, 1696 (avec privilège au nom de l'auteur, le Sʳ de Spanheim, Envoyé de l'Electeur de Brandebourg, *qui n'était pas encore Empereur d'Allemagne*. — In-4, frontispice, figures, lettres ornées, culs-de-lampe par Pierre Le Pautre, mar. rouge, fil., tr. dorée. (*Rel. anc.*)

Reliure de Boyet. Ex-libris armorié.

446. Paul Lacroix (Bibliophile Jacob). XVIIᵐᵉ siècle. Lettres, Sciences et Arts. France, 1590 à 1700. Ouvrage illustré de 17 chromolithographies et de 300 gravures sur bois (dont 16 tirées hors texte), d'après les monuments de l'art de l'époque. *Paris, Firmin-Didot et Cⁱᵉ*, 1882. — In-4, broché.

Grand papier, Nᵒ 367.

447. Le même. XVIIIᵐᵉ siècle. Lettres, Sciences et Arts. France, 1700-1789. Ouvrage illustré de 16 chromolithographies et de 250 gravures sur bois (dont 20 tirées hors texte). *Paris, Firmin-Didot et Cⁱᵉ*, 1878. — In-4, broché.

Grand papier, Nᵒ 424.

448. Le même. XVIIIme siècle. Institutions, Usages et Costumes. France, 1700-1789. Ouvrage illustré de 21 chromolithographies et de 350 gravures sur bois.... *Paris, Firmin-Didot Frères, Fils et Cie*, 1875. — In-4, broché.

Grand papier, N° 600.

449. Le même. Directoire, Consulat et Empire. Mœurs et Usages, Lettres, Sciences et Arts. France 1793-1815. Ouvrage illustré de 12 chromo-lithographies et de 410 gravures sur bois. *Paris, Firmin-Didot et Cie*, 1884. — In-4, broché.

Grand papier, N° 249 sur 500.

450. (La Ferrière-Percy). Le journal de la Comtesse de Sanzay. Intérieur d'un Château normand au XVIme siècle, par M. le Cte H. de la Ferrière-Percy. Nouvelle édition, augmentée de documents nouveaux. *Paris, Auguste Aubry*, 1879 (pap. vergé tiré à 250). — In-16, chagrin orange, tr. dor., filets. (*David.*)

451. (La Mothe Josseval). Tibère, Discours politiques sur Tacite, du Sieur de Lamothe-Josseval, d'Aronsel. *A Amsterdam, chez les héritiers de Daniel Elzevier*, 1683. — In-4, veau brun. (*Rel. anc.*)

Livre dédié au Duc de Savoie. Ce serait, d'après Nodier, la dernière publication sortie des Presses Elzeviriennes.

452. (Langlois). Essai historique, philosophique et pittoresque sur les Danses des Morts, par E.-H. Langlois, accompagné de 54 planches et de nombreuses vignettes.... Ouvrage publié et complété par M. André Pottier, conservateur de la Bibliothèque de Rouen et M. Alfred

Baudry. *Rouen, Le Brument*, 1852. — 2 vol. grand in-8, demi-mar. noir, avec coins, tête dorée, non rogné, dos *orné* de têtes de mort.

    Reliure macabre !

453. Lurine (Louis). Les Rues de Paris. Paris ancien et moderne : origines, histoire, monuments, costumes, mœurs, chroniques et traduction, ouvrage rédigé par l'Élite de la littérature contemporaine, et illustré de 300 dessins, exécutés par les artistes les plus distingués. *Paris, G. Kugelmann*, 1844. — 2 vol. grand in-8, demi-mar. rouge, à coins, tête dor., dos ornés. (*Ruban.*)

    Bel exemplaire du 1er tirage : couvertures conservées.

454. (Magnen). Joannis Chrysostomi Magneni Burgundi Luxoviensis patricii, Philosophi, Medici, et in universit. Ticinensi Regii medicinæ professoris, de Tabaco exercitationes quatordecim, in quibus, præter historiam tabaci lectu jucundissimam, etiam Herbæ virtutes et vitia explicantur, Ejusque usus ac abusus, et quantum in Medicinâ valeat, ostenditur. *Amstelodami, ex officinâ Henrici et Theod. Boom*, 1669. — Petit in-12, veau brun. (*Rel. anc.*)

    Monographie indispensable dans un Grenier parfumé par une centaine de pipes, anciennes et modernes, Françaises et Cochinchinoises.

455. (X. de Maistre). Voyage autour de ma Chambre, par M. le C. X ****** O. A. S. D. S. M. S.

> *Dans maint auteur de science profonde,*
> *J'ai lu qu'on perd à trop courir le monde.*
> Gresset.

A Paris, chez Dufart, an V (1797). — Petit in-12, figure. mar. rouge, à toutes marges, tr. dor. (*Reymann.*)

456. (Monnier). Les bas fonds de la Société, par H. Monnier. *Paris*, s. d. — Grand in-8, mar. rouge, dos orné,
fil., dent. int., tr. dor. (*Schneider*.)

> Bel exemplaire auquel on a ajouté un frontispice de Rops sur chine volant,
> un frontispice de Chauvet sur japon, et un portrait à l'eau-forte d'Henri
> Monnier.

457. LES BAS-FONDS DE LA SOCIÉTÉ. MANUS-
CRIT AUTOGRAPHE d'Henri Monnier. — Un vol.
petit in-folio, demi-mar. rouge, tête dorée. (*Quantin*.)

458. (Monselet). Les oubliés et les dédaignés, figures littéraires de la fin du XVIIIme siècle, par Charles Monselet.
Paris, Poulet-Malassis et de Broise, 1857. — 2 vol. in-12,
cart. en toile, non rognés. (*Behrends*.)

459. Les Murailles politiques françaises, depuis le 18 juillet
1870 jusqu'au 25 mai 1871. Affiches françaises et alle-
mandes. La Guerre. La Commune. Paris — Province.
Paris, Le Chevalier, 1874. — 2^d Tome : La Commune.
Paris — Versailles — La Province, 18 mars-27 mai. —
3me Tome : Les Murailles d'Alsace-Lorraine : Metz, Sarre-
guemines, Haguenau, Saverne, Nancy, etc. — Trois
tomes en trois vol. in-4, cart. en toile rouge, non rognés.

460. PARIS A TRAVERS LES AGES, aspects successifs
des monuments et des quartiers historiques de Paris,
depuis le XIIIme siècle jusqu'à nos jours, fidèlement
restitués d'après les documents authentiques, par M. F.
Hoffbauer, architecte. Texte par MM. Édouard Fournier,
Paul Lacroix, A. de Montaiglon, A. Bonnardot, Jules
Cousin, Franklin, Valentin Dufour, etc. *Paris, Librairie
de Firmin-Didot et Cie*, 1875. — In-fol. en 14 livraisons,
dans les cartons des éditeurs : complet

461. Paris qui s'en va. 25 eaux-fortes par Léopold Flameng,
texte par Alfred Delvau, Th. Gautier, Arsène Houssaye,
etc. *Librairie de Jules Tarride.* — In-fol., demi-chagrin,
toile rouge, tête dor., non rogné. (*Rel. de l'Éditeur.*)

Trois eaux-fortes de Flameng ajoutées : L'ancien Pont-au-Change, la Morgue,
le Cabaret du Lapin-Blanc.

462. La Physionomie, ou des Indices que la Nature a mis au
Corps humain, par où l'on peut descouvrir les Mœurs et
les inclinations d'un chacun. Avec un traité de la Divina-
tion par les palpitations, et un autre par les marques naturelles. Le tout traduit du grec d'Adamantius et de Mélampe
par Henry de Boivin du Vaurouy, aagé de douze ans,
dédié à Monseigneur l'Eminentissime Cardinal duc de
Richelieu. *A Paris, chez Louis de Vandosme, en la Court
du Palais, proche le Trésor*, 1636. — In-8, demi-mar.
violet, tr. rouge. (*R. Petit.*)

463. Rothschild (Arthur de). Histoire de la poste aux
lettres et du timbre-poste, depuis leurs origines jusqu'à
nos jours. Nouvelle édition, illustrée de nombreuses
vignettes par Bertall. *Paris, Lévy*, 1879. — In-4, broché.
Exemplaire sur papier de Chine.

464. Sabine, ou matinées d'une dame romaine à sa toilette,
à la fin du premier siècle de l'ère chrétienne, pour servir à
l'histoire de la vie privée des Romains, trad. de l'allemand
de C.-A. Boettiger, 1813. — In-8, front. gravé et fig. au
trait avant la lettre, demi-veau bleu. (*Bruyère.*)

465. (St-Surin). L'Hôtel de Cluny au moyen-age, par
Madame de St-Surin, suivi des Contenances de table et
autres poësies inédites des XVme et XVIme siècles. *Paris,*

Techener, 1835. — Petit in-8, grand papier vergé fort, mar.
rouge, dos orné, fil., tr. dor. (*Simier*.)

Voir à la fin du volume, une addition qui ne doit pas figurer dans tous les exemplaires.

466. (Springer). Paris au treizième siècle, par A. Springer,
traduit librement de l'allemand, avec introduction et notes
par un membre de l'Édilité de Paris. *Paris, Aubry*, 1860.
— In-12, demi-mar. carmin, fil., coins, dos orné. (*Capé*.)

Un des six exempl. sur papier de Chine.

467. TABLEAUX DE LA VIE, OU LES MŒURS DU
DIX-HUITIÈME SIÈCLE, avec 17 figures en taille-
douce. *A Neuwied-s.-le-Rhin, chez la Société typographique, et à Strasbourg, chez J.-G. Treuttel.* — 2 tomes en
un vol. petit in-12, mar. La Vallière, fil., dos orné, tr. dor.,
à toutes marges. (*Cuzin*.)

468. Testamens enregistrés au Parlement de Paris sous le
règne de Charles VI. Textes publiés par Alexandre Tuetey,
archiviste aux Archives Nationales. *Paris, Imprimerie
Nationale*, 1880. — In-4, pap. vergé, broché.

469. (UZANNE). L'ÉVENTAIL, par Octave Uzanne,
illustrations par Paul Avril. *Paris, Quantin*, 1882. —
In-8, pap. de Hollande, vign. en couleurs, mar. orange,
dos orné, fil., comp., doublé de mar. bleu, riches ornements de feuillages, tr. dor.

Exemplaire relié avec la couverture de l'éditeur, et la couverture de satin employée comme garde. Dessin ajouté en tête du volume. Note autographe de l'auteur.

470. L'OMBRELLE, LE GANT, LE MANCHON, par
Octave Uzanne, illustrations par Paul Avril. *Paris*,

Quantin, 1883. — Grand in-8, vignettes en couleurs,
mar. citron janséniste, doublé de mar. bleu, larges dent.,
gardes de satin (de l'emboîtage de l'éditeur), tr. dor.
(*Reymann*.)

*Papier du Japon avec double suite des vignettes tirées
hors texte. Note autographe de l'auteur.*

471. SON ALTESSE LA FEMME, par Octave Uzanne,
illustrations de H. Gervex, Gonzalès et autres. *Paris,
Quantin*, 1885. — Grand in-8, figures et vignettes en
couleurs, mar. bleu, dos orné, fil., compart. et milieux
dor., dent. int., tête dorée, n. rogné.

*Papier du Japon, orné d'une double suite des figures et
d'un dessin original. Note autog. de l'auteur.*

472. LE MIROIR DU MONDE, Notes et Sensations de la vie
pittoresque, par Octave Uzanne. Illustrations en couleurs
d'après Paul Avril. *Paris, Quantin*, 1887. — In-4, dans
son emballage japonais. Autog. de l'auteur ajoutés.

Grand papier du Japon, 2 exemplaires, N°s 57 et 58.

473. Vallès (Jules). La Rue. *Paris, Achille Faure*, 1866.

474. Les Réfractaires. *Paris, Achille Faure*, 1866. — 2 vol.
in-12, cartonnés en toile rouge, non rognés. (*Behrends*.)

Sur chaque volume, envoi autographe signé, « A mon très sympathique et
» très excellent Ami Duchesne. »

475. Jacques Vingtras. L'enfant, par Jules Vallès. Édition
illustrée de 12 eaux-fortes par Renouard. *Paris, A
Quantin*, 1884. — In-8, broché.

476. Vasili (Comte P.). La Sainte Russie. La cour, l'armée, le clergé, la bourgeoisie et le peuple. Ouvrage contenant 4 chromolithographies et plus de 200 gravures.... *Paris, Firmin-Didot et Cie*, 1890. — Grand in-8, broché.

Un des cent exemplaires sur papier du Japon.

477. (Vincart). Histoire de Nostre-Dame de la Treille, auguste et miraculeuse, dans l'Eglise collégiale de St-Pierre, Patrone de la ville de Lille, composée en latin par le P. Jean Vincart, de la Compagnie de Jésus, traduite et augmentée en français par le même. Suivant la copie imprimée à Tournay par Adrien Quinqué en 1671. *Lille, Leleu,* 1874. — In-8, papier Bristol, jaune serin, 2 figures, demi-mar. vert, coins, tête dor., non rogné. (*Reymann.*)

VII. — ROMANS, CONTES ET NOUVELLES.

CLASSEMENT ALPHABÉTIQUE EN QUATRE DIVISIONS :

1° Auteurs Français antérieurs au XVIII⁰ siècle.
2°   —   du XVIII⁰ siècle.
3°   —   du XIX⁰ siècle.
4° Auteurs Grecs, Latins et étrangers.

I. AUTEURS FRANÇAIS ANTÉRIEURS AU XVIIIme SIÈCLE.

478. LES CENT NOUVELLES NOUVELLES. Suivent les Cent Nouvelles contenant les cent Histoires Nouveaux qui sont moult plaisans à raconter, En toutes bonnes Compagnies ; Par manière de joyeuseté. Avec d'excellentes Figures en Taille-douce, Gravées sur les dessins du fameux Mr Romain de Hooge. *A Cologne, chez Pierre Gaillard,* 1701. — 2 vol. in-8, mar. bleu, triple fil., dos orné, tr. dor. (*Rel. anc.*)

SUPERBE EXEMPLAIRE RELIÉ PAR BOYET, pour la Marquise d'Entraives qui a écrit son nom sur le titre. Passé depuis dans la « *Beckford Library* », il a été acheté à la vente Hamilton en 1882.

479. (FÉNELON). AVENTURES DE TÉLÉMAQUE, fils d'Ulysse, ou suite au quatrième livre de l'Odyssée d'Homère. Par Monseigneur François de Salignac, de la Mothe Fénelon, Archevêque-Duc de Cambray, Prince du St-Empire, Comte du Cambrésis, cy-devant Précepteur de Messeigneurs les

Ducs de Bourgogne, d'Anjou et de Berry..., Servant d'Instruction à Monseigneur le Duc de Bourgogne. Dernière édition plus ample et plus exacte que les précédentes, *à La Haye, chez Adrian Moetjens*, 1701. — In-12, beau portr. de Fénelon ajouté, réglé, mar. rouge, triples fil. sur le dos et les plats, doublé de mar. rouge, tr. dor. (*Boyet.*)

Témoins. Une tache dans le bas des marges.

480. Les Aventures de Télémaque fils d'Ulysse, par feu Messire François de Salignac de la Motte Fénelon, Précepteur de Messeigneurs les Enfans de France, et depuis Archevêque-Duc de Cambray, Prince du St-Empire... Première édition conforme au Manuscrit original. *Paris, Jacques Estienne*, 1717. (précédées de) Dédicace au Roy par Fenelon (neveu de l'auteur) avertissement etc. (et suivies) d'une Carte des Voyages de Telemaque et d'une Ode. — 2 vol. in-12, portrait, frontispices, figure à chaque chant, mar. bleu foncé jans., tr. dor. (*Hardy.*)

481. Histoire et Cronique du petit Jehan de saintré et de la Jeune Dame des Belles Cousines, sans aultre nom nommer ; collationnée sur les Manuscrits de la Bibliothèque Royale et sur les Editions du XVIme siècle. *Paris, Firmin Didot frères*, 1830. — In-8, car. gothiques, figures coloriées, veau antique, fil. à froid, quad., fil. d'or, tr. dor. (*Bauzonnet.*)

Un des rares exemplaires *entièrement coloriés*, publiés à 300 fr. Conservation parfaite.

482. Ibrahim Bassa de Bude. Nouvelle galante. *A Cologne (à la Sphère) chez Pierre Marteau*, 1686. — In-12, mar. vert, fil à fr., tr. dor. (*H. Duru.*)

Superbe exemplaire rempli de témoins.

483. (Madame de Lafayette). La Princesse de Clèves. *Paris, par la Compagnie des libraires associés, 1704. —* 3 tomes en 1 vol., mar. rouge, fil., tr. dor. (*Rel. anc.*)

, Aux armes de la Duchesse de La Feuillade, fille de Madame de Chamillart, célèbre bibliophile.

484. La Princesse de Clèves. Préface par Anatole France. Un portrait et douze compositions de Jules Garnier, gravés par A. Lamotte. *Paris, L. Conquet, 1889. —* In-8, broché.

Papier impérial du Japon, n° 50. Aquarelle sur le faux-titre.

485. Perrault. Les Contes des Fées, en prose et en vers, de Charles Perrault. Nouvelle édition, revue et corrigée sur les éditions originales, et précédée d'une lettre critique par Ch. Giraud, de l'Institut. *Paris, Imprimerie Impériale, 1864.—* In-8, cartonné en percaline, non rogné.(*Behrends.*)

Un des vingt-cinq exemplaires tirés sur papier de Chine, portrait de Perrault et figures avant la lettre.

486. CONTES DE PERRAULT, ILLUSTRÉS PAR ÉDOUARD DE BEAUMONT. Deux vol. in-folio contenant : le premier *Cendrillon* et *Les Fées*, avec trente-trois aquarelles ; le second *La Barbe Bleue* et *La Belle au Bois Dormant*, avec quarante et une aquarelles reproduites en fac-simile et imprimées en couleur par les Éditeurs Boussod, Valadon et Compagnie. Les deux volumes sont datés d'Asnières-sur-Seine, où l'impression a été achevée pour le premier, le 1er Décembre 1886, et pour le second le 1er Décembre 1887. — Mar. grenat, doré en plein à l'aide d'une plaque spéciale, tr. dor., doublure et gardes de satin blanc ; reliure exécutée pour les éditeurs. Chaque volume est renfermé dans un étui.

Le prix élevé de ces deux volumes a paru parfaitement justifié par leur splendide exécution.

487. Rabelais. Les œuvres de Mᵉ François Rabelais, Docteur
en médecine, contenant cinq livres, de la vie, faicts et dits
héroïques de Gargantua et de son fils Pantagruel. Plus la
Prognostication Pantagrueline, auec l'oracle de la Dive
Bacbuc, et le mot de la Bouteille. Augmenté des Naviga-
tions en l'Isle Sonnante, l'Isle des Apedefres, La Cresme
philosophale, avec une Epitre Limosine, et deux autres
Epistres à deux Vieilles de différentes mœurs. Le tout par
maître François Rabelais. *A Lyon, par Jean Martin,*
1558. — In-12, mar. vert Russe, fil. à fr., tr. dorée.
(*Duru.*)

Excellente reliure, très souple, de 1851.

488. ŒUVRES DE MAITRE FRANÇOIS RABELAIS,
avec des remarques historiques et critiques de M. Le Duchat,
nouvelle édition ornée de figures de B. Picart, etc. *A Amsterdam, chez Jean-Frédéric Bernard, 1741.* — 3 vol. in-4,
mar. citron, fil. et coins fleuronnés, dos à petits fers
(vermiculés) à la Padeloup, tr. dor. (*Rel. anc.*)

Aux armes de Jean, Comte de Cobentzel, ministre d'Autriche aux Pays-Bas,
mort en 1770 et père du célèbre diplomate le Comte Louis de C.

SUPERBE EXEMPLAIRE auquel on a ajouté, en regard du frontispice si remarquable du Tome II, dessiné et gravé par Folkema, le dessin original de ce
Frontispice, lavé à la sépia et signé du maître. Le Toqué ne craint pas d'avouer
qu'il a payé 1500 fr. ce dessin admirable et d'un effet bien supérieur à la
gravure.

489. Œuvres de François Rabelais, contenant la vie de Gargantua et celle de Pantagruel, augmentées de plusieurs
fragments et de deux chapitres du Vᵉ livre restitués d'après
un manuscrit de la bibliothèque impériale. Précédées d'une
notice historique sur la vie et les ouvrages de Rabelais,
augmentée de nouveaux documents par P. L. Jacob,
bibliophile, nouvelle édition revue sur les meilleurs textes
et particulièrement sur les travaux de J. Le Duchat et de

S. de l'Aulnoye; éclaircie quant à l'Orthographe et à la Ponctuation, et accompagnée de notes succinctes et d'un Glossaire, par Louis Barré, ancien professeur de philosophie. ILLUSTRATIONS PAR GUSTAVE DORÉ. *Paris, J. Bry aîné,* 1854. — In-4, demi-veau bleu, *non rogné.*

Très bel exemplaire de premier tirage sans une seule piqûre.

490. (REINE DE NAVARRE). LES SEPT JOURNÉES de la Reine de Navarre, suivies de la huitième, (édition de 1559), avec notice par P. Lacroix,... *Paris, Jouaust,* 1872. — 4 vol. in-12, portr. et figures à l'eau-forte, mar. rouge, fil., dos orné, dent. int., tr. dor. (*Hardy.*)

Un des 25 exemplaires sur papier de Chine. Au dos et sur les plats les initiales entrelacées de l'éminent bibliophile Ernest Quentin-Bauchart.

II. AUTEURS FRANÇAIS DU XVIIIme SIÈCLE.

491. AVANTURES ET LETTRES GALANTES avec la promenade des Tuilleries. Contenant plusieurs histoires et plusieurs particularités très agréables... *Amsterdam, N. Étienne Lucas,* 1718. — 2 tomes précédés chacun d'un frontispice. Le second a pour titre : L'Heureux Naufrage, suite des Avantures... — 1 vol. in-12, veau fauve, fil., tr. dor. (*Ve Niédrée.*)

Très bel exemplaire à la fin duquel on a relié un copieux catalogue de la librairie Lucas.

492. (BOUFFLERS). ALINE, REINE DE GOLCONDE, Conte par le Chevalier Stanislas de Boufflers. *A Paris,* GRAVÉ ET IMPRIMÉ POUR LES AMIS DES LIVRES. Compositions jointes au texte dessinées par Albert Lynch, Eaux-fortes au lavis gravées par Gaujean, lettres bâtardes du texte burinées par

A. Leclerc. — Format in-8 , pap. de Hollande, broché en
pap. de soie bleue. Ex. N° 6 sur 115.

Petit chef-d'œuvre exécuté sous la direction de M. Octave Uzanne.

493. (Cazotte). Le Diable amoureux, Roman fantastique ,
par J. Cazotte, précédé de sa vie, de son procès, et de ses
prophéties et révélations, par Gérard de Nerval. Illustré
de 200 dessins (et du portrait de Cazotte), par Edouard de
Beaumont. *Paris, Léon Ganivet,* 1845. — In-8, demi-
mar. bleu, *non rogné.*

494. (Choderlos de Laclos). Les Liaisons dangereuses, ou
Lettres recueillies dans une Société, et publiées pour l'instruction de quelques autres. Par C. de L.

J'ai vu les mœurs de mon temps et j'ai publié ces Lettres.
(J. J. Rousseau. Préface de *la Nouvelle Héloïse.*)

A Genève, 1792. — 4 tom. en 2 vol. in-12, veau rac.,
dent., tr. dor.

A toutes marges. Jolies figures de Le Barbier.

495. Contes Nouveaux.

Sine me, Liber, ibis in Urbem.
Ovid.

à Liège, 1777, (par le Chev. de Nerciat). — In-8, demi-
mar. rouge, non rogné.

496. Cousin (Le) de Mahomet. *A Constantinople,* 1751. —
2 tomes en un vol. in-12, figures, demi-mar. rouge, coins,
tête dor., non rogné. (*Raparlier.*)

Par Fromaget. Souvent réimprimé.

497. Diderot. Jacques le Fataliste par Diderot. Imprimé pour
les Amis des Livres, 1884. — In-8, figures, broché.

Papier du Japon, figures de Maurice Leloir, gravées par Mongin, Courtry,
Teissonnières, de Los Rios, sous la direction de Henri Beraldi. N° 16 sur 138.

498. L'Occasion et le Moment, par un amateur sans prétention, qui n'est pas méchant, mais qui croit le rire bon pour
la santé. *Bonhomiopolis, chez l'Ingénu, Libraire de l'Académie des Quatre, à l'enseigne de la Harpe bien pincée.
(Paris, Didot l'aîné)*, 1782.— 3 part. en 1 vol. in-16, mar.
rouge, fil., tr. dorée. (*Rel. anc.*)

Livre rare, contenant, entre autres pièces curieuses, des poésies adressées à
la Comtesse du Barry après sa disgrâce. Reliure de Derome.

499. (PREVOST). HISTOIRE DU CHEVALIER DES
GRIEUX ET DE MANON LESCAUT. *Amsterdam,
aux dépens de la Compagnie*, 1753. — 2 vol. in-12, figures,
mar. bleu, fil., tr. dor., doublé de mar. orange, larges
dentelles. (*Trautz-Bauzonnet.*)

Superbe exemplaire, vendu 2000 fr. à la vente Delbergue.

500. Histoire de Manon Lescaut et du Chevalier des Grieux,
par l'abbé Prevost. *Paris*, 1860, (*chez Alph. Leclère*). —
2 vol. in-12, papier vergé fort, figures de l'édition de 1797,
mar. bleu, fil., dos orné, tr. dor., presque non rogné.
(*Belz-Niédrée.*)

501. (RESTIF). LE PAYSAN PERVERTI, ou les dangers
de la ville, histoire récente mise au jour... par Restif de la
Bretonne, *impr. à La Haye, et se trouve à Paris, chez
Esprit*, 1776, huit parties en 4 vol. — LA PAYSANNE
PERVERTIE, ou les dangers de la ville, histoire d'Ursule
R*** Sœur d'Edmond, le paysan... *Imprimé à La Haye, et
se trouve à Paris, chez la Veuve Duchesne*, 1784. Huit
parties en 4 vol. — Ensemble, 16 parties reliées en 8 vol.
in-12, figures de Binet, mar. bleu, fil., dos orné, dent. int ,
tr. dor. (*Chambolle-Duru.*)

Magnifique exemplaire, rempli de témoins ; épreuves de toute beauté.

502. (Saint-Pierre). La Chaumière Indienne, par Jacques-Bernardin-Henri de Saint-Pierre. *De l'Imprimerie de Monsieur. A Paris, chez P.-Fr. Didot le jeune,* 1791. — Petit in-12, réglé, mar. citron, dentelles, tr. dor. (*Bradel-Derome.*)

Superbe exemplaire à toutes marges.

503. Paul et Virginie ; la Chaumière Indienne, par Bernardin de Saint-Pierre. *Paris, Curmer,* 1838. — Grand in-8, fig. sur bois et sur acier, demi-mar. vert, tête dorée, non rogné. (*Rel. de l'Editeur.*)

Très bel exemplaire. Le portrait du Docteur est de Meissonnier.

504. (Vindé). PRIMEROSE PAR M..EL DE V..DÉ, *à Paris, de l'Imprimerie de P. Didot l'aîné,* 1797. — Pet. in-12, figures, veau racine, dent., tr. dor. (*Rel. anc.*)

Grand papier vélin, nombreux témoins. Eaux-fortes et avant lettre.

505. Primerose. Même édition. — In-12, mar. rouge, dent., tr. dor. (*Rel. anc.*)

506. Voltaire. Romans et Contes de M. de Voltaire. *A Londres,* 1781. — 3 vol. petit in-12, front. gravés, mar. vert, tr. dorée. (*Rel. anc.*)

Très jolie reliure, très fraîche.

III. AUTEURS FRANÇAIS DU XIXme SIÈCLE.

507. About. Le nez d'un Notaire, par Edmond About. *Paris, Calmann-Lévy,* 1886. Édition illustrée tirée à 225 exemplaires sur papier vélin à la cuve des fabriques du Marais. — In-16, figures en triple état, demi-mar. La Vallière,

coins, dos fleur., tête dor., couv. conservée, non rogné. (*Champs.*)

Exemplaire N° 41.

508. EDMOND ABOUT. LES MARIAGES DE PARIS. *Paris*, IMPRIMÉ POUR LES AMIS DES LIVRES, *par A. La Hure*, 1887. — In-16, fig. sur bois, papier de Chine, broché, dans un étui.

Exemplaire N° 16 sur 115.

509. Balzac. Les Contes drôlatiques colligez ez abbayes de Touraine et mis en lumière par le Sieur de Balzac pour l'esbattement des Pantagruelistes et non aultres. Cinquiesme édition, illustrée de 425 dessins par Gustave Doré. Se trouve à *Paris ez bureaux de la Société générale de Librairie,* 1855. — In-12, papier velin, demi-mar. rouge, coins, tête dor., non rogné.

510. EUGÉNIE GRANDET, PAR H. DE BALZAC, ouvrage orné de huit sujets dessinés par M. Dagnan-Bouveret et gravés à l'eau-forte par M. Le Rat. *Paris,* IMPRIMÉ POUR LES AMIS DES LIVRES, *par Motteroz*, 1883. — In-8, pap. de Hollande, broché.

N° 3 sur 120 exemplaires. Beraldi (*Mes Estampes*, page 92) se désole, avec raison, de rencontrer dans ce beau volume des illustrations *en largeur*. Il ajoute à cette critique un éloge bien senti du graveur.

511. CHAMPFLEURY. LE VIOLON DE FAÏENCE, dessins en couleur par M. Émile Renard, de la manufacture de Sèvres ; Eaux-fortes par M. Adeline. *Paris, Dentu*, 1877. — In-8, mar. rouge, large dent. int., tr. dor., à toutes marges. (*Reymann.*)

La mort récente de Cuzin rend plus regrettable encore celle de Reymann, son beau-frère et son meilleur élève, mort tout à fait prématurée, qui a causé au Toqué beaucoup de chagrin. C'était un véritable artiste, aussi docile qu'intelligent, *rara avis*.

512. Le Violon de Faïence par Champfleury, nouvelle édition illustrée de 34 eaux-fortes de Jules Adeline, Avant-propos de l'auteur. *Paris, L. Conquet*, 1885. — In-12. papier impérial du Japon (N° 64 sur 150), demi-mar. bleu pâle, coins, tête dor., dos orné avec fers spéciaux. *(Champs.)*

513. JULES CLARETIE. LE DRAPEAU, ouvrage couronné par l'Académie Française. *Paris, Calmann-Lévy*, 1886.— In-16, grand papier du Japon (N° 21 sur 25), figures tirées à part, mar. bleu, couv. cons., tr. dor., (ébarbé), dos et plats ornés de filets mosaïqués *tricolores*, larges mors de mar. bleu à fil. fleuronnés, doublure et gardes de moire rouge. *(Marius Michel.)*

> Reliure parlante imaginée par le Toqué pour un beau livre, orné de nombreuses aquarelles originales, finement exécutées par H. de Sta, et portant un envoi autographe de l'auteur.

514. Jules Claretie. La Canne de M. Michelet. Promenades et Souvenirs. Préface par Alfred Mézières, de l'Académie Française. Douze compositions de P. Jazet, gravées à l'eau-forte par H. Toussaint. *Paris, L. Conquet*, 1886. Grand papier du Japon (N° 81 sur 150). — In-8, figures avant et avec la lettre, demi-mar. grenat, coins, tête dor., non rogné. *(Champs.)*

515. Jules Claretie, *de l'Académie Française*. Boudha. Un front. et dix vignettes dessinés par Robaudi, gravés par Nargeot. *Paris, L. Conquet*, 1888. Exemplaire sur vergé du marais (N° 63 sur 150), avec double suite des figures. Avant-lettre tirées a part. — In-16, broché.

516. ALPHONSE DAUDET. FROMONT JEUNE ET RISLER AÎNÉ. Mœurs Parisiennes. Notice littéraire par Gustave Geffroy. Douze compositions de Émile Bayard,

gravées à l'eau-forte par J. Massard. *Paris, L. Conquet*, 1885. Grand papier impérial du Japon (Nº 47 sur 150). Triple et quadruple état des planches. — In-8, mar. La Vallière jans., tr. dor., dent. int. entourée d'un triple filet. (*Chambolle-Duru.*)

517. Du Camp. Une histoire d'amour, par Maxime Du Camp, de l'Académie Française. Un portrait gravé par A. Lamotte, huit compositions de P. Blanchard, gravées par Buland. *Paris, L. Conquet,* 1888. — In-16, broché.

> Exemplaire sur papier velin du Marais, Nº 46, avec double suite des figures avec et avant la lettre, vignettes tirées à part.

518. Dumas. Herminie. L'amazone, par Alexandre Dumas. *Paris, Calmann-Lévy,* 1888. — In-8, papier velin du Marais, triple suite des vignettes. Eaux-fortes et avant-lettre tirées a part, broché.

> Exemplaire Nº 7. Aquarelle de Robaudi sur le titre.

519. LA DAME AUX CAMÉLIAS, par Alexandre Dumas fils, de l'Académie française, Préface de Jules Janin et nouvelle préface inédite de l'Auteur. Illustrations de A. Lynch. *Paris, maison Quantin, pour Calmann-Lévy.* — Grand in-4, mar. bleu, tr. dor. Camélia en mosaïque sur le plat recto, et chiffre du Toqué en mosaïque sur le plat verso, doublure en vieux brocart doré avec mors ornés de larges compartiments mosaïqués. (*Ruban.*)

> Un des 30 exemplaires sur japon contenant trois suites des figures; nombreuses pièces ajoutées, entre autres un charmant portrait-charge en couleurs, d'Alexandre Dumas fils, par Philippe Gill; Reliure remarquable. *Toute la lyre !!!*

520. Octave Feuillet. Monsieur de Camors. *Paris, Quantin,* 1885. — Gr. in-8, broché.

> Onze eaux-fortes. Un des cent exemplaires sur papier du Japon avec deux suites des planches avant et avec la lettre.

521. FLAUBERT. MADAME BOVARY, Mœurs de province, par Gustave Flaubert. *Paris, Michel Lévy Frères,* 1857. — Deux tomes en un volume in-12, PAPIER FORT. ÉDITION ORIGINALE. Cart. en percaline, non rogné. *(Behrends.)*

Lettre autographe de l'auteur ajoutée.

522. Gustave Flaubert. Madame Bovary, Mœurs de province. Douze compositions par Albert Fourié, gravées à l'eau-forte par E. Abot et D. Mordant. *Paris. Quantin,* 1885. — In-8, papier vergé, broché.

On a ajouté à cet exemplaire sept figures de Boilvin, sur hollande et sur chine.

523. Salammbô, par Gustave Flaubert. *Paris, Michel Lévy frères,* 1863. — In-8, grand papier de Hollande, broché.

Édition originale.

524. GAUTIER. MADEMOISELLE DE MAUPIN. Double Amour, par Théophile Gautier. Réimpression textuelle de l'Édition originale, notice bibliographique par M. Charles de Lovenjoul. *Paris, L. Conquet et G. Charpentier,* 1883. — 2 vol. in-8 raisin, demi-mar. vert, coins, fil., dos plats : superbe dorure originale de CUZIN, non rognés.

Exemplaire sur JAPON EXTRA, Nº 124 sur 150, DOUBLE SUITE AVANT et avec la lettre des figures de Toudouze gravées par Champollion. Ce n'est pas sans peine que le très aimable éditeur de ce beau livre et de tant d'autres, L.Conquet, a obtenu du grand artiste que nous regrettons tous, ces *demi-reliures* admirablement appropriées aux chefs-d'œuvre de la période Romantique. On en retrouvera d'analogues sur *Rouge et Noir* et *La Chartreuse de Parme*. Cuzin ne demandait pour ces dos merveilleusement décorés que cinquante ou cinquante-cinq francs par volume : ce n'était pas payé.

525. GAUTIER. L'ELDORADO OU FORTUNIO, par Théophile Gautier, publié sur l'Édition originale. *Paris,*

Imprimé pour les Amis des Livres *par Motteroz*, 1880
Eaux-fortes de Milius, vignettes d'Avril. — In-8, broché.

Exemplaire N° 14 sur 115, deux petits frontispices sur chine ajoutés.

526. Théophile Gautier. Militona. Un portrait et dix compositions de Adrien Moreau, gravés par A. Lamotte. *Paris, L. Conquet*, 1887. — In-8, demi-mar. rouge à grains longs, coins, fil., couv. cons., dos orné, non rogné. (*Champs.*)

Figures avant et avec la lettre et tirages séparés.

527. Ludovic Halevy. Madame et Monsieur Cardinal..... Les Petites Cardinal.... *Paris, Calmann-Lévy*, 1880. — 2 vol. in-12, fig., brochés.

Exemplaires en papier de Hollande préparés pour la reliure avec trois suites de figures : celles de l'édition ordinaire ; les mêmes, à part, sur chine ; 9 eaux-fortes de E. Mas, gravées par Massard.

528. Trois coups de foudre, par Ludovic Halevy. Dix dessins de Kauffmann, gravés par T. de Mare. *Paris, L. Conquet*, 1886. — In-16, mar. orange, tr. dor., ébarbé, couv. cons., dos orné à petits fers, filets et fleurons mosaïqués de noir, mors de mar. à filets fleur., doublure et gardes en moire violacée. (*Marius Michel.*)

Papier du Japon (N° 138 sur 150) avec double suite des figures, aquarelles d'Henriot ajoutées, ainsi que des eaux-fortes gracieusement offertes par l'éditeur, qui a pris la peine d'ordonner pour *son Toqué* la reliure de ce joli volume et de la plupart de ceux que la rue Drouot a cédés au Grenier.

529. LUDOVIC HALEVY. L'ABBÉ CONSTANTIN, illustré par Madame Madeleine Lemaire. *Paris, Boussod, Valadon et Cie*, 1887. DEUX exemplaires sur papier du Japon, N°s 101 et 220 sur 250. Ces exemplaires ont deux suites d'épreuves avant toutes lettres, l'une sur Whatman

en camaïeu et l'autre sur japon en bistre, renfermées dans
un étui. — In-4, brochés.

> La possession simultanée de ces deux exemplaires identiques, (sans parler
> d'un troisième sur papier ordinaire conservé au Grenier), comporte une expli-
> cation. Informé de la *raréfaction* très rapide des exemplaires sur japon, le
> Toqué venait de faire téléphoner aux éditeurs pour s'en assurer un et, en même
> temps, il priait un ami, en route pour le passage des Panoramas, de faire part
> de son désir à Damascène Morgand. Une heure après, il recevait de Morgand,
> faute de mieux, un exemplaire ordinaire racheté à son voisin du passage, Paul
> Fontaine, au moment même où Théophile Belin, venu pour affaire au Grenier,
> offrait, sans majoration (style belge), un exemplaire sur japon Nº 101. Sans
> réponse à son message téléphonique, le Toqué acceptait de son ami Belin le
> Nº 101, qui lui arriva le lendemain matin... avec le Nº 220 envoyé par les éditeurs.

> « *Désir de femme est un feu qui dévore :*
> » *Désir de nonne est cent fois pire encore ,*

> » *a dit le poète : mais qu'est-ce qu'un désir de nonne auprès d'une envie de*
> » *collectionneur ! »*   (*Racontars :* page 130.)

530. VICTOR HUGO. NOTRE-DAME DE PARIS. Illustrations de
Luc-Olivier Merson. *Paris, Ferroud,* 1889. Tirage de luxe
sur papier vergé. — 2 vol. in-4 brochés et album contenant
les figures tirées à part et d'autres pièces gracieusement
offertes par la Librairie Ferroud.

531. HURTREL. SOUVENIRS DU RÈGNE DE HENRI IV. Les amours
de Catherine de Bourbon, Sœur du Roi, et du Comte de
Soissons, par Mme Alice Hurtrel. *Paris, Georges Hurtrel,
artiste éditeur, 35 rue d'Assas,* 1882. — In-16, illustré
par Adolphe Lalauze, Riester, Méaulle, Gillot; aqua-
fortiste, dessinateurs et graveurs, sous la direction de
Georges Hurtrel. Broché, dans un étui.

> Papier du Japon, Nº 32 sur 40. Frontispice de Lalauze en deux états avec et
> avant lettre.

532. LOTI. PÊCHEUR D'ISLANDE, par Pierre Loti. *Paris, Calmann-Lévy,* 1886. — In-8, broché.

> Papier de Hollande, Nº 2 : TRIPLE SUITE des vignettes, AQUARELLE de Jazet
> AJOUTÉE sur le faux-titre.

533. Guy de Maupassant. Clair de Lune. Illustrations de
Arcos, Boutet de Monvel, Gambard, Grasset, Jeanniot,
Adrien Marie, Mars, Merwarth, Myrbach, Renouard,
Rochegrosse, Tirado. *Paris, Ed. Monnier,* 1884. — In-4,
broché.

Grand papier du Japon (N° 49 sur 100), avec une suite en sanguine.

534. Catulle Mendès. Le Roman d'une nuit, avec correc-
tions autographes de l'auteur. — In-8, demi-mar. rouge,
tête dor., non rogné.

Exemplaire de l'éditeur Poulet-Malassis, qui a placé en tête du volume une
note et un avertissement de sa main, avec un billet autographe de Catulle
Mendès. Sa pièce, datée par lui de 1861, a été condamnée en 1862.

535. Catulle Mendès. Les Iles d'amour, avec six eaux-fortes
et trente-huit dessins originaux de G. Fraipont. *Paris. L.
Frinzine et Cie,* 1886. — In-4, papier vergé, demi-mar.
bleu, tête dorée, non rogné. (*Quantin.*)

536. Catulle Mendès. Pour lire au bain. Avec 154 dessins
de Fernard Bernier. *A Paris, Dentu,* 1884. — Grand
in-8, broché.

Un des 60 exemplaires sur japon impérial (N° 37).

537. MÉRIMÉE. CHRONIQUE DU RÈGNE DE
CHARLES IX, par Prosper Mérimée, illustrée de
trente-une compositions dessinées et gravées à l'eau-forte
par Edmond Morin. *Paris,* Imprimé pour les Amis des
Livres, *par George Chamerot,* 1876. — 2 vol. in-8,
brochés.

N° 51 sur 115. C'est le premier et le plus recherché des ouvrages édités par
la Société des Amis des Livres. La publication a été dirigée par son Président,
Eugène Paillet.

538. COLOMBA, PAR PROSPER MÉRIMÉE, suivie de la Vénus
d'Ille et les Ames du Purgatoire. *Paris, Magen et Comon,*
1841. — In-8, cartonné en percaline, non rogné.
(*Behrends.*)

ÉDITION ORIGINALE.

539. (PROSPER MÉRIMÉE). LA CHAMBRE BLEUE. Nouvelle dédiée à Madame de la Rhune. *Bruxelles, Librairie de la
place de la Monnaie,* 1872. — In-8, broché.

Imprimé sans nom d'auteur par les soins de Poulet-Malassis à 120 exemplaires, dont neuf sur chine.
Exemplaire sur chine avec envoi de l'éditeur.

540. Monnier. Scènes de la Ville et de la Campagne, avec
vignettes sur bois, par Henri Monnier, gravées par Gérard. *Paris, Dumont,* 1841. — 2 vol. in-8, lavés et
encollés, demi-rel. en percaline, non rognés. (*Behrends.*)

541. EUGÈNE MULLER. LA MIONETTE, 28 compositions de
O. Cortazzo, gravées à l'eau-forte par Abot et Clapès.
Paris, L. Conquet, 1885. — In-18, demi-mar. vert et coins,
couv. cons., tête dor., non rogné. (*Champs.*)

GRAND PAPIER DE HOLLANDE (N° 81 sur 150), TRIPLE ÉTAT des figures : Eaux-
fortes et avant-lettre tirées à part. Reliure charmante.

542. (HENRY MURGER). SCÈNES DE LA BOHÊME,
par Henry Murger, avec un frontispice et douze gravures
à l'eau-forte par Adolphe Bichard, publié sur l'édition originale de Paris 1851. *A Paris,* IMPRIMÉ POUR LES AMIS
DES LIVRES, *avec l'agrément de M. Calmann-Lévy, par
D. Jouaust,* 1879. — In-8, broché.

Exemplaire N° 24 sur 118.

543. ALFRED DE MUSSET. NOUVELLES. Les deux Maîtresses ;
Emmeline ; Le Fils du Titien ; Frédéric et Bernerette ;

Pierre et Camille. Nouvelle Edition illustrée d'un portrait gravé par Burney, d'après une miniature de Marie Moulin, et de 15 compositions de F. Flameng et O. Cortazzo, gravées à l'eau-forte par Mordant et Lucas. *Paris, L. Conquet*, 1887. — In-8, demi-mar. bleu clair avec coins, fil., dos orné, tête dor., non rogné. (*Champs.*)

GRAND PAPIER VELIN (N° 64 sur 150). DOUBLE SUITE des figures AVANT et avec la lettre ; les vignettes avant-lettre tirées à part. Reliure appétissante, mais difficile à caser en raison de l'extrême vivacité de sa couleur.

544. GÉRARD DE NERVAL. SYLVIE. Souvenirs du Valois, Préface par Ludovic Halévy, 42 compositions dessinées et gravées à l'eau-forte par Ed. Rudaux. *Paris, L. Conquet.* — In-16, mar. bleu clair, quadruples fil., fleurons; dos mosaïqué à petits fers, doublure de mar. citron ornée de feuillages et de fleurs mosaïqués en rouge, gardes en moire bleu clair. (*Marius Michel.*)

GRAND PAPIER IMPÉRIAL DU JAPON (N° 108 sur 150), DOUBLE SUITE de figures AVANT-LETTRE TIRÉES A PART ; couverture conservée. Reliure HORS LIGNE exécutée sur les indications de L. Conquet pour *son Toqué.*

545. (CHARLES NODIER). HISTOIRE DU ROY DE BOHÊME et de ses sept châteaux. *Paris, Delangle frères*, 1830. — In-8, grand pap. vélin, lavé et collé, demi-mar. rouge et coins, tête dorée, non rogné.

546. CONTES DE CHARLES NODIER. Trilby ; le Songe d'or ; Bapt. Montauban ; la Fée aux Miettes ; La Combe de l'homme mort ; Inès de las Sierras ; Smarra ; la Neuvaine de la Chandeleur ; la Légende de la Sœur Béatrice. Eaux-fortes (sur chine) par Tony Johannot. *Paris, Hetzel*, 1846. — Grand in-8, pap. vélin, demi-mar. violet, coins, fil., tête dor., non rogné. (*Chipot.*)

547. Reybaud. Jérôme Paturot à la recherche d'une position sociale, par Louis Reybaud, 10me édition, illustrée par J.-J. Grandville. *Paris, Dubochet,* 1848. — Grand in-8, pap. vélin, lavé et encollé, demi-mar. rouge, tête dorée, non rogné.

548. Jérôme Paturot à la recherche de la meilleure des républiques, par Louis Reybaud. Ed^{on} illustrée par Tony Johannot. *Paris, Michel Lévy frères,* 1849. — Grand in-8, pap. vélin, cartonnage en toile, tr. dor. Dorure avec les fers spéciaux des Editeurs.

549. (Scholl). Denise, historiette bourgeoise, par Aurélien Scholl. *Paris, Ledoyen,* 1857. — In-32, mar. rouge, dos orné, large dent. sur les plats, dent. int., doubl. de moire, tr. dor. (*Belz-Niédrée.*)

Envoi autographe de l'auteur à Charles Asselineau.

550. (STENDHAL). LE ROUGE ET LE NOIR, par M. de Stendhal (Henri Beyle). Réimpression textuelle de l'édition originale, illustrée de 80 eaux-fortes par H. Dubouchet; préface de Léon Chapron. *Paris, L. Conquet,* 1884. — 3 vol. in-8 raisin, demi-mar. tête de nègre à grains longs, coins, fil., non rogné et couv. conservées, dos plat, très richement doré. (*Cuzin.*)

Japon extra ; triple suite des figures ; avant-lettre et eaux-fortes des vignettes tirées à part.

Prospectus de la souscription joint au 1er volume. Nouveau spécimen des superbes demi-reliures exécutées par le grand artiste pour L. Conquet et ses amis.

551. LA CHARTREUSE DE PARME, PAR M. DE STENDHAL (Henri Beyle). Réimpression textuelle de l'édition originale, illustrée de 32 eaux-fortes par V. Foulquier. Préface de Francisque Sarcey. *Paris, L. Conquet,*

1883. — 2 vol. in-8 raisin, demi-mar. brun, coins, fil.,
non rogné, couvertures conservées, ainsi que le prospectus
de souscription et la circulaire d'envoi. Dos plat décoré
d'une dorure inédite. *(Cuzin). Voir les notes précédentes
sur ces demi-reliures.*

552. (SOULIÉ). LE LION AMOUREUX, par Frédéric Soulié. Nouvelle édition illustrée de 19 vignettes dessinées par Sahib et
gravées au burin sur acier par Nargeot, avec notice historique et littéraire par Ludovic Halévy. *Paris, L. Conquet,*
1882. — In-16, couv. et prospectus de la souscription
conservés, mar. La Vallière, tr. dor., à toutes marges, dos
et plats décorés de filets droits et entre-croisés, quatre sur
le dos et sept sur les plats ; même décor à l'intérieur.
(Chambolle-Duru.)

GRAND PAPIER DU JAPON (N° 24 sur 50), contenant les figures avant la lettre
tirées à part, plus quelques épreuves d'artiste, ajoutées pour le Toqué par le
très aimable éditeur de ce livre charmant, une de ses publications les plus
réussies.

553. (THEURIET). SOUS BOIS, par André Theuriet.
Nouvelle édition, illustrée de soixante-dix-huit compositions de H. Giacomelli, gravées sur bois par Berveiller,
Fromont, Méaulle et Rouget. Préface de Jules Claretie.
Paris, L. Conquet, G. Charpentier, 1883. — In-8, couv.
conservée, ainsi que le prospectus de la souscription. Mar.
vert russe, tr. dor., décor de filets brisés aux coins, 4 sur
le dos, 5 sur les plats ; sur le plat recto liseron d'or mosaïqué, rappelant l'aquarelle de la couverture, larges mors
de mar. décorés de six filets fleuronnés, doublure de moire
La Vallière. *(Marius Michel.)*

PAPIER DE CHINE (N° 38 sur 75), TIRAGE A PART DES ILLUSTRATIONS.

554. LES ŒILLETS DE KERLAZ , PAR ANDRÉ THEURIET. Edition originale illustrée de quatre eaux-fortes de Rudaux, de huit en-têtes et culs-de-lampe de Giacomelli gravés par T. de Mare. *Paris, L. Conquet, 1885.* — In-8 , mar. vert sombre, dos et plats décorés de filets recourbés aux coins ; plat recto orné d'œillets en mosaïque rappelant l'aquarelle de la couverture (conservée), larges mors de mar. ornés de cinq filets ; doublure de moire lie de vin. (*Marius Michel.*)

EXEMPLAIRE SUR PAPIER DU JAPON, gracieusement offert par l'éditeur au Toqué qui n'a eu à débourser que le prix de la reliure, reproduction exacte de celle que l'habile artiste avait déjà exécutée pour la bibliothèque particulière de L. Conquet.

555. ANDRÉ THEURIET. LA VIE RUSTIQUE. Compositions et dessins de Léon Lhermitte, gravures sur bois de Clément Bellenger. *Paris, H. Launette et Cⁱᵉ,* 1888. — In-4, broché.

PAPIER IMPÉRIAL DU JAPON (N° 17 sur 25).

556. CLAUDE TILLIER. MON ONCLE BENJAMIN. Nouvelle édition illustrée d'un portrait frontispice et de 42 dessins de Sahib, gravés sur bois par Prunaire ; avec une préface par Monselet. *Paris, L. Conquet,* 1881. — 2 vol grand in-8, demi-mar. rouge-brun, coins, dos fleuronnés, non rognés. (*Champs.*)

PAPIER DU JAPON BLANC (N° 6 sur 50). Vignettes tirées à part en bistre. Quelques pièces ajoutées. Couverture coloriée conservée.

557. VIGNY. SERVITUDE ET GRANDEUR MILITAIRES, par Alfred de Vigny. IMPRIMÉ POUR LES AMIS DES LIVRES. Illustrations de Dupray. — In-8, papier du Japon.

N° 4 sur 121. Portrait de l'auteur ajouté, en deux états avant et avec la lettre.

558. Comte Alfred de Vigny, de l'Académie française. Cinq-Mars, ou une Conjuration sous Louis XIII. *Collection Lemerre, Maison Quantin*, 1889. Tirage de luxe à 50 exemplaires numérotés sur papier à la cuve pour M. A. Ferroud (n° 37), trois suites des figures. — 2 vol. grand in-8, brochés.

559. Émile Zola. Au bonheur des dames. *Paris, G. Charpentier*, 1885. — In-8, demi-mar. rouge à coins, doré en tête, non rogné. (*Canape*.)

Exemplaire unique en grand papier de Hollande, orné d'un frontispice en aquarelle et de 30 croquis en couleurs, dessinés par Uberti.

560. NOUVEAUX CONTES A NINON, PAR ÉMILE ZOLA, 1 front. et 30 compositions, dessinés et gravés à l'eau-forte par Ed. Rudaux. *Paris, L. Conquet*, 1886. — 2 vol. in-8, mar. vert, tr. dor., dos à la rose, guirlandes de feuillage entre six filets sur les plats, dent. int., tr. dor. (*Cuzin.*)

Grand papier du Japon, double suite des figures : les avant-lettre tirées à part.

En achevant de transcrire cette liste alphabétique des Romans, Contes et Nouvelles du siècle qui finit, — et dont il n'a ni l'espoir, ni le désir de voir le dernier jour, — le Toqué éprouve le besoin d'adresser un adieu mélancolique aux très beaux volumes de cette série dont il va se séparer, les uns édités et habillés par les soins d'un bibliopole éminent qui est en même temps un bibliophile très délicat ; les autres, publiés par la Société dont il s'honore de faire partie, depuis sa fondation. Alas, poor Yorick !

IV. AUTEURS GRECS, LATINS ET ÉTRANGERS.

561. (Avellaneda). Nouvelles avantures de l'admirable don Quixotte de la Manche, composées par le Licencié Alonso Fernandez de Avellaneda et traduites de l'espagnol en françois. Première édition. *Bruxelles, Guill. Fricx*, 1707,

avec privilège du Roi (Philippe, Roi de Castille, etc.). —
In-12, titre rouge et noir, mar. rouge, fil. à fr., tr. dor.
(*Thompson.*)

Exemplaire de Solar. L'édition originale de cette traduction, qui est de
Lesage, a paru en 1704 chez Barbin.

562. Aventures et Espiègleries de Lazarille de Tormes, écrites
par lui-même, nouvelle édition ornée de quarante figures
dessinées et gravées par N. Ransonette. *Paris, Didot
Jeune,* l'an XI (1801). — 2 tomes en 1 vol. in-8, demi-
veau fauve, dos orné, tr. marbrées. (*Ginain.*)

Traduit de l'Espagnol de Hurtado de Mendoza.

563. BOCCACIO IL DECAMERONE. *Londra (Parigi),*
1757. — 5 vol. in-8, figures, mar. rouge, fil., dos orné,
tr. dor. (*Rel. anc.*)

Très bel exemplaire contenant, en épreuves remarquables, la SUITE DES VINGT
FIGURES LIBRES ET LEUR TITRE. Après examen comparatif avec plusieurs exemplaires
en français, ornés des figures paraphées au verso, le Toqué reste convaincu que
les meilleures épreuves de ces figures ont servi à l'illustration du texte italien.

564. Le Décaméron de Maistre Jean Bocace, Florentin, traduit d'italien en françois, par Maistre Anthoine Le Maçon.
A Rouen, chez Robert Daré, 1645. — In-8, 1 tome (de
1112 pages) relié en 2 vol., veau fauve, tr. rouge, dos
orné. (*Rel. anc.*)

Traduction non expurgée. Exemplaire Parison.

564. (GOETHE). LES SOUFFRANCES DU JEUNE WERTHER, par
Goëthe, traduites par le Comte Henri de la B..... (*La
Bédoyère.*)

Vulnus alit venis et cæco carpitur igni.
VIRG.

Seconde édition. *Paris, de l'Imprimerie de Crapelet,* 1845.

21

— In-8, figures, demi-mar. La Vallière, avec coins, tête
dorée, non rogné. (*Allô.*)

Grand papier fort de Hollande. Aux dix eaux-fortes de Tony Johannot, sur
chine, on a ajouté trois figures de Moreau le jeune, avant la lettre.

566. L'Histoire d'Aurelio et d'Isabelle, fille du Roy d'Es-
coce, mieux corrigée que par cy-devant. (Même titre en
italien au-dessus du titre français : le volume est imprimé
dans les deux langues). *Paris, Charles L'Angelier*, 1553.
— Très petit in-8, réglé, dans sa première et charmante
reliure du temps (comp. d'or et de couleurs) reproduite à
l'eau-forte dans le « Voyage dans un Grenier » avec une
ample citation du Roman (pp. 75 à 77).

567. LONGUS. LES AMOURS PASTORALES DE
DAPHNIS ET DE CHLOË, avec Figures. Frontispice
de Coypel et figures du Régent gravées par B. Audran.
MDCCXLV. Petit in-8 (4 feuillets liminaires, 259 pp. et
20 pages de notes), mar. citron, mosaïque de losanges
rouges et verts alternés, dos orné avec fers spéciaux, gardes
dorées, tr. dor. (*Rel. anc.*)

Charmante reliure de Padeloup portant son étiquette, *reproduite dans les
« Racontars », page 22 et dans le présent Catalogue Illustré.*

568. Longus. Les Amours, etc. La même édition : mar.
rouge, larges dentelles (petits fers et pointillé), tr. dor.
(*Rel. anc.*)

Exemplaire superbe : très grandes marges, conservation parfaite.

569. Longus. Daphnis et Chloé. Compositions de Raphaël
Collin, gravées à l'eau-forte par Champollion. Préface de
Jules Claretie, de l'Académie française. *Paris, Launette
et Cie, Baudet succ^r*, 1890. — Grand in-8, broché.

Tirage spécial à 50 exemplaires sur papier à la cuve, pour A. Ferroud.
N° 27.

Daphnis et Chloë.

Chromo-typographie L. Danel à Lille.

570. (PETRARQUE). Incipit. epistola. Francisci. Petrarche. de. insigni. obedientia. et. fide. uxoria. GRISELDIS. in Waltherum. A la fin : *Ulme impressum per Johanem Zeiner de Reutlingen*, anno Domini 1473. — Opuscule in-folio de dix feuillets, à 28, 29 et 30 lignes par page, caractères Romains ; la première majuscule est coloriée en rouge avec enroulement également colorié embrassant tout le premier feuillet. Admirable exemplaire, NON ROGNÉ, du premier livre imprimé à Ulm. Cartonnage en vélin blanc, titre colorié par le peintre Vincent Vidal ajouté. (*Behrends.*)

571. Quevedo. L'aventurier Buscon, histoire facécieuse composée en espagnol, par Dom Francisco de Quévedo, Cavalier espagnol. Ensemble les lettres du Chevalier de l'Epargne. A la fin : *Je n'empêche pour le Roy l'impression de ce livre. Fait à Evreux, ce seizieme mars 1699. Le Doulx. Soit fait, ainsi qu'il est conclu par le procureur du Roy. Le jour et an. Langlade. — A Evreux, et se vend à Paris, chez Jean Musier, 1699, avec permission.* — Petit in-8, mar. rouge, fil., tr. dor., dos très orné. (*Niédrée.*)

Que dites-vous du style de la Magistrature Normande en l'an de grâce 1699 ? *Je n'empêche pour le Roy* n'est-il pas précieux ? *Le Doulx ne l'était guère* (pardon !) pour la littérature picaresque de Quevedo. Les lettres du Chevalier de l'Epargne sont amusantes : voyez pages 199 et 200 du *Voyage dans un Grenier.*

572. Swift. Voyages de Gulliver. *Paris (Alphonse Leclerc, imprimerie Lahure)*, 1860. — 4 vol., mar. rouge, fil., dos orné, tr. dorée, à toutes marges. (*Belz-Niédrée.*)

Papier vergé fort ; deux suites, avant et avec la lettre, des figures gravées par Masquelier, d'après les dessins de Le Fèvre.

573. Voyages de Gulliver dans des contrées lointaines, par Swift. Edition illustrée par Grandville ; traduction nouvelle.

Paris, Furne et Fournier aîné, 1838. — 2 tomes en 1 vol. mar. vert Russe, fleurons, milieux dorés, tête dor., lavé, collé et non rogné. (*Abadie.*)

Abadie, poète, archéologue, libraire-éditeur et relieur à Toulouse, était venu il y a quelque vingt ans, chercher fortune à Paris, où il n'a pas réussi à s'établir.

VIII. — FACÉTIES, SATIRES, PARODIES.

CLASSEMENT ALPHABÉTIQUE.

574. ADMIRANDA RERUM ADMIRABILIUM ENCOMIA sive diserta et amæna Pallas disserens seria sub ludicrâ specie. *Noviomagi Batavorum, Typis Reineri Smetii*, 1666. — In-12, front. gravé, suivi de : Theatrum Sympatheticum.... opusculum Digbæi... (Le Chevalier Digby, qui expose la composition et les effets miraculeux de sa poudre sympathique). *Amstelodami*, 1661. — Vélin de Hollande à recouvrement. (*Rel. anc.*)

Superbe exemplaire acheté à la vente Hebbelynk de Lille. Édition originale très rare des « Encomia », que Nodier qualifie de « Recueil agréable et curieux ». (Description d'une jolie collection de livres, page 419). Il n'en possédait qu'une édition très inférieure : celle de 1676. Celle-ci (1666) rappelle au contraire par son exécution les plus jolis volumes des Elzévirs.

575. Advis de Colin à Margot, ou Coq-à-l'Asne sur le temps présent. *S. L.*, 1617. — Plaq. in-12, mar. rouge jans., dent. int., tr. dor. (*Duru*)

576. ANNULAIRE AGATHOPÉDIQUE ET SAUCIAL, imprimé à la Congrève de l'ordre des Agathopèdes, Cycle IV (*Bruxelles*, 1849), vignettes sur bois, peau de truie, fil., dent. int., tr. dor., dans un étui. (*Schavye.*)

Bel exemplaire d'une publication singulière, qui n'a pas été mise dans le commerce par les Agathopèdes. Leur écusson extravagant est frappé en or sur les plats du volume.

577. Anthologie scatologique, recueillie et annotée par un bibliophile de cabinet près Charenton, chez le libraire qui n'est pas triste, 1000800602 (*Paris, J. Gay,* 1862). — In-12, cart. en toile, non rogné: (*Behrends.*)

Exemplaire tiré in-8 sur grand papier de Hollande (N° 56 sur 70).

578. Antonius de Arena Provencalis de bragardissima villa de soleriis ad suos compagnones, qui sunt de persona friantes, bassas dansas et branlos practicantes, nouvellos perquam plurimos mandat. *Londini,* 1758. — In-12, pap. fort, mar. bleu, fil., non rogné. (*Thouvenin.*)

579. L'art de connaître les femmes avec une dissertation sur l'adultère, par le Chevalier Plante-Amour. *A la Haye, chez Jacques Van den Kieboom, Libraire dans le Pooten,* 1730. — Petit in-8, mar. vert, dos orné, fil. (*Rel. anc.*)

Par François Bruys. Édition originale.

580. Bernay et Cattelain. Aventures du Gourou Paramarta, conte drôlatique indien, par Bernay et Cattelain, orné de nombreuses eaux-fortes. *Paris, Barraud,* 1877. — In-8, demi-mar. brun à coins, éb., tr. sup. dorée.

581. (Boisjourdain). Mélanges historiques, satiriques et anecdotiques de M. de B... Jourdain, Ecuyer de la Grande Ecurie du Roi (Louis XV). Contenant des détails ignorés ou peu connus sur les événements ou les personnes marquantes de la fin du Règne de Louis XIV, des premières années de celui de Louis XV et de la Régence. *Paris, Chèvre et Chanson,* 1807. — Trois vol. in-8, cart. rouge, non rognés.

582. Bibiena. La Poupée, par Mr de Bibiena. *La Haye, chez Pierre Paupie,* 1747. — In-12, veau marbré, tr. rouge, aux armes de la duchesse de Boufflers. (*Rel. anc.*)

583. Bibliotheca Scatologica ou Catalogue raisonné des livres
traitant des vertus, faits et gestes de très noble et très ingé-
nieux Messire Luc (à rebours)... (par MM. Payen, P.
Jannet et Veinant). *Scatopolis, chez les Marchands d'ani-
terges,* 1850. — In-8, cart. en toile jaune, couverture
scatologique conservée. (*Behrends.*)

Papier fort : tirage à 115 exemplaires.

584. Biblothèque Facétieuse, historique et singulière. Regrets
funèbres sur la mort du joyeux Rondibilis ; sur l'enlève-
ment des reliques de S. Fiacre, pour la guérison du C.. de
Monsieur le Cardinal de Richelieu ; La Defense du Pet ;
Le Nez pourri de Renaudot. *Paris, A. Claudin,* 1858. —
Cart. toile grise, non rogné. (*Behrends*)

Un des 15 exemplaires sur grand papier rose.

585. (BOUCHET). LES SERÉES de Guillaume Bouchet,
sieur de Brocourt. *A Lyon, chez Pierre Rigaud,* 1618. —
3 parties en 1 vol. in-8, mar. bleu, plats richement ornés,
tr. dor. (*Duru.*)

Magnifique exemplaire de la bibliothèque Yemeniz (176 mm).

586. Bruscambille. Pensées facetieuses et bons mots de Brus-
cambille, comédien original. *Cologne, Ch. Savoret,* 1709.
—In-12, mar. rouge, dos orné, fil., dent. int., tr. dor.
(*Lortic.*)

Charmant exemplaire avec le frontispice gravé.

587. (Bussy-Rabutin). Histoire amoureuse de France par
Bussy-Rabutin, avec les maximes d'amour et avec le can-
tique : *Que Deodatus est heureux ! Copie manuscrite du*

17ᵐᵉ siècle, sur papier, en écriture batarde, format in-8,
rel. en vélin.

Deux ex-libris, le premier très curieux : Ex-libris Looys Hocquart, *droguiste*,
à Mons, au Patagon, 1677 ; le second aux armes de Pigné de Montchevrel.

588. (CARON). RECUEIL de poësies anciennes, farces et
facéties, etc., publiées par Simon Caron de 1798 à 1806.
— Complément du recueil de Caron et pièces diverses
ajoutées, publiées par M. de Montaran. (*Paris*, 1829-
1830). En tout 39 pièces (dont quelques-unes tirées à
15 ex^res seulement) en 5 vol. petit in-8, mar. rouge, fil.,
non rognés. (*Thouvenin.*)

Très bel exemplaire parfaitement complet, du Marquis du Roure et du
Comte de la Bédoyère.

589. Caron (Suite du Recueil de). Farces Gothiques. C'est
le titre donné par le Marquis du Roure au recueil de
19 pièces (composant le Tome V de la collection ci-dessus)
imprimées à très petit nombre par les soins de Crozet pour
faire suite aux réimpressions de Caron. — Note liminaire
et table des matières de la main du marquis du Roure qui
a paginé le volume, petit in-8 (414 pp.) et l'a fait habiller
par Purgold, le maître de Bauzonnet, d'une reliure charmante en mar. rouge ; plats ornés de *dix* filets, dont un
très fort, encadrant le tout, quatre fil. fleur. sur le dos et
à l'intérieur.

Nombreux témoins et notules au crayon, de la main de M. du Roure, qui
évidemment attachait beaucoup de prix à ce recueil amusant.

590. La Coterie des Anti-Façonniers établie dans L. C. J. D.
B. L. S. Première relation où l'on traite de l'établissement
de cette Coterie. *Amsterdam, aux dépens de la Compagnie,*
1716. — Petit in-12, veau fauve, coins, dos orné, fil., tr
jaspée. (*Petit-Simier.*)

591. (Delaroa.) Les Patenôtres d'un surnuméraire, conseils d'un grand-oncle recueillis et mis en lumière par Joseph Delaroa. *Lyon, Louis Perrin,* 1860. — In-18, mar. vert, tr. dor., dent. int., à toutes marges. (*Allô.*)

> Jolie impression sur papier fort, en caractères italiques. Ex-libris de Noilly. M. Delaroa, qui vient de mourir, était l'auteur d'une très agréable facétie dont il est question plus loin, *Le Parfait Préfet.*

592. Les délassements d'un paresseux, par un C. R. d'E. A. C. D. L. (Panckoucke). *A Pigritiopolis, et se vend à Lille, chez Vanackère,* 1790. — Petit in-12, mar. rouge, fil., dos orné, tr. dor. (*Rel. anc.*)

593. Description de la ville d'Amsterdam, en vers burlesques, selon la visite de six jours d'une semaine, par Pierre Le Jolle. *A Amsterdam, chez Jacques le Curieux,* 1666. — Petit in-12, front. gravé, mar. rouge jans., tr. dor. (*Thibaron-Echaubard.*)

594. Essai Historique, Critique, Philologique, Politique, Moral, Littéraire et Galant sur Les Lanternes, leur origine, leur forme, leur utilité, etc., par une Société de Gens de Lettres. *A Dole, chez Luchnophile et Cie,* 1755. — In-12, demi-mar. violet avec coins, dos à petits fers, tête dor., non rogné. (*Capé.*)

595. Formulaire fort récréatif de tous Contracts, Donations, Testamens, Codicilles et autres actes qui sont faicts et passés par devant Notaires et tesmoins. Faict par Bredin le Cocu, notaire rural et Contreroolleur des Basses Marches, au royaume d'Utopie : par luy, depuis n'aguères reveu et accompagné, pour l'édification de deux bons Compagnons, d'un Dialogue par luy tiré des œuvres du Philosophe et Poëte Grec Simonides, de l'origine et

22

naturel fæminini generis. *A Lyon, pour François la Boutière,* 1627. — Petit in-8, mar. citron, dos orné, larges dent. sur les plats, doublé de mar. rouge, dent. et comp. (*Kœhler.*)

596. LA GIBECIÈRE DE MOME, ov le thresor dv ridicvle, contenant tout ce que la galanterie, l'histoire facétieuse... ont jamais produit de subtil et d'agréable pour le divertissement du monde. *Paris, Anthoine Robinet,* 1644.— In-12, front. gravé, mar. rouge, dos orné, mosaïque, fil., comp. et milieux dorés, dent. int., tr. dor. (*Lortic.*)

De la bibliothèque de Samuel Turner.

597. Albert Glatigny. Le Fer rouge, nouveaux châtimens. *France et Belgique, chez tous les libraires,* 1871.—Grand in-8, papier de Hollande, front. en double, en noir et en rouge.

598. Arsène Houssaye. Tableaux Rustiques. Le Cochon. Illustré par Charles Jacque, Henry Guérard, Paul Fournier, Van Ryssel et Frédéric Regamey. *Paris, Librairie de l'Eau-forte,* 1876. — In-8, broché en parchemin.

599. Laus Asini, tertia parte auctior ; cum aliis festivis opusculis, quorum seriem pagella sequens indicat. *Lugd. Batavorum, ex officina Elzeviriana,* 1629. — Petit in-12, front., veau ant., fil. (*Schavye.*)

Bel exemplaire non lavé. Frontispice charmant.

600. (Lesina). Della famosissima Compagnia della Lesina Dialogo, Capitoli et Ragionamenti.... *In Venetia, apresso Lucio Spineda,* 1613. — Petit in-8, mar. vert, dos très orné, fil., comp., tr. dor. (*Rel. anc.*)

601. La fameuse Compagnie de la Lésine ou Alesne. C'est-
à-dire, la manière d'espargner, acquérir et conserver....,
traduction nouvelle de l'italien. *A Paris, chez Rolet Bou-
tonné*, 1618. — In-12, mar. vert, tr. dor., filets dentelés.
(*Rel. anglaise.*)

602. L'homme dans la Lune, ou le Voyage Chimérique... *à
la Haye, chez Jean Verhoeve*, 1651. — In-24, front.
gravé, demi-mar. rouge, dos orné. (*Petit.*)

603. (LIBER). LES PANTAGRUÉLIQUES, Contes du Pays Rémois,
nouvelle édition revue et corrigée. *Turin, J. Gay et fils,
éditeurs*, 1870. — In-12, mar. vert, dos orné, tr. dor.,
milieux dorés au chiffre de J. V. F. L. (*Petit.*)

> Exemplaire de l'auteur sur papier de Chine (1 sur 5), portrait de Liber
> sur chine, ajouté, avec sa devise : *ni peu ni trop*.

604. (Lorentz). Polichinel, Ex-Roi des Marionnettes, devenu
philosophe, par Lorentz. *Paris, Willermy*, 1848. — Grand
in-8, papier vélin lavé et encollé, demi-mar. lie de vin avec
coins, tête dor., non rogné. (*Reymann.*)

605. LE MOMÚS FRANÇOIS OU les AVANTURES divertissantes DU
DUC DE ROQUELAURE, suivant les Mémoires que l'Auteur a
trouvés dans le cabinet du Maréchal D'H...., duquel il a
été Secrétaire. Donné au Public par le Sr. L. R***. *A
Cologne, chez Pierre Marteau*, 1727. — In-24, mar. vert
jans., tr. dorée. (*Trautz-Bauzonnet.*)

> *Charmant exemplaire de Veinant, réglé.*

606. Le même ouvrage, nouvelle édition datée de 1759, contenant, sous le nº 20, une historiette de plus que l'édition
précédente. Cartonnage en toile.

607. Monselet (Charles). Les Créanciers, œuvre de vengeance, avec une cruelle eau-forte d'Emile Benassit. *Paris, à la Salle des Pas Perdus et chez René Pincebourde, Editeur,* 1870. — In-8, papier vergé de Hollande, n° 86, broché.

> Eau-forte en triple état sur chine : noir, bistre, rouge.

608. Monselet (Charles). Triolets, à Pincebourde. *A Paris, aux environs du quai Voltaire,* 1872. — In-12, vélin teinté, couverture à l'Escargot, broché.

609. Les Vignes du Seigneur, par Charles Monselet. *Paris, Victor Lecou (Bordeaux, typ. G. Gounouilhou),* 1854. — In-16, mar. rouge, dos orné, fil., dent. int., tr. dor. (*Chambolle-Duru.*)

> Édition originale imprimée en rose. Bel exemplaire relié sur brochure, auquel on a ajouté le portrait de Monselet, gravé par Leguay d'après une photographie de Carjat.

610. Oratio pro crepitu ventris, habita ad Patres crepitantes ab Em. Martino Ecclesiæ Alonensis Decano. *Cosmopoli, ex typographia Societatis Patrum Crepitantium,* 1768. — Très petit in-16, demi-mar. violet, coins.

> Ex-libris de Pieters.

611. Ose-trop-Goth. Toquémalade, Parodie méli-mélo-drame-à-tics médicinaux.
Paris, chez un marchand de   } *Romantiques,*
    et pour les amateurs de
à l'aube du vingtième siècle. — In-8, fig. sur bois, broché.

> Papier du Japon (N° 2 sur 10), tirage à part des vignettes.

612. Paradossi, Cioe, Sententie fuori del comun parere, novellamente venute in luce, opera non men dotta che piacevole, e in due parti separata. *In Vinegia,* 1544 (*par

Ortensio Lando). — In-8 , caractères ronds , veau fauve,
dos orné, tr. peigne.

Bel exemplaire, grand de marges. A la fin du feuillet 106 ces mots : Suis-
netroH Tabedul (*Ludebat Hortensius*).

613. Paradoxes ou Sentences debatues et elegamment deduites
contre la commune opinion. Traité non moins plein de
doctrine que de recreation pour toutes gens. Reveu et
augmenté. *A Lyon, par Jean Temporal*, 1559. — Petit
in-8, lettres ornées et fleurons, veau ant., tr. dorée.
(*Trautz-Bauzonnet.*)

Traduction incomplète du traité d'Ortensio Lando. On a supprimé, entre
autres paradoxes, celui qui établit qu'une femme deshonnête n'est nullement
détestable ni odieuse.

614. Le Parfait Préfet, silhouette de haute administration.

Un homme s'est rencontré...
Bossuet.

Hausmannville, Imprimerie des VII, 1856. — In-4, texte
et figures lithographiés, demi-mar. vert russe, filets, tête
dor., non rogné.

Un des douze exemplaires de l'édition originale, exécutée subrepticement
dit-on, au ministère de l'Intérieur. Cette plaquette, (en tête de laquelle on
trouvera une lettre d'envoi, très explicite, d'un savant bibliophile lyonnais)
a paru très intéressante au Toqué, qui l'a fait reproduire à cent exemplaires par
la photographie Fernique. Les exemplaires en petit nombre (qu'il n'avait pas
donnés aux amis du Grenier) ayant été déposés chez Conquet, Morgand et
Rouquette, M. Delaroa *auteur des « Patenôtres d'un surnuméraire »* s'est déclaré
le père du « *Préfet* » et a réclamé un peu aigrement ses droits d'auteur, qui lui
ont été alloués sans contestation.

615. Le Parnassiculet contemporain. Recueil de vers nouveaux, précédé de l'Hôtel du Dragon bleu et orné d'une
très étrange eau-forte. Deuxième édition, augmentée de
neuf pièces inédites... *Paris, Librairie Centrale*, 1872.
— In-16 carré, pap. de Hollande, front., demi-mar. violet,
tête dor., non rogné.

616. Parodies bachiques sur les airs et symphonies des Opera. Recueillies et mises en ordre par Monsieur Ribon. Seconde édition, revue et augmentée. *A Paris, chez Christophe Ballard, seul Imprimeur du Roy pour la Musique,* 1696. — In-12, frontispice, veau brun. (*Rel. anc.*)

617. POGGII FLORENTINI Oratoris clarissimi Confabulacionum seu faceciarum LIBER FACECIARUM incipit feliciter. — In-folio gothique de 70 feuillets à 31 lignes, sans lieu ni date, sans réclames ni signatures. Grande lettre ornée sur la première page, majuscules rubriquées. A la fin du 65me feuillet on lit : *Poggii Florentini Secretarii apostolici faceciarum liber absolutus est feliciter*, et, feuillet 70, à la fin de la table : Registrum Poggii Florentini facetum finit feliciter. A ce *p. p. c.* est ajoutée, d'une écriture ancienne, cette indication : « *Impress. hic liber Venetiis anno* 1475. *Vide Beuchemii incunabula Typographiæ. iii. Cart. en vélin,* NON ROGNÉ.

> Papier très fort (*claquant*). La page 60 a été placée par inadvertance après la page 61. On se demande comment un livre aussi amusant peut avoir conservé pendant 415 ans une virginité aussi parfaite. L'explication en est bien simple ; le dignitaire de l'Église, qui a possédé le premier cette œuvre d'un *Secrétaire apostolique*, l'aura pieusement insérée dans quelque Évangéliaire ou Missel de grande taille, où ses marges se seront conservées *à l'ombre des autels*, au profit des lecteurs pieux qui se sont transmis, *per sæcula*, ce folâtre incunable.
>
> Cette opinion du Toqué est au moins *probable*. Elle s'applique également à l'opuscule charmant de Petrarque, *Griselidis*, imprimé presque en même temps que le Pogge, et comme lui, *non rogné*. Ces deux *perles* ont été il y a plus d'une vingtaine d'années, l'objet d'une lutte héroïque entre le Grenier et la Librairie Techener.

618. La Polymachie des marmitons, ou la Gendarmerie du Pape. *A Lyon, par Jean Saugrain,* 1563. Réimpression à 97 ex^{res} chez *Salomon, à Strasbourg.* — In-8, cart., non rogné, en toile violette. (*Behrends.*)

619. PRIVILÈGE DES ENFANTS SANS SOUCY qui donne Lettre-

Patente à Madame la Comtesse de Gosier Sallé, à Monsieur de Bricquerazade, pour aller et venir par tous les
Vignobles de France, avec le Cordon de leurs ordres. —
Plaquette de 12 pp. sans lieu ni date, mar. violet, tranche
dorée. (*Duru.*)

Charmante reliure de 1848.

620. PROSOPOPÉE SUR MONSIEUR LE DUC
D'ORLÉANS, Régent, Madame de Berry et le Cardinal
Dubois, 1723. La Garde du Régent, Parodie en vers. Les
Philippiques. — Ensemble 1 vol. grand in-4, mar. rouge,
dos orné, larges dent. sur les plats, dent. int., tr. dorées.
(*Rel. anc.*)

Très beau manuscrit orné d'un frontispice et de dix-neuf dessins en
couleurs, très intéressants pour l'histoire du costume au temps de la Régence.

Le Régent aux Enfers, tel devrait être le titre de la première partie de ce
manuscrit. Les amours de Philippe d'Orléans avec Proserpine, et de Pluton
avec la Duchesse de Berry, amours que *favorise* l'honorable Cardinal Dubois,
sont présentés sous la forme d'une *opérette* qui réunit les plus jolis airs du
temps : c'est un pot-pourri des plus joyeux. Une seule gouache aurait besoin
d'être *couverte*. Pluton (sur le conseil de Dubois qui connaît bien son monde)
fait voir à la fille du Régent l'état rassurant et les proportions vraiment
honorables de l'instrument dont il lui propose l'emploi. Des notes très déve-
loppées, qui paraissent inédites, accompagnent les Philippiques.

Ce manuscrit, exécuté pour un ennemi enragé du Régent, a appartenu au
Comte de Behague. Sa reliure, signée *Gosselin*, est superbe et vaut un Derome.
Elle est mentionnée dans le Manuel de Gruel Engelmann.

621. Recherches sur la nature du Feu de l'Enfer et du lieu où
il est situé. Par M. Swinden, docteur en Théologie et
Curé de la Paroisse de Cuxton, dans la Province de Kent,
en Angleterre. Traduit de l'anglois par M. Bion, ministre
de l'Eglise Anglicane. Avec Figures. *Amsterdam*, 1757.
— In-8, veau fauve, fil., tr. dor. (*Hering et Muller.*)

Très bel exemplaire.

622. Reglement pour l'Opera de Paris. Avec des nottes
historiques. *A Utopie, chez Thomas Morus*, 1743. (Avec

la clef manuscrite). — In-12, mar. rouge, dos à la Padeloup, tr. dor. (*Rel. anc.*)

Par de Querlon. Voir les citations de ce bouquin, très amusant, pages 115
et 116 du « Voyage dans un Grenier ».

623. Réveille-Matin des Français et de leurs voisins,
composé par Eusebe Philadelphe, Cosmopolite, en forme
de dialogues. *Edimbourg, de l'Imprimerie de Jacques
James,* 1574. — 2 part. en 1 vol. in-8, mar. rouge, fil.,
tr. dor. (*Niédrée.*)

Superbe exemplaire, nombreux témoins dans les deux sens. Dédicace à « Très
excellente et illustre Princesse, Elisabeth, Royne d'Angleterre, *de France,*
d'Irlande, etc. »

624. Rouillard. La Magnifique Doxologie du Festu, par
Mr Sebastian Rouillard de Melun, advocat en Parlement.
*A Paris, chez Jean Millot, tenant sa boutique sur les
degrez de la Grand'Salle du Palais,* 1610. — In-8, *réglé,*
parchemin.

Très bel exemplaire dans sa première reliure qui paraît provenir de la
bibliothèque de De Thou.

625. Satyre Menippée de la Vertu du Catholicon d'Espagne,
Et de la Tenue des Estats de Paris. MCXCIII (1593).
Suivi de : A madamoiselle ma Commère sur le trépas de
son Asne. — In-8, mar. rouge jans., fil. à fr., tr. dor.
(*Capé.*)

Très bel exemplaire.

626. Saül et David. Tragédie en cinq actes, ouvrage imité de
l'anglois. *Londres, chez Robert Freeman, libraire, in
Pater-Noster Row.* — In-12, cart. en toile grise, non
rogné. (*Behrends.*)

Facétie très salée.

627. (Scarron). Typhon ou la Gigantomachie, poëme burlesque
dédié à Monseigneur l'Eminentissime Cardinal de Mazarin
(par P. Scarron). *Paris, Toussaint Quinet,* 1644. — Petit
in-4, front. gravé, mar. rouge, fil., doublé de mar. brun,
riches ornements intérieurs, garde moirée, tr. dor.

De la bibliothèque de R. Janssens. Reliure *insensée.*

628. Sens devant derrière par le Prince de (Ligne), sur l'imprimé de Belœil, sans titre, sans nom d'auteur, sans nom
de lieu, sans date. Tiré à 70 exemplaires, demi-mar. vert,
non rogné.

Exemplaire de l'éditeur Poulet-Malassis, avec une note de sa main,
Grand papier de Hollande, N° 14 sur 16.

629. TABARIN. ŒUVRES COMPLÈTES de Tabarin,
avec les Rencontres, Fantaisies et Coq-à-l'Ane facetieux du
baron de Gratelard, et divers opuscules publiés séparé-
ment sous le nom ou à propos de Tabarin. Le tout, précédé
d'une introduction et d'une bibliographie Tabarinique, par
Gustave Aventin. *A Paris, chez P. Jannet,* 1858. —
2 tomes en 2 vol., front., mar. rouge, fil., dos orné, tr.
dorée. (*Hardy.*)

Superbe exemplaire, à toutes marges, de Veinant (Aventin), sur papier de
Chine, que le fameux bibliophile a complété par des errata, additions et cartons
qu'on ne trouverait pas ailleurs.
Cette édition moderne de Tabarin étant, sans contredit, la meilleure de
toutes et l'exemplaire de l'éditeur étant naturellement le plus complet qui
existe, *le Grenier en était* très fier.

630. Tabourot. Les Bigarrures et Touches du seigneur des
Accords. Avec les apophtegmes du sieur Gaulard. Et les
escraignes Dijonnoises. Dernière édition, reveuë et de
beaucoup augmentée. *A Rouen, chez Jean Berthelin,*
1620. — Petit in-12, figures, mar. bleu jans., dent. int.,
tr. dor. (*Reymann.*)

Reliure parfaite.

23

631. Toilette de M. l'Archevêque de Sens, ou Réponse au
Factum des Filles Sainte-Catherine-lès-Provins, contre les
Pères Cordeliers. S. l., 1669. — In-12, mar. rouge, fil.,
dent. int., tr. dor. (*Rel. anc.*)

Bel exemplaire (144 ᵐᵐ). Édition originale d'un livre amusant *pour la galerie*.

632. Les Tripes, par deux Normands. *En Normandie, chez
tous les libraires,* 1873. — In-8, eau-forte, papier vergé
fort, broché.

Envoi d'un des auteurs Poulet-Malassis.

IX. — DISSERTATIONS SINGULIÈRES,
PLAISANTES, ENJOUÉES;
OUVRAGES ÉROTIQUES, POÉSIES GALANTES

CLASSEMENT ALPHABÉTIQUE EN TROIS SÉRIES :

1° Ouvrages antérieurs au XVIII⁰ siècle.
2° Dix-huitième siècle.
3° Dix-neuvième siècle.

I. OUVRAGES ANTÉRIEURS AU XVIIIme SIÈCLE.

633. De l'abus des nuditez de gorge. Seconde édition reveuë, corrigée et augmentée , jouxte la copie imprimée a Bruxelles. *A Paris, chez J. de Laize-de-Bresche,* 1677. — In-12, mar. vert, tr. dor.

634. Les Adevineaux amoureux, par Colard Mansion. De la collection des Joyeusetés de Techener. Tirage à 86 ex. petit in-8 carré, papier vergé fort, cartonné, non rogné.

Exemplaire portant le nom imprimé de M. Richard Héber.

635. ARETINO. CAPRICCIOSI E PIACEVOLI RAGIONAMENTI DI M. PIETRO ARETINO, il veritiere, il divino, cognominato il flagello de' Principi, nuova edizione, con certe postille, etc., etc. *Stampati in Cosmopoli,* l'anno 1660. — In-8, mar. vert, dos et coins ornés, tr. dor., doublé de maroq. rouge. (*Bauzonnet.*)

Fort bel exemplaire très large, hauteur 153ᵐ/ₘ, provenant de la vente Crozet, où il a été vendu relié en vélin.

1ʳᵉ édition des Ragionamenti Elzévir à laquelle est ajoutée l'édition originale de la Puttana errante.

636. Blessebois. Œuvres satyriques de P. Corneille Blessebois. Le Rut ou la Pudeur éteinte, l'Almanach des Belles,
l'Eugénie, etc., etc. Réimpression de l'édition de Leyde de
1676, faite en 1866 sous la rubrique de Leyde. — 2 tomes
en 1 vol. in-8, frontispice de Rops, mar. noir jans.,
dent. int., tr. dor., non rogné.

Un des quatre exemplaires sur papier de Chine que Poulet-Malassis, éditeur
du livre, a orné de *Cinq* exemplaires du Frontispice.

637. Le Cabinet satyrique ou recueil parfaict des vers
piquants et gaillards de ce temps, tiré des Secrets cabinets
des sieurs de Sygognes, Regnier, Motin, Berthelot,
Maynard et autres des plus signalez poëtes de ce siècle.
Nouvelle édition complète revue sur les éditions de 1618
et de 1620 et sur celle dite de Montparnasse, sans date. —
L'an 1864. — 2 vol. in-12, papier vergé, front. à l'eau-
forte par Rops, demi-mar. bleu à coins, tête dor., non
rogné. (*Schavye.*)

Exemplaire de l'éditeur Poulet-Malassis. Note de sa main sur le premier
feuillet de garde auquel il a collé une lettre de Rops relative au frontispice,
dont cinq épreuves sur chine sont jointes aux deux volumes : trois au premier
et deux au second.

638. Carcer d'amore, tradotto dal Magnifico Messer Lelio de
Manfredi, Ferrarese, de Idioma Spagnolo in lingua Materna,
Historiato et novamente con diligentia Corretto — à la
fin : *Stampato in Venitia per Francesco Bindoni et Mapheo
Pasini compagni.* 1533 del mese di Aprile. — Petit in-8 à
toutes marges, front. et figures sur bois, mar. lie de vin,
tr. dor. (*Petit.*)

639. Le Cercueil des Amans où est naïfvement dépeint le
Triomphe Cruel de L'amour. Par N. P. B. *A Paris,
chez Jean de Bordeaux, imprimeur et libraire tenant sa*

Boutique sur la montée de la grande Salle du Palais. —
Pet. in-8, front. gravé (très fin), mar. rouge, fil., fleurons,
tr. dor. (*Thompson.*)

Brunet ne signale pas ce volume, dont le privilège, daté du 16 aoust 1611,
est accordé au S' N. Piloust.

640. CHEIKH NEFFSAOUI, traduction d'un manuscrit
Arabe du 16me siècle par M. le Baron R***. Capitaine
d'état-major, 1850. Tiré à 35 ex., N° 1. In-4, texte et
figures lithographiées, mar. tête de nègre, jans., tête dor.,
non r., doublé de mar. lie de vin, centre mosaïqué présentant sous une feuille de vigne en mar. vert entourée de
rayons, un objet (qui est précisément le principal objet du
livre) en mar. rougeâtre, que la feuille couvre mal. Doubles
gardes en brocart ancien doré et argenté et en papier marbré
et doré. (*Reliure imaginée par le chef des ateliers de reliure
de la maison Quantin.*)

La traduction du baron R. a été revue, corrigée, complétée et admirablement illustrée par un groupe d'officiers d'État-Major, en l'an de grâce 1876,
ainsi qu'il résulte d'une préface très intéressante que ces Messieurs ont placée
à la fin du volume lithographié à cette date. Les grandes compositions sur
papier bleu et les nombreux dessins au trait, qui ornent ce traité savantissime
sur les rapports sexuels de l'homme et de la femme, sont d'une exécution
magistrale.

« Sache, (dit le Cheikh, au début de son livre), ô frère, — que Dieu te
» fasse miséricorde — que les renseignements contenus dans cet ouvrage sont
» de la plus grande utilité et que nul ne peut les apprendre qu'ici, et certes,
» la connaissance des choses est préférable à leur ignorance. »

Amen! ajoute le Toqué, qui n'a jamais vu un autre exemplaire de ce
précieux bouquin.

641. LUPANIE, histoire amoureuse de ce temps, 1668. Relation
d'un voyage de Copenhague à Brême, en vers burlesques
par Clément, 1676. *Leyde*, 1867. — In-8, cart., tête dor.,
non rogné.

Exemplaire (n° 10 sur 15) en grand papier de Hollande, de l'éditeur Poulet-
Malassis avec deux épreuves sur chine du frontispice de Rops.

642. Maximes et Lois d'amour, lettres, billets doux et galants. *Paris, chez Olivier de Varennes*, 1669 — In-12, mar. bleu jans., tr. dor., témoins. (*Thibaron-Echaubard.*)

643. Le Parnasse Satyrique du sieur Théophile, suivi du Nouveau Parnasse Satyrique. Edition revue sur toutes les éditions du 17e siècle, corrigée et annotée. L'an 1864. — 2 vol. in-12, pap. vergé, front. de Rops, demi-mar. bleu, tête dorée, n. r. (*Amand.*)

Exemplaire de l'éditeur Poulet-Malassis, avec une note de sa main page 44 du 1er volume.

644. La Politique des Coquettes, Histoire véritable. Dédiée à Mademoiselle de Scudery. *A Paris chez Jean Ribov*, 1660. — A la fin : achevé d'impr. le 4 nov. 1660. — In-12, mar. vert, fil. à fr., tr. dor. (*H. Duru.*)

645. Les Privilèges du Cocuage, Dialogue. Ouvrage utile et nécessaire tant aux Cornards actuels, qu'aux Cocus en herbe. Nouvelle édition. *A Cologne*, 1698. — In-18, mar. bleu, dos orné à petits fers, triple fil., tr. dor. (*Koehler.*)

II. OUVRAGES PUBLIÉS POUR LA PREMIÈRE FOIS AU XVIIIme SIÈCLE.

646. Anandrie, ou les Confessions de Mademoiselle Sapho, avec la clef. *Lesbos*, 1778-1886. — In-8, front., cart., tête dor., non r.

Exemplaire de l'éditeur Poulet-Malassis, sur grand papier de Hollande. Deux épreuves du Frontispice de Rops.

647. L'ARÉTIN D'AUGUSTIN CARRACHE, ou recueil de postures érotiques, d'après les gravures à l'eau-forte par cet artiste célèbre, avec le texte explicatif des sujets (par Croze-Maignan). *A la nouvelle Cythère*, s. d. (*Paris,*

Didot, 1798). — In-4, mar. bleu, tr. dor., doublé de mar.
citron, dent. int. avec fers *spéciaux*. (*Chambolle-Duru*.)

> *Exemplaire unique*, contenant la gouache de chaque planche (20) avec
> feuillets de garde du temps pour les figures, dans la pâte desquels sont
> inscrits les mots « République Française ». Les gouaches sont bien supérieures,
> comme effet, aux estampes du livre. Huit eaux-fortes ajoutées.

648. L'ARETIN D'AUGUSTIN CARRACHE ou Recueil (même titre
   que le précédent), nouvelle édition ornée de *figures
   en couleur*. — *A la Nouvelle Cythère*. Petit in-18, demi-
   mar. violet, coins, fil., dos orné, tr. dor.

> Exemplaire très pur d'un livre charmant, plus rare que l'in-4.

649. L'ARETIN FRANÇOIS, par un Membre de l'Académie des Dames.

> J'appelle un chat, un chat,
> BOILEAU.

A Londres, 1787. — Petit in-18, front. et 17 fig. de Borel
gravées par Elluin, sans lettres ni numéros, mar. rouge, fil.,
tr. dor. (*Rel. anc.*)

> Épreuves superbes des figures.

650. Le Canapé couleur de feu. Histoire galante par M. D***.
   Paris, rue Saint-Honoré ou à l'hôtel Soissons, 1775. —
   In-12, pap. vergé bleuâtre, demi-mar. violet avec coins,
   tête dor., n. r.

> L'édition originale de ce livre amusant, par Fougeret de Monbron, est de
> 1714. Il a été souvent réimprimé.

651. LA CONSTITUTION DE L'HÔTEL DU ROULE : ou les Cent-
   une propositions de la très célèbre Madame Paris. Avec la
   fameuse Messaline. *A Condom*, l'an des C... 10007. —
   In-12, mar. vert pomme, doublé de tabis, tête dorée.

> Exemplaire entièrement non rogné, relié sur brochure, d'un livre très rare.
> Note manuscrite intéressante du Libraire Sardou, de Bruxelles, frère du célèbre
> écrivain.

652. Cleland. La fille de joie, par M. Cleland, contenant les
mémoires de Mademoiselle Fanny écrits par elle-même,
avec figures (8). *A Londres*, 1776. — 2 tomes en 1 vol.
in-12, cart. en percaline, entièrement non rogné.

653. La Fille de Joie (par Cleland) ou Mémoires de Miss
Fanny, écrits par elle-même. *A Paris, chez Madame
Gourdan*, 1786. — In-8, fig. (35, dont plusieurs fort
belles), mar. citron, tr. dor., dos très orné à petits fers,
milieux mosaïqués rouge et vert, doublure de mar. vert,
milieux à comp. de filets courbes entourant un amour doré
en plein. (*Chatelin.*)

Chatelin, exilé après le coup d'État de Décembre 1851, a longtemps
travaillé en Angleterre pour la « Nobility » et la « Gentry », et a notamment
exécuté de très belles reliures pour le Duc d'Aumale. Il avait habillé ce volume
pour sa bibliothèque particulière.

654. Crébillon fils. La Nuit et le Moment (par Crébillon
fils), ou les Matines de Cythère. Dialogue. *A Londres*,
1755. — Petit in-12, veau fauve, tr. rouge, dos et coins
ornés d'initiales couronnées. (*Padeloup.*)

Exemplaire charmant d'un livre exquis.

655. Denon. Point de Lendemain, conte par Vivant-Denon,
suivi de la Nuit merveilleuse. *Paris*, 1777-1867. In-8,
grand papier de Hollande, front., carton., tête dor., n. r.

Exemplaire de l'éditeur Poulet-Malassis n° 258 ; deux épreuves du frontispice de Rops.

656. Point de Lendemain, Conte illustré de treize compositions de Paul Avril. *Paris, P. Rouquette*, 1889. — In-8,
broché.

Papier de Hollande, double suite des figures, les avant-lettre tirées à part.
Très joli volume.

657. LE DIABLE AU CORPS, œuvre posthume (*sic*) du très
recommandable docteur Cazzoné, membre extraordinaire
de la joyeuse faculté Phallo-Coïro-Pygo-Glottonomique.
Par l'auteur de Félicia (le Ch^r de Nerciat), orné de vingt
figures. 1805. — 6 vol. in-12, demi-basane, non rogné.
(*Première rel. anc.*)

658. L'ELOGE DES TETONS, ouvrage curieux, galant et badin,
composé pour le divertissement des Dames, avec plusieurs
pièces amusantes, par ****, seconde édition. *Cologne, à
l'enclume de la Vérité*, s. d. — Petit in-8, mar. rouge,
filets, dos orné, tr. dor. (*Rel. anc.*)

659. Exercices de dévotion de M. Henri Roch avec Mme la
Duchesse de Condor, par feu M. l'abbé de Voisenon, de
joyeuse mémoire et de son vivant membre de l'Académie
Françoise. *A Vaucluse*, 1786. — Petit in-16, papier
« claquant », front. et titre gravés, demi-chag. rouge avec
coins. tr. dor.

660. FELICIA, ou Mes Fredaines. Epigr. : « La faute en est aux
Dieux qui me firent si folle », 1792. — 4 vol. in-12,
figures sur chine avant la lettre, demi-veau ant. avec
coins, tête dor., non rogné

661. Les Galanteries des Rois de France. *A Cologne, chez
Pierre Marteau.* — 3 vol. in-12, rel. sur brochure, non
rognés, demi-mar. vert clair. (*Gruel.*)

662. Histoire de Mademoiselle Brion dite comtesse de Launay. *Imprimée aux dépens de la Société des Filles de bon
ton*, 1754. — In-12, figures, cart. en percaline, tr. rouge.

663. Meibomius. De l'utilité de la Flagellation dans les plaisirs du mariage et dans la médecine et des fonctions des lombes et des reins. Ouvrage curieux, trad. du latin de Meibomius, orné de gravures en taille-douce et enrichi de notes historiques et critiques, auxquelles on a joint le texte latin. *Paris*, 1792. — Petit in-12, grand papier vélin, front. et figure, mar. rouge sang, tr. dor., dos à la rose, plats gaufrés et ornés d'attributs spéciaux. (Relié sur brochure par *Trautz-Bauzonnet*.)

De la collection Hankey. Décrit dans les « Racontars », page 167.

664. Mémoires de Saturnin, écrits par lui-même, nouvelle édition corrigée et augmentée, avec figures. *Londres*, 1787. — 2 parties en 1 vol. petit in-12, mar. La Vallière jans., dent. int., tr. dor.

24 figures de Borel, gravées par Elluin, en très belles épreuves (Cohen n'en annonce que 21).

665. Joannis Meursii Elegantiæ Latini Sermonis. Petri Aretini Pornodidascalus de astu nefario Horrendis que dolis quibus impudicæ Mulieres Juventuti incautæ insidiantur Dialogus. S. l. n. d., 430 pages. In-12, mar. rouge jans., tr. dorée, absolument non rogné. (*Brany*.)

666. Le Meursius François, ou Entretiens galants d'Aloisia, orné de figures. *A Cythère*, 1782. — 2 vol. petit in-12, mar. rouge, tr. dor., fil. (*Rel. anc.*)

Très belles épreuves des fig. de Borel, gravées par Elluin, sans lettres ni n^{os}.

667. La nouvelle Sapho, ou histoire de la secte anandryne, publiée par la C. R***, ornée de 6 figures. *Paris*, an II Rép. Franç. — In-18, papier vélin, mar. vert à longs grains, tr. dor. (*Rel. anc.*)

Par la Citoyenne Raucourt. Exemplaire très pur de la collection Hankey, presque non rogné, papier *claquant*.

668. ORGANT, poëme en vingt chants. *Au Vatican*, 1789.
Deux parties en 1 vol. in-18, mar. rouge, dentelles, dos
orné, comp., tr. dor. (*Duru*.)

Clef en 4 pages ajoutée. Charmant exemplaire relié sur brochure. Ce poème
léger est l'œuvre de l'illustre conventionnel St-Just. Édition originale.

669. ORGANT, Poëme en vingt chants par St-Just, avec la clef.
Au Vatican, 1789-1867. — 2 vol., cart., tête dorée, non r.

Exemplaire de l'éditeur Poulet-Malassis, un des 15 sur grand papier de
Hollande. Deux épreuves, noir et bistre, du portrait de St-Just.

670. PARAPILLA OU LE V.. déifié : poëme en cinq chants.
Londres, 1779. — Petit in-8, figures, brochure ancienne.

Texte encadré, figures très fines.

671. PETIT TRAITÉ DE L'AMOUR DES FEMMES POUR LES SOTS. *A
Pétersbourg*, 1788. — In-12, mar. vert russe, tr. dor.,
reliure à la Du Seuil. (*Châtelin*.)

Relié sur brochure. Exemplaire Kalnoky et Le Barbier de Tinan portant son
ex-libris (le Satyre).

672. PIRON. POÉSIES DIVERSES D'ALEXIS PIRON, ou Recueil de
différentes pièces de cet auteur, pour servir de suite à toutes
les Éditions desquelles on a supprimé les ouvrages libres
de ce Poëte. *A Londres, de l'Imprimerie de Williams
Jackson*, 1793. — Petit in-12, portr. de Piron et 15 fig.
sur chine avant la lettre, mar. rouge, tr. dorée, doublé de
mar. bleu clair orné de feuillages.

673. LA POPELINIÈRE. TABLEAUX DES
MŒURS DU TEMPS DANS LES DIF-
FÉRENTS AGES DE LA VIE. (Suivi de Daïra,
fantaisie orientale, par Le Riche de LA POPELINIÈRE.)
— In-4, miniatures, mar. rouge, tr. dor. Aux armes de

l'auteur, de gueules à une chaîne d'or, supportant un coq de même, regardant une étoile au canton dextre d'argent. Dos et coins ornés de pièces d'armoiries. (*Rel. anc.*, reproduite dans le Nouvel Armorial du Bibliophile. tome 2, page 287.)

EXEMPLAIRE UNIQUE dont l'exécution a, parait-il, coûté plus de soixante mille livres au Fermier-général. Sur les 18 miniatures qui le décorent, dont deux au lavis d'encre de Chine et seize en couleurs, la plupart égalent en beauté et en fraicheur tout ce que le 18ᵉ siècle nous a laissé en ce genre de plus exquis.

Acheté à la vente du Duc de La Vallière par le Marquis de Paulmy, ce volume admirable porte sur sa première feuille de garde une note ainsi conçue, signée de l'initiale du Marquis :

« Ce livre a été imprimé à un seul exemplaire dans la maison et sous les ieux de Mr de la Popliniere fermier général connu par son opulence, son luxe et son goûst pour les femmes, à sa mort il est passé dans les mains du Duc de la Valliere, et de là dans les miennes. Son grand mérite consiste dans le fini des miniatures sur velin, bien au-dessus de ce qu'on trouve ordinairement dans ces sortes de livres.

« C'est la propre figure de Mr de la Popliniere qui est représentée partout, et quand à la femme qui joüe le principal rosle, non seulement j'ignore son noms (sic), mais si je le sçavois, je ne le dirois pas.

P. »

Après avoir passé dans les mains du Prince Radzivill et du Baron Pichon, La Popelinière a longtemps habité le petit meuble où le célèbre bibliomane Hankey enfermait ses raretés érotiques. Il considérait avec raison ce volume comme la *perle* de sa prodigieuse collection, et en demandait cent mille francs. Le Toqué, qui ne l'a pas payé si cher, ne se consolera pas cependant, même pour une très grosse somme, du *départ* de ce livre, une des merveilles du 18ᵉ siècle.

674. LE RICHE DE LA POPELINIÈRE. Tableaux des mœurs du temps dans les différents âges de la vie. Notice de M. Charles Monselet. *Paris, Imprimerie des ci-devant Fermiers Généraux*, 1867.— 2 vol. in-8, front. et vignettes de Rops, papier de Hollande, couv. cons., cartonné en percaline, non rogné.

N° 113 sur 205. Notice inexacte.

675. LE PORTEFEUILLE DE MADAME GOURDAN dite la Comtesse. Pour servir à l'Histoire des Mœurs du du (sic) Siècle et

principalement de celles de Paris. Seule édition exacte.
« *O Tempora, ô mores !* » *A Spa*, du 15 juillet 1783. —
In-8, relié sur brochure, non rogné, en mar. citron clair
doublé de tabis de même coul., dent. int., tête dorée.

676. RECUEIL DE PIÈCES CHOISIES, RASSEM-
BLÉES PAR LES SOINS DU COSMOPOLITE.
A Anc...., chez Vriel B. ...., 1735. — In-4, mar. vert,
large dentelle sur les plats, dos orné, tr. dor. (*Rel. anc.*)

> Magnifique exemplaire d'un livre célèbre, imprimé au Château de Veretz
> (ou Verret) en Touraine, sous les yeux du Duc d'Aiguillon, à 7 exemplaires,
> dit-on. C. Nodier a écrit sur ce livre, (pp. 224 à 226 de sa Description d'une
> jolie Collection de Livres) une notice copieuse, qui a tout l'air d'un plaidoyer
> pour les *Enfers* des bibliophiles. Dans ce prodigieux ramassis de toutes les
> « énormités » en cours, en l'an de grâce 1735, bon nombre de pièces paraissent
> pour la première fois.

677. SERMON POUR LA CONSOLATION DES COCUS, suivi de plusieurs
autres. *A Amboise, chez Jean Coucou, à la Corne de Cerf,*
1751. — In-12, mar. rouge, dos orné, fil., dent. int.,
tr. dor. (*Hardy.*)

> Édition originale. Rare.

678. LA SOURCE DU GROS FESSIER DES NOURRICES, et la raison
pourquoy elles sont si fendues entre les jambes, avec la
complainte de Monsieur le Cul contre les inventeurs des
Vertugalles. *Imprimé pour Yves Bornont, demeurant à
Rouen en la rue de la Chièvre.* — In-12 de 18 pp. demi-
mar. brun.

679. LA TENTATION DE ST ANTOINE, ornée de figures et de
musique, suivie de LE POT-POURRI DE LOTH, orné de figures
et de musique. *Londres*, 1781. — In-8, veau marbré, tr.
dor., fil. (*Rel. anc.*)

> Exemplaire très pur, en papier fort, contenant en tout 18 pp. de musique
> gravée, et 18 figures de Borel gravées par Elluin.

680. THÉRÈSE PHILOSOPHE. Édition Cazin, figures. In-12, mar. La Vallière, tr. dor., doublé de mar. citron, large dentelle exécutée avec *fers spéciaux*. (*Trautz-Bauzonnet*.)

Superbe exemplaire en grand papier vélin, très belles épreuves des figures de Borel gravées par Elluin. Ce n'est pas sans peine que le dernier propriétaire de ce beau volume a obtenu la collaboration de Trautz (le chevalier Trautz!) qui, la mort dans l'âme, sans doute, a signé deux fois son œuvre. Au lieu du titre vrai du livre, il a gravé sur le dos: « Mémoires sur le P. Girard et la Cadière, 1785. » De la collection Hankey.

681. Le Théâtre Gaillard. *Glascow*, 1782. — 2 vol. pet. in-18, cartonné, non rogné, 10 figures.

III. OUVRAGES DU XIXme SIÈCLE.

682. Balzac. Petites misères de la vie conjugale, par H. de Balzac, illustrées par Bertall. *Paris, Chlendowski*, s. d.— Gr. in-8, figures et vignettes sur bois, demi-rel., dos et coins mar. rouge, dos orné, éb., tr. sup. dorée.

Exemplaire lavé et encollé.

683. Cantel. Amours et Priapées, sonnets par Henri Cantel. *Lampsaque*, 1869. — In-8, front. de Rops, papier vergé, tiré à 150 ex., cartonné, tête dor. non rogné.

Exemplaire de l'éditeur Poulet-Malassis.

684. Chansons folles. S. l. n. d. — Format très petit in-4 carré, N° 72 sur 75, papier du Japon, aquarelles et eaux-fortes, broché. Sur le dos de la couverture en vélin, la date de 1887.

685. Contes aux Étoiles : La Femme de l'Avocat. — Le Coup d'ongle. — Le Chat de grand'mère. — 3 vol. petit format carré. Aquarelles et eaux-fortes. *Paris, Maurice Magnien*, 1888. Dans des étuis de satin blanc, fermoirs de soie.

Exemplaires sur papier impérial du Japon : N° 20 sur 25.

686. L'Enfant du B....l. *A Paris*, 1800. — 2 tomes en
2 vol. in-12, figures, mar. rouge, tr. dorée, dans une sorte
d'étui, demi-mar. rouge.

> Portrait de Mirabeau ajouté par l'inventeur de l'étui qui attribuait l'*enfant*
> au grand orateur. Cette polissonnerie est de Pigault-Lebrun.

687. Gautier. Poésies de Th. Gautier qui ne figureront pas
dans ses œuvres, précédées d'une autobiographie ornée d'un
portrait singulier. *France, Imprimerie particulière*, 1873.
— In-8, mar. rouge jans., tête dorée, n. rogné. (*Amand.*)

> Exemplaire de l'éditeur Poulet-Malassis. Note intéressante de sa main sur
> le premier feuillet, avec copie d'une lettre de Gautier, très *embêté* de cette
> publication. Portrait en double état avec et avant la lettre.

688. Goncourt. L'amour au dix-huitième siècle, par E. et
J. de Goncourt. *Paris, Dentu*, 1875.— In-8, mar. orange,
large dent., tr. dor. (*Courmont.*)

> Exemplaire auquel on a ajouté 29 portraits et gravures par Eisen, Gravelot,
> Cochin, Le Barbier, et deux figures en couleur d'après Baudouin : le Lever et
> le Bain.

689. H. B., par un des Quarante, avec un frontispice stupé-
fiant, dessiné et gravé par S. P. Q. R. *Eleutheropolis*,
1854, demi-mar. rouge, coins, tête dorée, n. r.

> Exemplaire de l'éditeur Poulet-Malassis, sur grand papier vergé. Frontispice
> de Rops, en deux états : noir et bistre.

690. Joyeusetés galantes et autres du vidame Bonaventure
de la Braguette. *Luxuriopolis, à l'enseigne du beau Trior-
chis*, 1866. — In-8 cartonné, tête dor., n. r.

> Exemplaire de l'éditeur Poulet-Malassis, sur grand papier de Hollande,
> (tirage à 15) auquel cet *insignis nebulo* a ajouté trois pièces autographes à lui
> adressées, savoir : une lettre de l'auteur Albert Glatigny, en vers ; son portrait-
> charge au crayon, portant cette épigraphe :
>
> > C'est Glatigny, plus beau que nature, Apollon
> > Des endroits où l'on dit : Ces dames au Salon !
>
> enfin, une lettre de Rops, contenant un croquis à la plume et au crayon du
> frontispice projeté, qui est en deux épreuves en tête du volume. Le tout
> *époustouflant.*

691. La Chambeaudie. Les Hors-d'œuvre de Pierre de La Chambeaudie. *Bruxelles*, 1852-1868. — In-8, cart. en percaline jaune.

Exemplaire de l'éditeur Poulet-Malassis, sur papier de Chine, Nᵒ ı sur deux.

692. Lemercier. Les Quatre Métamorphoses, poëmes par Népomucène Lemercier, précédés d'une Étude par Charles Monselet. Sur l'imprimé de Paris, 1784-1866. — In-8, front. gravé, cart., tête dor., n. r.

Exemplaire de l'éditeur Poulet-Malassis, en grand papier de Hollande (tirage à 15 exemplaires) ; deux épreuves du frontispice de Rops.

693. ALBUM D'HENRI MONNIER. Cinquante-deux planches, dessinées et coloriées par Henri Monnier, et réunies en un Album in-4 en demi-mar. violet à grains longs. Sur la feuille de garde, de la main de l'auteur, ces mots : « HENRI MONNIER, EXEMPLAIRE ORIGINAL, COLORIÉ PAR LUI ». Les costumes des *acteurs* sont, comme la modeste reliure de l'album, qu'on n'a pas voulu changer, de la fin de la Restauration.

Polissonneries très gaies et très amusantes, exécutées avec une maestria vraiment remarquable. Recueil précieux.

694. MUSÉE ROYAL DE NAPLES. Peintures, bronzes et statues érotiques du Cabinet secret, avec leur explication par le Colonel Famin, contenant soixante gravures. *Paris, chez l'Éditeur, Palais-Royal, 2 et 3, Galerie de Chartres*, 1857. — In-4, demi-mar. violet, dos fleuronné, n. rogné.

Exemplaire nᵒ 265 auquel il manquait d'abord une figure, qui a été remplacée par un de ces coups de fortune dont ces pauvres bibliomanes gardent précieusement le souvenir. Voir les pièces liminaires ajoutées au bouquin.

695. LE PARNASSE SATYRIQUE DU XIXᵐᵉ SIÈCLE , Recueil de vers piquants et gaillards de MM. de Béranger, V. Hugo,

E. Deschamps, A. Barbier, A. de Musset, Barthélemy,
Protat, G. Nadaud, de Banville, Baudelaire, Monselet,
etc. etc.

PIGRITIA

INVIDIA . AVARITIA

SUPERBIA

FUROR . LUXURIA

GULA

Rome, à l'Enseigne des sept péchés capitaux, 1866. —
2 vol. in-12, pap. vergé fort, front. à l'eau-forte, demi-mar.
bleu et coins, tête dor., n. r. (*Schavye.*)

Exemplaire de l'éditeur, Poulet-Malassis, qui a joint au 1er volume, cinq
épreuves sur chine du frontispice de Rops.

696. LE NOUVEAU PARNASSE SATYRIQUE du XIXme siècle, suivi
d'un appendice au Parnasse Satyrique. *Eleutheropolis, aux
devantures des Libraires; ailleurs dans leurs arrière-
boutiques*, 1866. — In-12, front., demi-mar. bleu et coins,
tête dorée, n. r.

Exemplaire en papier vergé très fort, de l'éditeur Poulet-Malassis, qui l'a
orné de quatre épreuves sur chine du frontispice de Rops. Ce supplément au
Parnasse du 19e siècle a occasionné, en son temps, un joli boucan dans
Landerneau.

697. LE THÉATRE ÉROTIQUE DE LA RUE DE LA SANTÉ. Son Histoire. *Batignolles*, 1864-1866. — In-12, front., demi-
mar. rouge, tête dorée, n. r.

Exemplaire tiré petit in-4, pour l'éditeur Poulet-Malassis, sur papier de
Hollande, Frontispice de Rops en deux couleurs ; notice manuscrite de l'éditeur;
lettres autographes des auteurs des pièces représentées au Théâtre Erotique ;
pièces justificatives; lettres d'invitation, Règlement, etc., également autographes. Volume très amusant et VRAIMENT PRÉCIEUX.

698. UN ÉTÉ A LA CAMPAGNE. Correspondance de deux
jeunes Parisiennes recueillie par un Auteur à la mode,
1868. — In-16, pap. de Holl., front. de Rops, mar. rouge,

25

tête dor., non rogné, large dentelle à la Derome, dos orné
à petits fers.

Livre amusant. Exemplaire recommandé par l'ex-libris de Le Barbier de
Tinan — un Satyre *menaçant.*

699. OCTAVE UZANNE. LE CALENDRIER DE VÉNUS. *Paris, Rou-
veyre,* 1880. — In-8, mar. rouge jans., larges dent. int.,
doub. de tabis, tr. dor., non rogné. (*Marius Michel.*)

Exemplaire sur papier renage (N° 4) avec double état des couvertures
et triple état des frontispices.

700. Octave Uzanne. La Gazette de Cythère, avec une notice
historique. *Paris, Quantin,* 1881. — Grand in-8, demi-
mar. grenat, doré en tête, n. r. (*Frantz.*)

Double état du Frontispice par Gaujean, et de la petite figure en tête.
Tirage à part du texte.

701. Octave Uzanne. Les Mœurs secrètes du 18me siècle,
avec Préface, Notes et Index. *Paris, Quantin,* 1883. —
Gr. in-8, demi-perc. vert pomme, dos très orné, fers
spéciaux.

Figure en couleurs de P. Avril.

702. LES VACANCES DE M. L. P. (Protat). — In-12, cart.
en toile jaune.

Exemplaire de l'éditeur, Poulet-Malassis, sur papier de Chine, avec deux
états du monstrueux frontispice de Rops.

703. (VERLAINE). LES AMIES, Sonnets par le licencié Pablo de
Herlagnez. *Ségovie,* 1868. — In-8, demi-mar. bleu, coins,
tête dorée, non rogné.

Exemplaire en grand papier de Hollande, de l'éditeur Poulet-Malassis, qui
a fait relier avec le volume trois lettres autographes de l'auteur Paul Verlaine.

X. — APOPHTEGMES ET PROVERBES.

704. Apophtegmata grœca regum et ducum, philosophorum item, aliorum que quorundam : in Plutarcho et Diogene Laertio. Cum latinâ interpret. Loci aliquot in græco contextu emendati fuerunt : aliorum autem quorundam emendationem cum nostris editionibus Plutarchi et Laertii atque Stobæi accipies. *Anno* 1568, *Excudebat Henricus Stephanus* illustris viri Huldrichi Fuggeri typographus. — Petit in-8, mar. rouge, fil., tr. dor. (*Rel. anc.*)

Ce long titre de maître Henri est tout bonnement une réclame pour trois publications qu'il prépare. Notons aussi le titre dont se pare ce grand Imprimeur : « Typographe de l'illustre Uldrich Fugger. »

705. Caroli Bovilli Samarobrini proverbiorum vulgarium Libri tres. Vænundantur a *Gallioto Pratensi* sub primo pilari aulæ Regiæ, et ab *Joañe Roigny in* viâ Jacobœa, 1531. — In-8, lettres rondes gr. majusc., mar. citron, tr. dor., fil. à fr.

Exemplaire, à toutes marges, d'un livre précieux chaudement recommandé par Ch. Nodier. (Description d'une jolie collection de livres, page 431.) L'auteur, Charles de Bouville, était chanoine de Noyon.

706. PROVERBIA GALLICANA secundum ordinem alphabeti reposita et ab Joañe Ægidio Nuceriensi latinis

versiculis traducta. *On les vend à Lyon en la maison du feu Prince.* — Petit in-8 gothique, mar. rouge, tr. dor. (*Cuzin.*)

Reliure magistrale sur un volume très rare, et très précieux pour l'histoire des mœurs de la langue Française, à la fin du moyen-âge. Les proverbes, comme l'annonce le titre, sont en Français, accompagnés de leur traduction latine.

707. Proverbii di Messer Antonio Cornazano in facetie. *Parigi, dai torchi di P. Didot il magg.*, 1812. — In-12, demi-mar. bleu, coins, non rogné. (*Thouvenin.*)

Exemplaire de Cicongne, en papier bleu. Quelques transpositions, les seules que j'aie rencontrées sous la signature de Thouvenin.

XI. — EMBLÈMES ET DEVISES.

CLASSEMENT ALPHABÉTIQUE.

708. (ALCIAT). EMBLEMATA D.-A. Alciati, denuo ab ipso autore recognita, ac quæ desirabantur, imaginibus locupletata. Accesserunt nova aliquot ab autore Emblemata suis quoque eiconibus (*sic*) insignita. *Lugduni, apud Mathiam Bonhomme*, 1551. — In-8, front. et fig., mar. brun, dos fleuronné, dent. et milieux ornés dans le style du 16me siècle, tr. dor. (*Capé.*)

Très bel exemplaire. 220 sujets gravés et 112 encadrements variés.

709. BRUNES (JOANNIS DE). I. C. EMBLEMATA of Zinne Werck. *T'Amsterdam, by Abraham Latham*, S. d. — In-4, vélin. (*Behrends.*)

Nombreuses figures, sur l'une desquelles se lit le nom de Guillaume de Pas. La plupart, très finement exécutées, représentent des intérieurs hollandais des premières années du 17e siècle : une femme lavant son enfant près du feu, des réunions de bonne compagnie, un bal intime, etc. Une de ces figures représente l'intérieur d'une cave : la date de 1623 qui figure sur un tonneau peut être considérée comme indiquant celle de la publication. Des citations très étendues de Ronsard, *le Nason François*, ajoutent à l'intérêt de ce livre très curieux.

710. ETHICA NATURALIS seu documenta moralia e variis rerum Naturalium proprietatibus Virtutum Vitiorum que Symbo-

licis imaginibus collecta à Christophoro Weigelio. *Norim-bergæ.* — In-4, mar. La Vallière, dentelles, tr. dor.

Belles épreuves de cent figures, la plupart remarquables. Témoins. Les légendes paraissent avoir été rédigées par un Janséniste qui aurait eu à se plaindre du beau sexe.

711. (GIOVIO). DIALOGO DELL' IMPRESE MILI-TARI ET AMOROSE di Monsignor Giovio Vescovo di Nocera; et del Gabriel Symeoni Fiorentino, Con un ragionamento di M. Lodovico Domenichi nel medesimo Soggetto. *In Lyone, appresso Guglielmo Rovillio,* 1574. — In-8, réglé, fig. sur bois, mar. noir à compartiments d'or et de couleurs. (*Rel. anc.*)

Première reliure du XVIme siècle reproduite page 236 du « Voyage dans un Grenier ».

712. JUNII (HADRIANI) EMBLEMATA. Ejusdem Ænigmatum Libellus. *Lugduni Batavorum, ex officinâ Plantiniana apud Franciscum Raphelengium,* 1596. — Petit in-18, mar. rouge, tr. dor. (*Capé.*)

Grandes marges. Bois fatigués.

713. (SCHONOVIUS). EMBLEMATA Florentii Schonovii, J. C. Goudani, partim Moralia, partim etiam civilia... *Lugduni Batavorum, ex officina Elzeviriana,* anno 1626. — Petit in-4, front. et fig. dans le texte, veau marbré, dos doré en plein. (*Rel. anc.*)

Curieuse reliure hollandaise.

714. (VŒNIUS). AMORUM EMBLEMATA. Figuris æneis incisa, studio Othonis Vœni Batavo-Lugdunensis. Emblemes of Love with verses in Latin, English and Italian. *Antwerpiæ,*

Venalia apud Auctorem, 1608. — In-4 oblong, dans sa première reliure en vélin.

Belles épreuves : texte en *vieil anglais* très curieux.

715. OTHONIS VŒNI. EMBLEMATA HORATIANA, imaginibus in æs incisis atque Latino, Germanico, Gallico et Belgico carmine illustrata. *Amslelodami, apud Henricum Wetstenium,* 1684. — In-8, veau brun, dos orné. (*Rel. anc.*)

Exemplaire en grand papier. Une figure tirée à contre-sens, page 81, indique un *tout premier* tirage. Le dos du volume est comme *porphyrisé*.

XII. — COLLECTIONS, RECUEILS DE PIÈCES,

ALBUM AMICORUM, JOURNAL DE BANQUE.

716. COLLECTION DES PETITS CHEFS-D'ŒUVRE ANTIQUES publiée par Quantin. *Paris*, 1878-1887. — 14 volumes in-18, vignettes coloriées. Les 13 premiers brochés, dans des étuis de percaline bleue, le 14me (l'Ane) relié, *absolument non rogné*, en mar. La Vallière clair.

. *Collection complète sur papier du Japon. Plusieurs volumes tirés sur ce papier sont devenus très rares.*

717. RECUEIL DE TRENTE PIÈCES PUBLIÉES DE 1612 A 1624. Plusieurs sont ornées de figures, dont une très curieuse : *Le Pressoir des Esponges du Roy.* Ce titre indique la *caractérisque* du Recueil. Parmi ces pièces, dont plusieurs sont intéressantes, il en est une, malheureusement, dont une page a été arrachée par un lecteur non moins idiot que pudibond. — Format in-12, mar. rouge, tr. dor., fil. à la Du Seuil. (*Rel. anc.*)

718. RECUEIL DE PIÈCES diverses rassemblées par MÉRARD ST-JUST, savoir : Coriolan, tragédie, par M. Balze. *Paris, Prault,* 1776. — Dialogue sur le Goût entre le vieil Ariston et le jeune l'Empirée, par M. Coustillier (en vers). *Paris, Esprit,* 1776. — L'Ecole des Mœurs, ou les suites du libertinage, drame en 5 actes et en vers, représenté à la Comédie Française, le 13 mai 1776. *Paris, veuve Duchesne*

et Ruault, 1776. — Coup d'Essai d'un Ecolier, ou poësies de M. d'Espi.... *Paris, Vincent,* 1786. — Lettre de Pétrarque à Laure..., papier vélin fort, fig. de Gravelot. *Paris, Jorry,* 1765. — Lettre de Sapho à Phaon...., par M. Blin de Sainmore, pap. vélin fort, figures de Gravelot et d'Eisen ; Le parfait ouvrage ou Essai sur la Coeffure.... Très joli frontispice et cul-de-lampe original, 1776. — Satyre, au Comte de B***, par M. Robbé de Beauveset, 1776. — Mémoire sur le commerce des bronzes...., par Magnien. *Amsterdam,* 1776. — Neuf pièces in-8, mar. rouge, filets, tr. dor. (*Rel. anc.*)

Superbe exemplaire, aux armes de Mérard-St-Just.

719. ALBUM AMICORUM de Christophe-Jacques Lansperger, pour les années 1615, 1616 et 1617. Outre les autographes en toutes langues inscrits, en l'honneur du propriétaire de l'album, sur bon nombre de ses pages, ce volume contient 33 miniatures, dont la plupart, très finement exécutées, sont du plus vif intérêt au point de vue des costumes du premier quart du XVIIme siècle. Un conciliabule de gentilshommes en rase campagne, page 139, offre un brillant spécimen de ces miniatures. Les feuillets de l'album ont 185 millim. de large sur 144 millim. de haut. On n'a pas voulu faire *retaper* sa première reliure très fatiguée, en veau fauve, tr. dor., fil., dentelles et milieux dorés, fermoirs en cordonnet de soie verte.

720. JOURNAL DE L'ANCIENNE MAISON DE BANQUE TOURTON du 27 octobre 1685 au 29 mars 1688. — In-folio de 608 pages, mar. tête de nègre à grains longs, larges dentelles et rosaces gaufrées, fil. dorés à compart., fleurons. (*Thouvenin.*)

Curieux manuscrit d'une belle écriture bâtarde, très lisible, donnant une idée très nette des relations d'une grande maison de banque parisienne, au

26

dernier quart du 17ᵉ siècle, avec de nombreux clients et correspondants français et étrangers. Les relations les plus importantes de la maison Tourton sont avec Strasbourg, et les plus grandes villes de la Hollande et de l'Allemagne du Nord. Elle ne faisait pas seulement des opérations de Banque, mais se chargeait aussi pour ses clients d'acquisitions diverses, vêtements, étoffes, dentelles, *perruques*, armes de parade, et bibelots divers dont le détail, accompagné du prix de chaque objet et de la somme payée en Douane, pour la sortie du Royaume, offre un véritable intérêt.

En haut du plat recto, sur la garde intérieure, Thouvenin a dévotement reporté une étiquette du marchand qui vraisemblablement avait fourni à la maison Tourton, dans sa reliure primitive, le *journal* si luxueusement rhabillé. En voici le texte pour les *antiquaires maniaques* : « Au Grand Livre de » Lyon, Richard marchand à Paris demeurant Ruë Aubry Boucher, Fait et vend » toute sorte de Registres, ancre double, vend aussi Papier doré, Papier batu » et coupé et autres Papiers, Plumes, Cire d'Espagne, Canifs, Escritoires et » autres marchandises. »

Nos papetiers fin de siècle riraient bien d'une pareille annonce : mais on chercherait en vain dans leurs salons du papier qui vaille celui du sieur Richard.

HISTOIRE.

I. — ARCHÉOLOGIE. GÉOGRAPHIE. VOYAGES.

721. (Baudelot). De l'Utilité des Voyages, et de l'Avantage que la recherche des Antiquités procure aux Sçavants, par M. Baudelot de Dairval, avocat au Parlement. *Paris, Pierre Auboüin et René Emery,* 1686. — In-12, figures, veau fauve, fil., tr. dorée. (*Capé.*)

Bel exemplaire en grand papier.

722. (Cochin). Voyage d'Italie, ou Recueil de notes sur les ouvrages de Peinture et de Sculpture qu'on voit dans les principales villes d'Italie, par M. Cochin, Chevalier de l'Ordre de St-Michel, Graveur du Roi, Garde des Desseins (*sic*) du Cabinet de S. M., Secrétaire de l'Académie Royale de Peinture et de Sculpture, et Censeur Royal. *Paris, Antoine Jombert,* 1758. — Trois tomes en un vol., veau marbré, tr. marbrée, fil. à froid, dos très orné. (*Rel. anc.*)

723. Damas et le Liban. Extraits du Journal d'un voyage en Syrie, au printemps de 1860 (*par le Comte de Paris*). *Londres, W. Jeffs*, 1861. — In-8, papier vélin, cart. à l'anglaise en percaline.

724. ÉTRENNES GÉOGRAPHIQUES, 1760. *A Paris, chez Ballard, Imprimeur du Roi,.... et aux Spectacles.* — In-12, frontispice et 26 cartes très finement gravées et coloriées, mar. rouge, tr. dor., larges dentelles. (*Rel. anc.*)

Charmant exemplaire aux armes du duc de Choiseul.

725. (LA BEDOYÈRE). JOURNAL D'UN VOYAGE EN SAVOIE et dans le Midi de la France, en 1804 et et 1805, par L. C. Henri de La Bedoyère, 2me édition, revue, corrigée, augmentée d'un appendice et ornée d'une gravure en taille-douce par Moreau le jeune. *Paris, Crapelet*, 1849. — In-8, veau fauve, fil., tr. dorée. (*Trautz-Bauzonnet.*)

Exemplaire de l'auteur en grand papier de Hollande ; épreuve avant la lettre de la dernière vignette gravée par Moreau.

726. NAPLES AND THE « CAMPAGNA FELICE », in a series of letters adressed to a friend in England in 1802. *London, Ackerman*, 1815. — Grand in-8, demi-mar. bleu, avec coins, dos très finement doré, entièrement non rogné. (*Reliure du temps.*)

Exemplaire *de Châteaugiron et de La Bédoyère.* Illustrations en couleur charmantes : cartes géographiques, paysages, reproductions de peintures de Pompéi et d'Herculanum ; scènes de voyage et caricatures signées de Rowlandson, dont le libraire Ackerman publiait, précisément dans la même année, les Charges Macabres pour son « English Dance of Death ». Ce volume a été adjugé au Toqué, à la vente du Comte de La Bédoyère, pour *trois francs !* par suite d'une distraction de L. Potier qui avait une commission d'achat à un prix très supérieur. Ses protestations n'ont pas été admises par la *Galerie*, et le Commissaire-priseur a maintenu le *bien-tapé* de son maillet.

727. Schliemann (Henri). Ilios, ville et pays des Troyens. Résultat des fouilles sur l'emplacement de Troie et des explorations faites en Troade, de 1871 à 1882, avec une autobiographie de l'auteur, 2 cartes, 8 plans et environ 2,000 gravures sur bois. Traduit de l'anglais par Madame E. Egger. *Paris, Firmin-Didot et Cie*, 1885. — In-4, demi-chagrin grenat, toile gaufrée et mosaïquée de noir, plaque spéciale des Éditeurs.

728. Souvenirs du Voyage en Espagne en en Portugal, de MM. Lesouef et de Rosny, par Léon Prunol. Planches photographiées ou reproduites d'après les croquis de l'auteur. Tome premier. *Paris, se donne, mais ne se vend pas*. — In-4, rel. en percaline rouge, aux armes Royales d'Espagne, tête dorée, non rogné.

> Tirage à cent exemplaires, N° 37. Sur le faux-titre : Taureaux et Mantilles, Souvenirs de voyages, I.
>
> Existe-t-il un second Tome ? Le généreux donateur du Tome Ier pardonnera-t-il au Toqué (qui rougit de ne plus savoir comment ce beau volume est entré au Grenier) de mettre en vente ce qui ne se vend pas ?

729. Suecia, sive de suecorum Regis dominiis et opibus, commentarius politicus. *Lugduni Batav., ex officinâ Elzeviriana*, 1631. — Très petit in-16, réglé, mar. rouge, tr. dorée, filets, compartiments, milieux mosaïqués de vert et dorés aux petits fers. (*Rel. anc.*)

> *Frontispice remarquable ; charmante reliure exécutée par Le Gascon pour Habert de Montmor, reproduite dans ses dimensions exactes, page 30 des Racontars.*

730. Toppfer. Voyages en Zigzag, ou excursion d'un pensionnat en vacances dans les Cantons suisses et sur le revers Italien des Alpes. *Paris, Dubochet*, 1844. — In-8, demi-veau.

> Très bel exemplaire, absolument non rogné, de *l'édition originale*, ornée de 54 vignettes.

731. Topffer. Nouveaux voyages en Zigzag à la Grande-Chartreuse, autour du Mont-Blanc, dans les vallées d'Herenz, de Zermatt au Grimsel, à Gênes et à la Corniche. *Paris, V. Lecou,* 1854. — Grand in-8, demi-chagrin vert, plats en toile, non rogné.

> Première édition. Illustrations, dont 48 grands sujets tirés à part y compris le frontispice. Bel exemplaire d'un livre qui devient rare.

II. — HISTOIRE GÉNÉRALE.
HISTOIRES PARTIELLES.
MÉMOIRES ET DOCUMENTS HISTORIQUES.

CLASSEMENT ALPHABÉTIQUE.

---

732. Actes et Négotiations de la Paix conclue à Turin et de celle conclue à Ryswick, diverses pièces, avec pagination séparée; table analytique à la fin du volume; 2 planches. *La Haye, Adrian Moetjens.* — In-12, veau fauve, tr. dor. (*Rel. anç.*)

733. ADVIS DE CEVLX QUI ONT ESTÉ A BLOYS, au temps du massacre advenu es personnes des defunts les Seigneurs le duc de Guyse, et le cardinal son frère, le vendredi avant veille de Noël 1588. S. L., 1589, 12 feuillets non chiffrés. — Les Regrets et Lamentations faictes par Madame de Guyse sur le trespas de feu Monsieur de Guyse son espoux. S. L., 1589, 8 feuillets non chiffrés. — Ensemble deux pièces en un vol. petit in-8, mar. rouge janséniste, dent. int., tr. dor. (*Thibaron-Echaubard.*)

734. (ANCRE). RECUEIL DE PIÈCES concernant la mort du Mareschal d'Ancre. Arrest de la cour de parlement contre le mareschal d'Ancre et sa femme prononcé et exécuté à Paris le 8 juillet 1617. *Paris, F. Morel, 1617.* — Bref recit de tout ce qui s'est passé pour l'exécution et

iuste punition de la marquise d'Anchre, avec son anagramme et deux épitaphes, dont l'une est chronologique. *Paris, A Saugrain*, 1617. — Le procez du marquis d'Ancre. *Paris, Saugrain*, 1617. — Les actions et regrets de la marquise d'Anchre après la prononciation de son arrest, etc. *Paris, Saugrain*, 1617. — Discours, regrets et harangue de la marquise d'Ancre, depuis la Conciergerie iusques sur l'eschaffaut, ensemble la remontrance à son fils, avec son oraison. *Paris, Guerreau*, 1617. — Les articles du testament de la marquise d'Ancre avant sa mort, en la Conciergerie. *Paris, Guerreau*, 1617. — Les souspirs et regrets du fils du marquis d'Anchre sur la mort de son père, et exécution de sa mère. *Paris, Saugrain*, 1617. — Destinée du mareschal d'Ancre par Pub. Virgile de Mantoue, au neuviesme de l'Eneide. *Paris, Bourriquant*, 1617. — Esco du marquis d'Ancre respondant en sa maison, entendu par les bons François. Ensemble l'action de grace de maistre Guillaume. *Paris, Guerreau*, 1617. — La divine vengeance sur la mort du marquis d'Ancre pour servir d'exemple à tous ceux qui entreprennent contre l'autorité des roys. *Paris, Ménard*, 1617. — Stances au roy sur la mort de Conchine, marquis d'Ancre. *Paris, Saugrain*, 1617. — La rencontre du marquis et de la marquise d'Anchre en l'autre monde, ensemble leurs discours avec le Roy Henry le Grand. *Paris, Saugrain*, 1617. — La descente du marquis d'Ancre aux enfers, son combat et sa rencontre avec maistre Guillaume. *Paris, Saugrain*, 1617. — Ensemble 13 pièces en 1 vol. in-8, mar. rouge, fil., tr. dor. (*Rel. anc.*)

De la bibliothèque du duc de La Vallière.

735. (BONAPARTE). SAC DE ROME, écrit en 1527 par Jacques Bonaparte, témoin oculaire. Traduction de l'italien par

N. L. B. *Florence, Imprimerie Grand-ducale,* 1830. —
In-8, demi-veau fauve, non rogné.

Traduction ornée d'un frontispice et de figures romantiques, dédiée à
Zénaïde Bonaparte, princesse de Musignano, par le futur Empereur des
Français.

736. (BOSSUET). DISCOURS SUR L'HISTOIRE
UNIVERSELLE. A Monseigneur le Dauphin. Par Messire Jacques-Benigne Bossuet, Evesque de Condom. *A
Paris, chez Sébastien Mabre-Cramoisy,* 1681. — In-4,
mar. rouge, fil., tr. dor., doublé de mar. rouge, doré en
plein d'un semis de croix Lorraines et de chiffres A M.
(*Rel. anc.*)

*Édition originale. Reliure magistrale exécutée par Boyet
pour Marie d'Aspremont, Duchesse de Lorraine.*

737. CARIONIS CHRONICON latine expositum et auctum multis
et veteribus et recentibus historiis, in narrationibus rerum
Græcarum, Germanicarum et Ecclesiasticarum, à Philippo
Melanthone. Accessit completissimus rerum ac verborum
memorabilium index. *Witebergæ, hæredes Georgii Rhau
excudebant,* anno 1560. — In-8, à toutes marges, veau
fauve, fil., tr. dor. (*Rel. anc.*)

Très belle impression en caractères italiques. Curieux portrait de Mélanchton
à l'âge de 60 ans. Bien que né en 1497, deux ans avant Carion, il avait été
l'élève de ce savant homme, mathématicien en même temps qu'historien. La
préface de Mélanchton est particulièrement intéressante au point de vue
religieux.

738. (CAYON). CHRONIQUE DE RICHER, moine de Senones,
traduction française du 16ᵐᵉ siècle, sur un texte beaucoup
plus complet que tous ceux connus jusqu'ici, publiée pour
la première fois, avec des éclaircissemens historiques, sur
les Manuscrits des Tiercelins de Nancy et de la Bibliothèque publique de la même ville, par Jean Cayon. *Nancy,*

Cayon-Liébault, 1842. — In-4, carré vergé, cart., non rogné.

N° 96 sur cent exemplaires. Pièces liminaires ajoutées.

739. CHRONIQUES, LOIS, MŒURS ET USAGES DE LA LORRAINE, au moyen-âge, recueillis par Jacques Bournon, Conseiller d'État sous le duc Charles III, procureur général du Barrois, Premier Président des Grands Jours de Saint-Mihiel en 1591, publiés pour la première fois par Jean Cayon. *Nancy, Cayon-Liébault*, 1838. — In-4, grand papier vergé, cart., non rogné, grande figure lith. sur le plat recto.

740. JEAN CAYON. SOUVENIRS et monuments de la BATAILLE DE NANCY. V janvier 1477. *Nancy, Cayon-Liébault*, S. d. A la fin : *Imprimerie de Prosper Trenel, à St-Nicolas-le-Port*, 1837. — Petit in-fol., papier vergé rose, figures sur bois très curieuses, cartonné, non rogné.

741. (JEAN CAYON). CHRONIQUES et description du lieu de la naissance à Lay-Saint-Christophe DE SAINT-ARNOU, Evêque de Metz, Duc d'Aquitaine et d'Austrasie, Tige des IIme et IIIme Races des Rois de France et d'autres Maisons souveraines et princières. Notices sur les Comtes du Chaumontais, Sires d'Amance, Princes de Lay, ducs de Scarpone et de Dieulouard; sur les Comtes de Metz, les Ducs et Princes de Nancy, les Ducs de Lorraine, leurs successeurs, par Jean Cayon, Inspecteur-Correspondant du Ministère de l'Intérieur pour les Monuments historiques du Département de la Meurthe, avec figures des monuments traditionnels de ces époques, en collaboration de L.-E. Ancelon, architecte. *Nancy, Cayon-Liébault*, 1856. — In-4, cart. Nombreuses figures.

Un des 30 exemplaires sur grand papier jésus vergé collé, de Rives.

742. (CHOUL). DISCORSO DELLA RELIGIONE antica DE ROMANI, composto in Franzese dal S. Guglielmo Choul, gentil-huomo Lionese…, tradot. in Toscano da M. Gabriel Simeoni Fiorentino. *In Lione, appresso Gugl. Rovillio*, 1559. Suivi de : Discorso Sopra la Castrametatione, et disciplina militare de Romani (même auteur, même traduc-teur, même date et même frontispice, heureusement, car celui de la première partie a souffert). Ce frontispice, ou plutôt cet encadrement du titre, qui paraît être de Jean Cousin, porte les chiffres et les croissants de Henri II et de Diane de Poitiers. — In-4, mar. rouge, fil., tr. dor. (*Rel. anc.*)

743. (COMMINES). CHRONIQUE ET HYSTOIRE faicte et cõposée par feu Messire Phelippe de Cõmines Chevalier : Seigneur Dargenton : contenant les choses advenues durant le règne du roy Loys unziesme tant en France, Bourgongne, Flandres, Arthois, Angleterre, que Espaigne et lieux circunvoisins. Nouvellement reveue et corrigée. Avec la table des chapitres contenuz en ladicte chronique. A la fin : *Et fut achevé d'imprimer le quin-ziesme jour du moys de fevrier l'an mil cinq cẽs XXV par Maistre J. G.* Au verso de ce dernier feuillet, la marque de l'Imprimeur. — Petit in-fol., mar. citron, fil., tr. dor. (*Rel. anc.*)

C'est la seconde édition de cette chronique. Voir une note sur la première garde recto.

744. LE COURONNEMENT DE SOLEÏMAAN, 3me roi de Perse, et ce qui s'est passé de plus mémorable dans les deux pre-mières années de son règne. *Paris, Claude Barbin*, 1671. — In-8, figures, rel. en vélin, non rogné.

Première publication du voyageur Jean Chardin. Exemplaire du Comte de La Bédoyère.

745. (L'Estoile). Journal de Henri III, roy de France et de Pologne, ou Mémoires pour servir à l'histoire de France, par M. Pierre de l'Estoile. Nouvelle édition : accompagnée de Remarques Historiques, et des Pièces manuscrites les plus curieuses de ce Règne. *A la Haye, et se trouve à Paris, chez la veuve de Pierre Gandouin....*, 1744, 5 vol. in-8, portrait de Henri III. — Journal du Règne de Henri IV, Roi de France et de Navarre. Par M. Pierre de l'Etoile, Grand Audiencier en la Chancellerie de Paris. Avec des Remarques Historiques et Politiques du Chevalier C. B. A., et plusieurs Pièces Historiques du même temps. *A la Haye, chez les Frères Vaillant,* 1741. 4 vol. in-8. — Ensemble 9 vol. in-8, veau fauve, tranche rouge, dos orné. (*Rel. anc.*)

746. Le même. Journal de Henri III seulement. — 5 vol. in-8, veau écaille, dos très orné, tr. dor. (*Rel. anc.*)

Aux armes du Duc d'Aumont.

747. (Gérard de Roussillon). S'ensuyt l'Hystoire de Monseigneur Gérard de Roussillon, jadis duc et conte de Bourgongne et d'Acquitaine. *Lyon, par Louis Perrin,* 1856. — In-8, papier vergé teinté, demi-mar. carmin, fil., dos orné, coins, tête dor. (*Capé.*)

Très joli volume.

748. (Girard du Haillan). De l'Estat et du succès des affaires de France. Œuvre, depuis plusieurs précédentes Éditions, augmenté de plusieurs belles recherches, contenant sommairement l'Histoire des Roys de France et les choses plus remarquables par eux instituées pour l'establissement et grandeur du Royaume et authorité, par Bernard de Girard Seigneur du Haillan. *A Rouen, chez Jean du Bosc,* 1611. — In-8, dans première reliure en vélin, à toutes marges.

749. (Henault). Nouvel abrégé chronologique de l'Histoire
de France, contenant.... Troisième édition revue, corrigée,
augmentée et ornée de vignettes et fleurons en taille-douce
(par Cochin). *Paris, Prault père, Prault fils, Denis et
Saillant*, 1749. — In-4, mar. citron, dentelles, tr. dor.
(*Rel. anc.*)

750. Histoire des choses mémorables, avenues en France
depuis l'an 1547 jusqu'au commencement de l'an 1597.
Dernière édition. Imprimé l'an de notre Salut 1599. —
In-8, réglé, veau fauve, fil. et dent. à froid, dos orné à
petits fers, tr. dor., à toutes marges. (*Jhrig.*)

751. Histoire véritable de ce qui s'est passé à Thoulouze à la
fin du mois d'ottobre 1632, en la mort de Monsieur de
Montmorency, précédée d'une notice sur le Duc et la
Duchesse de Montmorency. *Toulouse, Auguste Abadie,
Libraire*, 1859. — La Montmorenciade, poëme imprimé à
65 exemplaires. — 2 plaquettes in-12 (la première ornée
d'un portrait) réunies en un vol., demi-mar. rouge, dos
orné à petits fers, tête dorée, non rogné. (*Abadie.*)

Le relieur n'était autre que le poète, auteur et éditeur des deux pièces.

752. Introduction à la Révolution des Pays-Bas et à l'histoire
des Provinces-Unies. 1754. — Trois tomes en un vol.
in-12, mar. rouge, tr. dor. (*Rel. anc.*)

Aux armes de Madame d'Isarn, dame de Villefort et d'Auxy. Le dos est orné
de croissants et d'hermines ; les croissants tirés des armes du mari (*naturellement*) ; les hermines des armes de la Dame dont le Toqué ignore le nom et qui
portait d'azur, au franc canton d'hermines. Sur la garde, note manuscrite :
« Ex-libris Michel de Colonia ». Volume intéressant.

753. (LE MAIRE DE BELGES). LES ILLUSTRATIONS
DE GAULLE et Singularités de Troye, contenant trois
parties, avec l'Epistre du Roy Hector de Troye, le traité de

la différence des Scismes et des Concilles, la vraie hystoire
et non fabuleuse du prince Syach Ismail dict Sophy. Le
tout composé par excellent hystoriographe maistre Jean le
Maire de Belges, en son vivant Secrétaire de Sacrée Princesse Madame Anne de Bretaigne, deux fois Royne de
France, avec plusieurs autres additions faicte par ledict
Autheur. Nouvellement reveu et corrigé. *Imprimé à Paris,
1548. On les vend à Paris au Palais en la gallerie par
ou on va en la Chancellerie, par Vincent Sertenas.* Grande
marque de Vincent Sertenas sur le titre, avec la signature
de Joan. de Daillon. — In-4, réglé, dans sa première
reliure du 16ᵐᵉ siècle, en veau brun à compart., mosaïqués d'or et de couleurs.

754. (Margeret). Estat de l'Empire de Russie, et grande
Duché de Moscovie, avec ce qui s'y est passé de plus mémorable et Tragique, pendant le règne de quatre Empe-
reurs : à sçavoir depuis l'an 1590 jusqu'en l'an 1606, en
septembre. Par le Capitaine Margeret. *A Paris, chez
Jacques Langlois, fils,* 1669. Réimprimé, sans changement,
en 1821. — In-12, demi-mar. rouge et coins, tête dor.,
non rogné. (*Thouvenin.*)

Exemplaire du Comte de La Bédoyère.

755. Mémoires de Mʳ L. C. D. R. (comte de Rochefort),
contenant ce qui s'est passé de plus particulier sous le
Ministère du Cardinal de Richelieu et du Cardinal Mazarin,
avec plusieurs particularités remarquables du Règne de
Louis le Grand. Cinquième Edition, Revue, corrigée et
augmentée d'une Table des Matières. *A Amsterdam,
François L'Honoré et fils,* 1742. — In-12, veau fauve, fil.,
tête dorée, non rogné. (*Hering et Muller.*)

Bel exemplaire en tête duquel se trouve un ample catalogue des livres de
l'éditeur.

756. Mémoires de M. D. L. R. (de La Rochefoucauld) sur les Brigues à la mort de Louis XIII. Les guerres de Paris et de Guyenne, et la Prison des Princes. Apologie pour Monsieur de Beaufort. Mémoires de Monsieur de La Chastre. Articles dont sont convenus Son Altesse Royale et Monsieur le Prince pour l'expulsion du Cardinal Mazarin. Lettres de ce Cardinal à Monsieur de Brienne. *A Cologne , chez Pierre Van Dyck (à la Sphère),* 1662. — Petit in-12 , pap. fort, dans sa première reliure en vélin de Hollande.

757. Mémoires ou Essai pour servir à l'histoire de F.-M. Le Tellier, Marquis de Louvois, Ministre et Secrétaire d'Etat de la Guerre sous le règne de Louis XIV. *A Amsterdam, chez Michel Charles Le Cène,* 1740. — In-16, demi-mar. bleu, coins, fil., dos très orné, tête dor., non rogné.

758. Mémoires pour servir a l'histoire de France , contenant ce qui s'est passé de plus remarquable dans ce Roiaume, depuis 1515 jusqu'en 1611, avec les portraits des Rois , Reines , Princes , Princesses et autres personnes illustres dont il y est fait mention. *A Cologne, chez les héritiers de Herman Demen,* 1719. — 2 vol. in-8, mar. rouge, dent., tr. dor. (*Bozérian jeune.*)

Très bel exemplaire à toutes marges d'une édition (donnée à Bruxelles par Jean Godefroy), du texte de Lestoile, qui contient les passages supprimés dans celle de l'abbé Lenglet. *Portraits très curieux.*

759. (MEZERAY). HISTOIRE DE FRANCE AVANT CLOVIS. L'origine des François , et leur establissement dans les Gaules, l'Estat de la Religion et la Conduite des Eglises dans les Gaules, jusqu'au règne de Clovis. Par le Sr de Mezeray (*au querendo*). *A Amsterdam, chez Abraham Wolfgang, Près de la Bourse,* l'an 1692, avec Privilège

de Messieurs les Etats de Hollande, et de West-Frise. —
Un tome divisé en 2 vol. mar. olive, doublé de mar.
rouge, tr. dor., riches dentelles à l'extérieur et à l'intérieur.
(*Rel. anc.*)

> Magnifique reliure exécutée par *Boyet*, pour le régent de France *Philippe
> d'Orléans*. — Sur les plats, une large bordure composée d'entrelacs à petits
> fers formant médaillons, avec séparations de branches de feuillage : au centre
> des médaillons, une couronne ducale (entre deux petites étoiles) alternant avec
> une fleur de lys. — Aux quatre coins de cette bordure des sujets allégoriques,
> *le coq gaulois* (emblème des d'Orléans), des *cerfs* et un *lévrier* en laisse. A
> l'intérieur, la doublure de maroquin rouge est ornée d'une très large dentelle
> à petits fers, dans laquelle on retrouve la fleur de lys alternant avec des margue-
> rites ; le dos est également orné et l'ensemble est charmant.
>
> La reliure de ces deux beaux volumes est d'une conservation irréprochable
> et n'a jamais subi de réparation.

760. ORLÉANS (LE DUC D'). NOTES SUR L'AS-
SEMBLÉE DES NOTABLES (réunie en 1787), par
un des Présidens des Bureaux (Le Duc d'Orléans). *Carnet
autographe* du Prince qui présidait, ainsi que les autres
Princes du sang, un des bureaux de cette assemblée, sous
la Présidence générale de S. A. R. le Comte de Provence
(depuis Louis XVIII), frère du Roi. Ce carnet est entièrement écrit de la main de *Philippe Égalité*, sauf les documents officiels communiqués aux bureaux et que le Duc
faisait transcrire par son Secrétaire. Il se compose de :
1⁰ 128 pages chiffrées résumant les séances du jeudi
22 février 1787 au lundi 7 mai inclus de la même année.
(Pas de séance le mardi 8) ; 2⁰ 21 feuillets, soit 42 pages non
chiffrées, résumant les séances du mercredi 9 mai au
lundi 21 inclus ; 3⁰ Un feuillet blanc ; 4⁰ Un feuillet
portant au recto une note destinée à rectifier le compte-
rendu de la séance du 22 février, figurant en tête du carnet ;
5⁰ Onze feuillets blancs ; 6⁰ Un feuillet daté du 28 février
avec ce titre : Notte fournie par M. de Calonne ; 7⁰ Trois
feuillets blancs. Le carnet, recouvert en vélin vert, est

renfermé dans un étui de mar. rouge, doublé de tabis, au chiffre du duc d'Orléans.

Voir dans les « Racontars », page 104 et 105, le fac-simile du brouillon d'une lettre à Louis XVI, contenu dans ce carnet.

761. PERIZONII (JAC.). Rerum per Europam maxime gestarum ab ineunte sæculo Sexto-decimo usque ad Caroli V mortem COMMENTARII HISTORICI, cum Indice Locupletissimo. *Lugduni Batavorum, apud Joannem Van de Linden juniorem,* 1710. — In-12, veau fauve, tranche rouge. (*Rel. anc.*)

Frontispice remarquable. Bel exemplaire de la Bibliothèque du Prince de Soubise ; dos armorié.

762. PEYRE (ROGER). NAPOLÉON Ier et son temps. Histoire militaire, gouvernement intérieur, lettres, sciences et arts, ouvrage illustré de 13 planches en couleur et de 431 gravures et photogravures, d'après les documents de l'époque et les monuments de l'Art, et accompagné de 21 cartes et plans. *Paris, Firmin-Didot et Cie*, 1888. — Grand in-8, broché.

Papier du Japon. N° 25 sur cent exemplaires.

763. (RABAUT). PRÉCIS HISTORIQUE DE LA RÉVOLUTION FRANÇOISE, par J.-P. Rabaut. Suivi de l'acte Constitutionnel des François, ouvrage orné de gravures d'après les dessins de Moreau, *figures avant la lettre.* Seconde édition augmentée de réflexions politiques sur les circonstances présentes, par le même auteur. *Paris, Onfroy ; Strasbourg, Treuttel. De l'Imprimerie de P. Didot l'aîné,* 1792. — Petit in-12, pap. de Hollande, mar. rouge, filets, fleurons, tr. dor. (*Rel. anc.*)

Superbe exemplaire, à toutes marges, auquel on a ajouté deux portraits : à la fin celui de Bailly ; au commencement celui du propriétaire du volume, J. N. Parisot, député à la Constituante, Président du tribunal criminel de l'Aube, dont le nom est doré à l'intérieur du plat recto.

28

764. RECUEIL DE LETTRES, INSTRUCTIONS ET RAPPORTS AUTOGRAPHES des Maréchaux et Généraux du premier Empire. — In-4, demi-basane verte. Avec une table manuscrite des documents réunis dans le volume, très curieux.

765. (TALLEMANT). LES HISTORIETTES de Tallemant des Réaux, troisième édition, entièrement revue sur le manuscrit original, par MM. de Montmerqué et Paulin Paris. *Paris, Techener,* 1854. — Neuf volumes in-8, demi-mar. rouge, tête dorée, non rogné. (*Brany.*)

Bel exemplaire en grand papier.

766. (Tamerlan). Ahmedis Arabi vitæ et rerum gestarum Timuri qui vulgo Tamerlanus dicitur Historia. *Lugduni Batavorum, ex typographia Elzeviriana,* 1636. — In-4, veau fauve, tr. bleue pointillée de jaune. (*Rel. anc.*)

Titre rouge et noir dans un frontispice gravé. Bel exemplaire de Pieters.

767. (Turpin). Chronique de Turpin. *Paris, Silvestre,* 1835. Réimpression gothique à 2 col. — In-4, demi-mar. vert, coins, filets, tête dor., non rogné. (*Raparlier.*)

Traduction du Latin de Robert, moine de l'abbaye de St-Remy, au XIVe siècle. (N° 87 sur 125 exemplaires)

768. VILLEHARDOUIN (GEOFFROY DE). CONQUÊTE de Constantinople, avec la continuation de Henri de Valenciennes. Texte original accompagné d'une traduction par M. Natalis de Wailly, membre de l'Institut. *Paris, Firmin-Didot frères, fils et C*ⁱᵉ, 1874. Suivi de : Geoffroy de Villehardouin (Conquête de Constantinople). Analyse Historique et Littéraire par Marius Sepet. — Un gros volume et une brochure, in-4.

Grand papier, N° 114.

III. — BLASON, NOBLESSE,
ORDRES DE CHEVALERIE,
FRANC-MAÇONNERIE.

CLASSEMENT ALPHABÉTIQUE.

769. (BEAUCHAINE). PIÈCES DIVERSES CONCER-
NANT L'ART ROYAL du V. de Beauchaine. Manus-
crit sur papier, dédié au Frère Colbert, Marquis de
Seignelay, Protecteur singulier de la Loge « *la Constance* ».
— Format in-4, mar. rouge, doré en plein, tr. dor., dos et
plats ornés d'emblèmes maçonniques. (*Rel. anc.*)

Très belle reliure, aux armes du Marquis de Seignelay,
exécutée vers l'an 1765. Les pièces qui composent ce
manuscrit, Dédicace, Éloges de Colbert et du Roy Louis XV
(le bien-aimé), Cantiques maçonniques, etc., sont encadrées
d'eaux-fortes, la plupart avant la lettre, composées exprès,
et dont quelques-unes ne sont pas sans mérite.

La reliure figure (Tome II, page 157) dans le nouvel *Armorial du
Bibliophile*, très savant et très complet, que Joannis Guigard vient de publier
avec le concours intelligent d'Émile Rondeau (ancienne Librairie Fontaine).

770. Chansons notées de la très vénérable Confrérie des
Francs-Maçons, dédiées au très respectable Grand-Maître
des Loges de France, Monseigneur le Comte de Clermont,
Prince du Sang. Le tout, recueilli et mis en ordre par Frère

Naudot. — In-12, front., fleurons, texte et musique entièrement gravés, papier vélin extra fort, mar. La Vallière, tr.
dor., dentelles, coins fleuronnés. (*Rel. anc.*).

*Exemplaire de dédicace aux armes du Comte de Cler-
mont, entourées d'emblèmes maçonniques.*

771. (DUBUISSON). ARMORIAL ALPHABÉTIQUE des principales
Maisons et familles du Roiaume, et particulièrement de
celles de l'Isle de France. Par M. Dubuisson. Ouvrage
enrichi de près de quatre mille Ecussons gravés en taille-
douce. *A Paris, aux dépens de l'Auteur, chez Guérin et
Delatour, Laurent Durand et la veuve Le Gras,* 1757.
— 2 vol. in-12, mar. rouge, fil., dos fleurdelysé, tr. dor.
(*Hardy.*)

Bel exemplaire de la bibliothèque Bancel; témoins.

772. (HUSSON). Le simple crayon utile et curieux de la
NOBLESSE des Duchés DE LORRAINE ET DE BAR, et des
Eveschés de Metz, Toul et Verdun, par le sieur Mathieu
Husson l'Escossois, Conseiller du Roy au Siège Présidial
de Verdun, cy-devant commis de M^{rs} les Conseillers-
Secrétaires et Intendans des Chartes de sa Majesté, 1674.
(Réimpression), *Nancy, Cayon-Liebault,* 1857. — In-4,
cartonné, non rogné.

Planches de blasons, numérotées, tirées sur chine et collées sur papier vergé
fort : doubles tables par ordre de numéros et par ordre alphabétique.

773. (IMHOF). Recherches historiques et Généalogiques des
GRANDS D'ESPAGNE. Avec un état de ceux qui vivent
aujourd'hui, contenant leur Extraction, leurs Noms, leurs
Qualitez, leurs Alliances, leur Postérité, leurs Armes et
Blazons. Le tout tiré de bons Mémoires pour servir à
l'Histoire du temps présent. Par J.-G. Imhof, avec figures.

Institution de l'Ordre de St-Michel.

A Amsterdam, chez Zacharie Chastelain et Fils, 1707.
— In-8, vélin, tr. rouge.

Superbe exemplaire d'un livre important pour les intéressés.

774. Initiation des Frères Émile Littré, Jules Ferry, membres de l'Assemblée Nationale, et Honoré Chavée, professeur de linguistique, par la R.·. Loge *la Clémente Amitié*, dans sa tenue solennelle du 8 juillet 1875.... — In-32, broché.

Un des douze exemplaires tirés de format in-quarto. Autographes ajoutés.

775. L'INSTITUTION ET ORDONNANCE DES CHEVALIERS DE L'ORDRE DES TRÈS CHRESTIENS ROYS DE FRANCE, EN 1469. MANUSCRIT SUR VÉLIN TRÈS FORT, de 24 feuillets daté (in fine) de 1501. Écriture gothique très nette. Titre courant écrit en rouge, ainsi que les numéros des 98 chapitres, commençant chacun par une lettre ornée de la plus belle couleur, rehaussée d'or. — Format in-4.

Reliure du XVIme siècle, à la Grolier, très richement ornée et portant au centre de chaque plat cette devise : De die in diem Salutare meum, *avec la date de la reliure*; 1562. *Reproduite dans les* Racontars, *page* 80, *et dans le présent catalogue (illustré).*

776. INSTITUTIONES ORDINUM GARTERII IN ANGL. ET B. MICHAELIS IN GALLIA. C'est le titre que porte la reliure d'un *Manuscrit superbe, en français*, contenant les statuts des Ordres Royaux de *la Jarretière* et de *St-Michel*. Deux parties : 1° Institutio ordinis Garterii in Anglia, 18 feuillets non chiffrés. Trois grands blasons de l'ordre de la Jarretière avec la devise

Hony soit qui mal y pense; grande lettre coloriée à la première page et, pour chaque chapitre, lettres ornées en or et en couleurs; 2° Institutio Beati Michaelis in Galliâ, 45 feuillets pour les statuts; blason de l'ordre de St-Michel et grande lettre ornée à la première page; nombreuses lettres analogues dans le corps du manuscrit. Suivent 4 feuillets blancs, puis 6 feuillets contenant la table des chapitres et, enfin, un feuillet blanc; ensemble 74 feuillets du plus beau vélin. Le tout, réglé à deux filets rouges, texte français d'une très belle écriture. Conservation inouïe. Reliure du XVIme siècle, en mar. noir, tr. dor., dos orné de losanges, compartiments de fil. fleuronnés sur les plats. Au centre du plat recto, cette inscription dans un cercle composé de deux filets d'or : *D. Philippo, Hispaniarum et Angliæ Regi. Anno MCLVI.*

Le Toqué se permet de penser qu'on ne trouverait pas facilement un autre manuscrit écrit *en français* pour Don Philippe II Roi d'Espagne et *d'Angleterre*.

777. JEU DE CARTES DU BLASON. *A Lyon, chez Thomas Amaulry, rue Mercière, au Mercure Galant. A Paris, de l'Imprimerie de J.-B. Coignard, Imp. du Roy,* 1692. — Petit in-12, figures, veau marbré, tr. rouge.

778. (Nenna da Bari). Il nennio, nel quale si ragiona di nobilta. Del magnifico dottor di leggi e cavaliere di Cesare M. Giovanbattista Nenna da Bari, 1592. — Petit in-4, orné d'un joli front. dans lequel est encadré le titre qui précède. (*Rel. anc.* en parchemin.)

De la bibliothèque de Jean Nicot avec la devise *Ne senza sfinge, ne senza Edipo.*

779. Nouveau Catéchisme des Francs-Maçons. *A l'Orient, et se trouve à Paris, à la boutique de Le Sage,* 5780 (1780).

— Très petit vol., mar. rouge, tr. dorée, plats ornés d'attributs maçonniques.

780. Ordre (L') des Francs-Maçons trahi et le Secret des Mopses révélé. *A Amsterdam*, 1766, figures. A la fin : Chansons de la très vénérable Confrairie des Francs-Maçons, précédées de quelques pièces de poësies, musique notée (par l'abbé Larudan). — In-12, veau fauve, fil. (*Rel. anc.*)

781. L'Ordre des Francs-Maçons trahi et le Secret des Mopses révélé. *Amsterdam*, 1745. Suivi de : Entretiens sur la Franc-Maçonnerie par un Philosophe bien digne d'en être. 1784. — Deux parties réunies en un vol. in-12, vélin blanc à coins, non rogné, titre calligraphié et Soleil doré sur le dos. (*Rel. anc.*)

Très bel exemplaire.

782. Les Remonstrances faictes au Roy Louis Unzième sur les privilèges de l'Eglise gallicane, et les plainctifs et doléances du peuple. Plus l'Institution et Ordonnance des Chevaliers de l'Ordre des Très Chrestiens Roys de France ; avec la forme et ordre de l'assemblée des trois estatz tenus en la ville de Tours sous le règne de Charles huitième et ce qui y fut remonstré, décidé et ordonné. *A Paris, pour Vincent Sertenas*, 1561. Avec privilège du Roy et de sa Court de Parlement. — In-8, veau fauve, tr. dor., milieux dorés. (*Rel. anc.*)

Le dos de cette vieille reliure du 16ᵉ siècle a été recouvert au siècle dernier en maroquin, aux armes du maréchal duc de Richelieu. La seconde partie concernant l'ordre de St-Michel, qui a déterminé le classement du volume dans la présente série, contient une liste des grands seigneurs du temps, dont les noms sont orthographiés de la façon la plus curieuse.

Très beau livre ; papier superbe ; lettres ornées du plus grand style.

IV. — COSTUMES, MODES,
FÊTES, ENTRÉES SOLENNELLES.

———

CLASSEMENT ALPHABÉTIQUE.

———

783. ANNUAIRE DES MODES DE PARIS orné de douze gravures. Première année. *A Paris, chez l'Éditeur, rue Montmartre, N° 183, au bureau du Journal des Dames; et chez Delaunay, Libraire, Galerie de Bois, N° 244, au Palais Royal, 1814.* — Petit in-12, figures coloriées, papier vélin, mar. rouge, tr. dor., comp. fleuronnés. (*Purgold.*)

Pièce liminaire ajoutée. Vers à lire sur la garde et, page 198, un costume *inénarrable.*

784. COLLECTION DE COSTUMES ITALIENS dessinés d'après nature en 1827 et lithographiés par Jul. Boilly, composée de 48 feuilles. *Paris, Daudet l'aîné,* s. d. — In-4, pap. vélin fort, figures coloriées, demi-mar. La Vallière, à coins, fil., dos orné, non rogné. (*Gambier,* à Bruxelles.)

785. COSTUMES DE DIVERS PAYS, Hambourg, Tyrol, Berne, Vaud, Lucerne, Bade, Hollande, etc. 50 planches gravées par Gastine, coloriées, en un vol. in-4, papier vélin fort, demi-mar. rouge, coins (première reliure, vers 1820).

786. An 4ᵐᵉ de la République Française, 1795. COSTUMES DES REPRÉSENTANTS DU PEUPLE, membres des deux Conseils, du Directoire exécutif, des Ministres, des Tribunaux, des Messagers de l'État, Huissiers et autres fonctionnaires

publics, dont les dessins originaux ont été confiés par le Ministre de l'Intérieur au Citoyen Grasset St-Sauveur ; gravés par le Cit. Labrousse, artiste de Bordeaux, connu par ses talens et coloriés d'après nature et avec le plus grand soin. Chaque figure est accompagnée d'une note historique. *A Paris, chez Deroy, Libraire, rue du Cimetière André des Arts, n° 15.* — In-8, fig. coloriées, mar. bleu, tr. dor.

Un bon point au Citoyen Labrousse, connu par ses talens !

787. Costumes de Suède, Norwège, Danemark, Hollande, Allemagne et France : 88 planches coloriées, les dernières signées A. D. (Darjou). — Les tortures de la mode, par Cham. 24 pl. de caricatures lithog. — Ensemble un vol. grand in-4, demi-chag. brun, avec coins.

La première partie du recueil se termine par des portraits en pied de danseuses célèbres et par des costumes de 1801 à 1831.

788. Costumes du Directoire, tirés des « Merveilleuses », avec une lettre de M. Victorien Sardou. 20 eaux-fortes de A. Guillaumot fils , dessins de MM. Eugène Lacoste et Draner d'après les Estampes du temps, tiré chez Ch. Chardon aîné. *Paris, Imp^ie de J. Claye*, 17, *rue St-Benoit*, 1874. — In-fol., demi-chagrin rouge.

Envoi de Guillaumot à M... le nom est gratté.

789. COURSES DE TÊTES ET DE BAGUES faittes par le roy et les princes et seigneurs de sa cour en l'année 1662 (rédigé par Charles Perrault, avec une relation en vers latins par Esprit Fléchier). *A Paris, de l'Imprimerie royale*, 1670. — In-folio, fig., mar. rouge, large dent., dos orné, tr. dor. (*Rel. du Louvre.*)

Superbe exemplaire aux armes Royales. Ce beau volume orné de 96 planches par Israël Silvestre et Chauveau nous donne la représentation d'une des plus belles fêtes de la jeunesse de Louis XIV. Ce splendide carrousel eut lieu dans les terrains vagues qui s'élevaient à l'est des Tuileries et qui depuis ont, pour cette raison, pris le nom de place du Carrousel. Les planches représentent l'itinéraire du cortège dans les rues Saint-Honoré, de Richelieu et Saint-Nicaise; les figurants des différents quadrilles, les trompettes, timbaliers, palefreniers qui accompagnaient les princes et seigneurs, et enfin le carrousel.

790. JOURNAL DE ce qui s'est fait pour LA RÉCEPTION DU ROY DANS SA VILLE DE METZ, le 4 aoust 1744. *A Metz, de l'Imprimerie de la veuve de Pierre Collignon,* 1744. — Petit in-folio, figures curieuses, mar. citron, dentelles, tr. dor., dos fleurdelysé. (*Rel. anc.*)

791. JOURNAL DES FÊTES DONNÉES A MARSEILLE, à l'occasion de l'ARRIVÉE DE MONSIEUR, FRÈRE DU ROI. *A Marseille, chez Antoine Favet,* 1777. — In-4, mar. rouge, larges dentelles, tr. dor., AUX ARMES ROYALES. (*Rel. anc.*)

A la fin du volume cette note : « Collationné par nous, Secrétaire Garde pour le Roi des archives de l'Hôtel-de-Ville. THIERS. »

792. Jullien (Adolphe). Histoire du Costume au Théâtre, depuis les origines du Théâtre en France jusqu'à nos jours, ouvrage orné de vingt-sept gravures et dessins originaux tirés des archives de l'Opéra. *Paris, Charpentier,* 1880. — Grand in-8, demi-chagrin violet, dos orné, tête dorée, non rogné.

793. MODES ET USAGES AU TEMPS DE MARIE-ANTOINETTE, par le Comte de Reiset, ancien Ministre Plénipotentiaire. Livre-journal de Madame Eloffe, marchande de modes, couturière-lingère ordinaire de la Reine et des Dames de sa Cour. Ouvrage illustré de près de 200 gravures, dont 110 grandes planches, 68 coloriées. *Paris, Firmin-Didot et Cie,* 1885. — 2 vol. grand in-8, papier fort, demi-chagrin et toile chagrinée dorée en plein avec plaques spéciales, tr. dorée.

794. (Pinelli). Raccolta di cinquanta Costumi pittoreschi incisi all' acquaforte da Bartolomeo Pinelli Romano. *In Roma*, 1809, *Presso Lorenzo Lozzari alle Convertite.* — Format album in-4, papier fort, cartonné.

795. Tableaux des habillements, des Mœurs et des Coutumes dans le Royaume de Hollande, au commencement du 19me siècle. *Chez E. Maascamp, au Magazin Royal des Arts, à Amsterdam, 1803.* — In-4, pap. fort, front. et 20 figures coloriées, demi-mar. vert à coins, non rogné. (*Rel. anc.*)

Exemplaire très pur d'une collection fort bien exécutée et tout à fait intéressante. Texte explicatif en hollandais et en français.

DIVERS.

JOURNAUX. — REVUES. — ALMANACHS. PETITS LIVRES D'ÉTRENNES.

796. ALMANACH ROYAL pour l'année 1753. *Paris, Le Breton.*
— In-8, maroquin blanc crème, compartiments dorés et
mosaïqués de mar. rouge et de mica, tr. dor., armoiries
peintes à la gouache sur les plats, dans des encadrements
de mar. noir et de mica. (*Rel. anc.*)

797. L'ANNÉE NOUVELLE. C'est le titre inscrit sur le dos de
l'étui de mar. rouge qui contient un très petit almanach
illustré pour l'année *1794*, de 9 centim. environ sur 5 1/2,
relié en satin blanc brodé d'or sur les plats et sur le dos,
doublé de tabis rose entouré d'une ganse d'or et dont le
plat recto est doublé d'un miroir excellent et intact. Le
frontispice porte le titre ci-après gravé au-dessus d'un génie
ailé dont le pied gauche s'appuie sur l'écu Royal de France
(en 1794 !) :

> *Les mœurs des premiers âges ou l'École de l'antiquité, Alma-*
> *nach Moral et Lyrique, orné de jolies gravures.*

Paris, Janet, succʳ du sʳ Jubert.

Puis viennent 6 gravures illustrant des airs ou chansons ; un agenda contenant deux colonnes *Perte* et *Gain* pour chaque jour de l'année, puis, encore
6 gravures et, enfin, l'almanach de 1794 : à l'intérieur du plat verso une
pochette en satin rose. Conservation parfaite.

Mais comment n'a-t-on pas coupé le cou au Sʳ Janet ?

798. L'ART. REVUE BI-MENSUELLE ILLUSTRÉE.
Collection complète depuis l'origine ; *premier tirage*, de
1875 à 1889, reliure en toile rouge, tr. dor., (reliure des
Éditeurs), trente-sept volumes et livraisons pour les derniers mois de 1889 et l'année 1890.

799. L'Assemblée Nationale Comique, par Auguste Lireux,
illustré par Cham. *Paris, Michel Lévy frères*, 1850. —
In-4, cartonnage en toile, non rogné. (*Behrends.*)

Exemplaire en grand papier fort. Couverture conservée.
Rarissime sur ce papier.

800. LA CARICATURE. Journal fondé et dirigé par Ch.
Philippon, 1830-1835. — 10 Tomes en 5 vol. gr. in-4,
demi-mar. rouge jans., tête dorée, non rogné. (*Trioullier.*)

Exemplaire plus que complet, renfermant un grand
nombre de planches en double état, noires et coloriées.
Reliure soignée et très solide.

801. Champier (Victor). Les Anciens Almanachs illustrés,
histoire du Calendrier depuis les temps anciens jusqu'à nos
jours, ouvrage accompagné de 50 planches hors texte en
noir et en couleurs, reproduisant les principaux Almanachs
illustrés ou gravés de toutes les époques par Léonard Gaul-
tier, Crispin de Passe, Abraham Bosse, de Larmessin,
Lepautre, Ch. Audran, Gravelot, Cochin, Moreau, Queverdo, Dorgez, Debucourt, Devéria, etc. *Paris, Frinzine*,
1886. — In-fol. En feuilles dans un carton.

Un des dix exemplaires sur papier Impérial du Japon.

802. Le Chansonnier des Graces, avec quarante-deux airs
gravés, 1813. *A Paris, chez F. Louis, libraire, rue de*

Savoie, N° 6. — In-12, mar. vert, dentelles, tr. dor., fers
spéciaux. (*Lefebvre.*)

Frontispice genre *troubadour*.

803. Etrenne des neuf Sœurs, Dédié à l'Amour. *A Paris,
chez Blanmayeur, Rue du petit Pont, à l'image de N.D.,
N° 12, s. d.* — Très petit vol. du format in-32, entièrement gravé : chansons, vaudevilles et musique. Un front.
pour le titre et 12 jolies figures dans le style de Gravelot,
mar. rouge, doré en plein ; cartouche en mar. vert portant
ces mots : *je vis pour vous.* Au verso, même cartouche
enrubanné. Gardes curieuses, doublures de tabis bleu, dans
une pochette du plat recto un miroir (brisé) ; dans la pochette
du plat verso un modèle de broderie imprimé. Étui de mar.
rouge doublé de tabis, orné de dentelles et de fleurons, portant au dos le titre : Année nouvelle.

Joli spécimen de ces petits volumes d'étrennes qu'on offrait aux dames sous
le règne de Louis XVI.

804. Le Père Duchêne. 68 numéros de huit pages chacun ;
collection complète, du 16 ventôse, an 79, au 3 prairial.
— In-8, demi-mar. rouge, avec coins, tête dor., non rogné.

805. Le Petit Journal pour rire (de l'origine, n°s 1 à 671,
première série complète, plus les n°s 1 à 68 de la nouvelle
série.) Paris, bureaux du Journal Amusant. Ensemble
739 numéros in-4, brochés et en feuilles.

806. (Rabaut). Almanach historique de la Révolution Française, pour l'année 1792, rédigé par M. J.-P. Rabaud. On
y a joint l'Acte Constitutionnel des Français avec le discours d'acceptation du Roi, ouvrage orné de gravures
d'après les dessins de Moreau. *Paris, Onfroy ; Strasbourg,*

Treuttel ; de l'Imprimerie de Didot l'aîné. — In-18, mar.
rouge à grains longs, dos orné, quadr. filets et comp. de
filets fleuronnés, dent. à froid. (*Simier.*)

Papier vélin. Figures de Moreau avant la lettre.

BIOGRAPHIE, BIBLIOGRAPHIE, BIBLIOPÉGIE.

807. (Asselineau). Charles Baudelaire, sa Vie et son Œuvre,
par Charles Asselineau. *Paris, Alph. Lemerre,* 1869. —
In-12, demi-mar. rouge, tête dor., non rogné.

> Exemplaire de Poulet-Malassis, papier fort, orné de six épreuves d'état des
> trois portraits gravés à l'eau-forte par Bracquemond, en tout, onze épreuves.
> (Note manuscrite de Malassis.)

808. Autheurs déguisez sous des noms étrangers, empruntez,
supposez, Feints à plaisir, chiffrez, Renversez, Retournez
ou Changez d'une Langue dans une autre. *Paris, Antoine
Dezallier,* 1690. — In-12, premier habit en veau fauve,
fil., à toutes marges. (*Rel. anc.*)

809. BAUDELAIRE (Charles). SOUVENIRS, CORRESPONDANCES,
BIBLIOGRAPHIE, suivie de pièces inédites. *Paris, Pincebourde,* 1872. — In-16, broché.

> Grand papier de Hollande avec un grand nombre de pièces ajoutées par le
> Toqué, qui sous le nom du *Bibliotaphe C. C.* a rédigé les *Souvenirs* annoncés
> en tête du volume.

810. BAUDELAIRE (CHARLES). SOUVENIRS, etc.
Le même ouvrage que le précédent, ayant appartenu à
Poulet-Malassis, qui l'a complété par une notice très exacte
de sa main et par des additions des plus intéressantes, entre
autres quatre pages de vers écrits par Th. de Banville (à

l'encre rouge), en l'honneur de son ami Baudelaire ; un portrait de Baudelaire, par lui-même, dessiné à la plume en 1860, et avivé de crayon rouge, portrait d'une ressemblance frappante ; les autographes très précieux de presque toutes les lettres adressées à Baudelaire qui sont reproduites dans le volume : lettres de Tisserant, Hostein, Eugène Delacroix (quatre lettres), Victor Hugo, Soulary, Barbey d'Aurevilly, Méryon, Paul de St-Victor, H. Taine ; et enfin un autographe de 10 pages, de Baudelaire lui-même, qui contient le canevas d'un grand drame populaire, dont le succès devait rétablir l'équilibre de son budget. A la fin du volume, épreuve d'un chapitre supprimé et de divers articles concernant la publication. — In-8, mar. rouge, tête dorée, non rogné. (*Amand.*)

Le Toqué a ajouté à ce très beau volume, plusieurs épreuves d'un portrait autographe du poète, âgé de 23 à 24 ans, décrit pages 15 et 16 du « Voyage dans un Grenier ».

811. Le Bibliophile Français. Gazette illustrée des Amateurs de livres, d'estampes et de haute curiosité. *Paris, Bachelin-Deflorenne*, 1868-1873. — Collection complète en 7 vol. gr. in-8, papier vergé, figures, cartonné en toile grenat, dos orné, non rogné. (*Laureaux.*)

812. BULLETIN DU BIBLIOPHILE, publié par Techener, avec notes de MM. Jacques Ch. Brunet, Chalon, Delmotte, G. Duplessis, C. Leber, Olivier (Jules), G. Peignot, Polain, le Baron de Reiffenberg, A. Taillandier, etc., et Notices Bibliographiques, Philologiques et Littéraires par CH. NODIER. Collection complète de 1834 à 1886 inclus, en 50 volumes in-8, dans une jolie reliure uniforme en demi-veau fauve, dos orné de dix filets, avec pièce de titre en mar. bleu. *Non rogné.*

813. (Bonnardot). Essai sur l'art de restaurer les Estampes
et les Livres, ou traité sur les meilleurs procédés pour
blanchir, détacher, décolorier, réparer et conserver les
Estampes, livres et dessins, par A. Bonnardot. Seconde
édition , refondue et augmentée, suivie d'un Exposé des
divers systèmes de reproduction des anciennes estampes et
des livres rares. *Paris, Castel,* 1858. Suivi de : De la
Réparation des Vieilles Reliures..., et d'une dissertation
sur les moyens d'obtenir des duplicata de manuscrits, par
le même. *Paris, Castel,* 1858. — 2 parties en un vol.,
demi-mar. La Vallière, tête dorée, non rogné.

814. Brunet (Jacq.-Ch.). Recherches bibliographiques et
critiques sur les Editions originales des cinq livres du
Roman Satirique de Rabelais, et sur les différences de texte
qui se font remarquer particulièrement dans le premier
livre du Pantagruel et dans le Gargantua. On y a joint
une revue critique des Éditions Collectives du même
Roman, et de plus le texte original des Grandes et ines-
timables croniques de Gargantua, complété pour la première
fois d'après l'édition de 1533, pour servir de Supplément
à toutes les éditions des œuvres de Rabelais, par Jacq.-Ch.
Brunet. *Paris, L. Potier, libraire, quai Voltaire, n° 9,
1852, de l'Imprimerie de Crapelet.* — Mar. bleu, dos très
orné à petits fers, larges dentelles et fleurons sur les plats,
tr. dorée, à toutes marges. (*Trautz-Bauzonnet.*)

*Superbe exemplaire portant cette note autographe :
Tiré à six exemplaires sur papier de Hollande. N° 5
offert à Monsieur le Docteur Morris par son très humble
et obéissant serviteur, L. Potier.*

815. EFFIGIES DES. ERASMI Roterodami literatorum
principis ET GILBERTI COGNATI, ejus amanuensis

unà cum eorum Symbolis et Nozeretho Cognati patriá. A
la fin : *Basileæ, per Joannem Oporinum,* 1553. — In-8,
mar. rouge, compartiments en mosaïque, tr. dor. (*Lortic.*)

Cette plaquette rarissime (achetée 640 francs plus les frais, à la vente des
Livres d'Ambroise-Firmin Didot en mai 1879) contient sept gravures sur bois
dont le dessin peut être attribué à Holbein. Une planche double très curieuse
représente Erasme dans sa bibliothèque, assis en face de son secrétaire, Gilbert
Cousin, qui écrit sous sa dictée. L'âge de chacun d'eux, accompagné de la date
du dessin (1530) est inscrit au bas des portraits : 70 ans pour Erasme, 26 ans
pour Cousin. Toutes ces planches naïvement gravées sont intéressantes : quant
au portrait d'Erasme en médaillon, dont le dessin est évidemment d'Holbein,
il est gravé de main de maître et vraiment superbe.

816. GRUEL. MANUEL HISTORIQUE ET BIBLIOGRAPHIQUE de l'Amateur de RELIURES, par Léon Gruel, relieur. *Paris, Gruel et
Engelmann,* 1887. — In-4, nombreuses figures, broché.

Travail consciencieux, d'un véritable intérêt.

817. (FALCONIERI). BREVE NOTIZIA DELLA VITA del B. Alessio
Falconieri, uno de' sette fondatori del' inclito ordine de'
Servi di Maria. *In Roma,* 1719. *Presso Francesco Gonzaga,*
alla santità di Nostro Sig. Papa Clemente XI, Pont. ott.
Mass. Francesco Lorenzini. — Plaquette in-4, mar. rouge
pâle, doré en plein, gardes dor., tr. dor. (*Rel. anc.*)

*Exemplaire en grand papier fort, front., culs-de-lampe,
majuscules ornées. Aux armes du pape Clément XI.*

818. (JANIN). L'AMOUR DES LIVRES par M. Jules Janin. *Paris,
J. Miard, Libraire-Éditeur, 170, rue de Rivoli,* 1866. —
In-12, mar. bleu, fil., dos orné, doublé de mar. citron,
larges dentelles, tr. dorées, à toutes marges. (*Reymann.*)

Très bel exemplaire d'un livre devenu rare, auquel on a ajouté un autographe
de J. Janin et un billet de l'Editeur. « J. Miard, ancien premier commis de
» Techener, connaît bien les livres et en a procuré de très bons au Grenier, de
» 1863 à 1865. Obligé par des revers, dont le Toqué ignore la cause, à fermer
» boutique, il a trouvé, paraît-il, un asile, chez un libraire de la vieille roche,
» aussi aimable qu'érudit, M. Gustave Claudin. » (*Note d'Avril 1870.*)

819. (Lesné). La Reliure, poëme didactique en six chants,
par Lesné, relieur à Paris. Seconde édition dédiée aux
Amateurs de la reliure. *Paris, chez l'Auteur, rue de Tour-
non,* 19. *Jules Renouard, Libraire,* 1827. — In-8, grand
raisin vélin (cartonné par l'auteur).

N° 96 sur 125 exemplaires.

820. LETTRE D'UN RELIEUR FRANÇAIS à un biblio-
graphe anglais, par Lesné, relieur à Paris.

Nous voulons rester, nous resterons Français.

A Paris, de l'Imprimerie de Crapelet, 1822. — Grand
in-8, pap. vélin, reliure en mosaïque d'or et de maroquins,
tr. dor. (*Thouvenin.*)

*Lesné a obtenu du premier relieur de son temps, pour sa
lettre à un voyageur médisant, une reliure vraiment étourdissante et d'une exécution magistrale. Si le Révérend Th.
Frognall Dibdin a vu ce chef-d'œuvre, il a dû reconnaître
qu'on pouvait encore, en* 1822, *faire habiller un livre,
ailleurs qu'en Angleterre.*

821. Le Livre, Revue mensuelle. Collection complète : 1880-
1889, en 20 vol. gr. in-8, demi-rel. en percaline bleu pâle,
non rognés. Dos ornés avec les fers spéciaux de la *Maison
Quantin.*

822. (Marie-Antoinette). Livres du Boudoir de la Reine
Marie-Antoinette. Catalogue authentique et original publié
pour la première fois, avec préface et notes, par Louis
Lacour. *Paris, Jules Gay,* s. d. (1862). — In-12, broché.

823. Bibliothèque de la Reine Marie-Antoinette au Petit-
Trianon, d'après l'inventaire original dressé par ordre de

la Convention. Catalogue, avec des notes inédites du marquis de Paulmy, mis en ordre et publié par Paul Lacroix, conservateur à la Bibliothèque de l'Arsenal. *Paris, Jules Gay*, 1863. — Broché.

824. Bibliothèque de la Reine Marie-Antoinette au Château des Tuileries. Catalogue authentique publié d'après le manuscrit de la Bibliothèque Nationale, par E. Q. B. (Ernest Quentin-Bauchart.) *Paris, Damascène Morgand*, 1884.

825. (MARIUS MICHEL). LA RELIURE FRANÇAISE depuis l'invention de l'Imprimerie jusqu'à la fin du XVIIIme siècle, par Marius Michel. *Paris, Morgand*, 1880. — La Reliure Française, commerciale et industrielle, depuis l'invention de l'Imprimerie jusqu'à nos jours. *Paris*, 1881. — Ensemble deux vol. grand in-8, figures, mar. bleu, dos orné, fil., dent. int., éb., tête dor. (*Chambolle-Duru.*)

Papier du Japon, tiré de format in-quarto. Reliure superbe.

826. Monselet (Charles). Rétif de la Bretonne, sa vie et ses amours. Documents inédits. — Ses malheurs. — Ses descendants. Catalogue complet et détaillé de ses ouvrages, suivi de quelques extraits. Avec un beau portrait gravé par Nargeot et un fac-simile. *Paris, Auguste Aubry*, 1858. — In-12, demi-mar. vert. fil., tête dor., non rogné.

Un des 20 exemplaires sur papier rose. Double épreuve du portrait, eau-forte pure et avant-lettre.

827. (Saint-Norbert). VITA SANCTI NORBERTI, canonicorum Præmonstratensium patriarchæ, Antuerpiæ Apostoli, archiepisc. Magdeburg. ac totius Germaniæ Primatis.... *Antuer-*

piæ, apud Jo. Gallæum. — Format petit in-4, titre gravé et
40 figures de Corneille Galle, de Mallery, Huberti, etc.,
s. d., mar. rouge, fil., coins ornés, tr. dor., à toutes
marges. (*Rel. anc.*)

De la bibliothèque des Prémontrés de Cuissy et de M. de Lespinay. Très
belles épreuves.

828. Panthéon des Illustrations Françaises au XIXme siècle,
comprenant un portrait, une biographie et un autographe
de chacun des hommes les plus marquants dans l'Administration, les Arts, l'Armée, le Barreau, le Clergé,
l'Industrie, les Lettres, la Magistrature, la Politique, les
Sciences, etc. Publié sous la direction de V. Frond. —
Paris, Pilon, 1865, 165 livraisons.

829. (Vicaire). Bibliographie Gastronomique, par Georges
Vicaire, avec une préface de Paul Ginisty. Avec des fac-
simile. *Paris, Rouquette et fils*, 1890. — Grand in-8,
broché.

Papier de Hollande, N° 13.

RELIURES VIDES.

------

830. RELIURE VÉNITIENNE EN ARGENT MASSIF,
du format in-12, qui paraît dater du XVIIme siècle. Riches
ornements en filigrane. Lion de St-Marc en relief sur les
plats. Larges fermoirs ciselés.

831. RELIURE IN-FOL. (Hauteur 42 centim., largeur 28),
mar. rouge, dentelles opulentes, compartiments de filets
fleuronnés à la Du Seuil, plats ornés de la croix de St-
Cyr, fleurdelysée et pointillée aux petits fers, doublure
en mar. olive, avec larges dentelles.

> Cette magnifique reliure, d'une conservation parfaite, EXÉCUTÉE POUR
> MADAME DE MAINTENON, porte au dos le titre *Sancta Evangelia.*

832. RELIURE IN-8, en mar. rouge, doré en plein, AUX ARMES
DE LA REINE MARIE LECZINSKA, qui a dû contenir un livre
de messe pour une Dame de la Suite de S. M., et qui a
été transformée, *à l'époque*, en un étui, simulant à l'aide de
tranches parfaitement jaspées, le volume absent. L'intérieur, doublé en moire rouge, avec canetille d'or, a
conservé une vague odeur de poudre à la Maréchale, provenant vraisemblablement des billets doux qui remplaçaient,
dans l'intérieur de ce coffret élégant, les prières de l'Église.

ARTICLES OMIS.

THÉOLOGIE.

833. Confessionale Anthonini (traité de la Confession par le frère Antonin, Archevêque de Florence, de l'Ordre des Frères Prêcheurs). A la fin : *Imp. Parisius sumptibus honesti viri Francisci Regnault*, in vico Sãcti Jacobi Commorantis, anno Dñi 1510.... — Pet. in-8 carré à 2 col., mar. rouge, fil., comp., tr. dor. (*Purgold.*)

Exemplaire du Marquis du Roure, analysé dans son « Analecta Biblion »

PHILOSOPHES GRECS ET LATINS.

834. Jamblichi de vitâ Pythagoricâ liber, Grœce et Latine : par Ludolph Kuster. *Amsterdam, veuve Petzold,* 1707. — In-4, veau fauve, fil., tr. dor. (*Rel. anc.*)

Très bel exemplaire, témoins.

HISTOIRE NATURELLE.

835. Decaisne (J.) Le Jardin fruitier du Muséum, Iconographie de toutes les espèces et variétés d'arbres fruitiers cultivés dans cet établissement, avec leur description, leur histoire, leur synonymie, etc. *Paris, Didot,* 1858-1875, 9 vol. in-4, en livraisons.

Environ 510 planches coloriées.

836. (Bernard.) De l'origine et des débuts de l'Imprimerie en Europe, par Aug. Bernard, membre de la Société des Antiquaires de France. *Paris, Imprimerie Impériale, 1853, chez Renouard et chez l'auteur* (avec la note du 20 oct. 1854 et la table des matières.) — 2 parties en 2 vol. in-8, papier vergé, demi-mar. bleu, avec coins, tête dor., non rogné (*Thompson.*)

TABLE DES DIVISIONS.

31

TABLE ALPHABÉTIQUE

DES

NOMS D'AUTEURS,

TRADUCTEURS, COMMENTATEURS,

DESSINATEURS ET GRAVEURS,

ET DES

OUVRAGES ANONYMES ET PSEUDONYMES.

CATALOGUE

DE

FAÏENCES ANCIENNES

Françaises, Italiennes, Hollandaises, etc.

DE

TABLEAUX & DESSINS

Anciens et Modernes

ET DE

QUELQUES OBJETS D'ART

PROVENANT

DU GRENIER

DE

CHARLES COUSIN

Vice-Président de la Société des Amis des Livres
et de la
Société des Bibliophiles contemporains.

VENTE :

Hôtel Drouot, Salle n° 3,

Le Lundi 6 Avril 1891, à deux heures.

M. Maurice DELESTRE,
Commissaire-Priseur,
27, rue Drouot.

M. Charles MANNHEIM,
Expert,
7, rue St-Georges.

EXPOSITIONS :

PARTICULIÈRE,
le Samedi 4 Avril.

PUBLIQUE,
le Dimanche 5 Avril.

AVANT-PROPOS.

Ce qui rend la collection céramique de cet ami, —
que nous appelons irrévérencieusement le Toqué, —
singulièrement amusante et personnelle, c'est que ce
n'est pas une collection.

De même que la fantaisie la plus étourdissante a
glané les livres pour former une bibliothèque unique:
ainsi, l'occasion saisie, l'à-propos hardi, le hasard
quelconque de la flânerie, ont fourni les éléments
disparates et charmants, qui constituaient aux murs
du « Grenier » une parure si séduisante.

La voilà, sur les tablettes et dans les vitrines de la
salle 3, et elle ne fait pas mauvaise figure, cette
réunion de faïences, formée sans prétention, par
son possesseur, pour le seul plaisir des yeux. Les
spécialistes objecteront que ce sont des spécimens de
toutes les fabriques, que cela ne se tient pas, que les
points de cohésion font défaut pour souder les époques

entre elles. Que ne diront-ils pas encore ? — C'est entendu : nous ne prétendons pas aux suites historiques ; nous ne faisons pas un cours. Ce n'est pas un musée que nous déménageons, c'est un grenier.

Mais que d'exquises choses il renfermait ; et comme ils feront preuve d'un tact judicieux les collectionneurs avisés qui en recueilleront les épaves.

La sévérité des lignes, l'impeccable sobriété du décor, toute cette solennelle ordonnance qui ont fait la gloire de Rouen, se retrouvent condensées dans des pièces de haut goût, qu'il serait superflu de signaler à la sagacité naturelle, comme à la science des curieux.

On me permettra pourtant d'exprimer mon admiration, en présence de ce véritable tableau de maître, peint au fond de la bannette (n° 2) de la série des Rouen, et représentant la scène fameuse, Saint Paul sur le chemin de Damas. Notre art rouennais ne saurait offrir une composition plus achevée ; le marli, formant cadre à réserves, en bleu et rouge, fait valoir avec une intensité rare le camaïeu du dessin. C'est une pièce incomparable par sa rareté, sa beauté et sa conservation parfaite ; je n'hésite pas à le déclarer.

Puis, voilà des pièces d'ordre plus courant : deux compotiers octogones (n° 4), excellents types du style rayonnant, avec rehauts en rouge, posés par un décorateur habile ; une bannette à anses avec ornementation fleurie (n° 5), qu'un large bouquet central agrémente puissamment. Au n° 6, un grand plateau d'un beau système, digne de Bérain, remarquable surtout par la substitution au rouge brique ordinaire du fameux jaune ocré, si cher à la bourse comme au cœur des amateurs passionnés.

L'assiette (n° 11), reproduite dans le catalogue illustré, est ornée d'un décor chinois, où domine cette couleur tant estimée : c'est une des plus jolies polychromies de toute la gamme rouennaise, interprétée d'une façon saisissante par l'habile chromotypographe Danel. Un bon spécimen aussi, c'est l'assiette (n° 21), avec bordure d'arabesques noires sur fond jaune ocré, et rosace centrale du même genre. Maudite rosace ! Qu'on mette à sa place un cartouche d'amours ou d'armoiries, et elle vaudra du coup plus de trois mille francs !

Une querelle fameuse divisa jadis le clan des amateurs. Il s'agissait de savoir si la marque « à la fleur de lys » appartenait à Lille ou à Rouen. — « Cruelle énigme », eût soupiré Champfleury, le rieur taciturne ! Aujourd'hui que la lumière est faite et que nous savons que bien des manufactures privilégiées ont usé de ce sigle, il devient loisible au curieux, suivant la situation géographique de son clocher, de revendiquer pour la Flandre ou pour la

Normandie, ce magnifique plat ovale, long de soixante-cinq centimètres, l'une des perles de la vente, inscrit au catalogue sous le n° 34. Réserves savantes, lambrequins étoffés, hardis supports, fastueux blason, composition de grande tenue, je réclame le tout au profit et à l'honneur de la fabrication rouennaise. Je sais bien que vous n'êtes pas de cet avis, mon cher Toqué, et que vous tenez pour Lille. Ceci vous démontre qu'il ne fallait pas confier à un Normand la faveur d'écrire cette préface.

Le Nevers est représenté d'une manière spirituelle et très populaire, par une petite gourde (n° 36), qui aurait fait le bonheur de l'auteur du Violon de faïence : deux scènes galantes, librement peintes sur la panse, avec accompagnement d'inscriptions salées, rappellent l'imagerie et le fameux saladier à l'Arbre d'Amour, jadis si fréquent dans le Nivernais et devenu aujourd'hui très rare.

Strasbourg et Moustiers figurent avec un petit nombre de leurs produits traditionnels.

Puis vient l'Italie. Elle ne pouvait manquer de donner sa note en cette symphonie, où la faïence de tous les temps et de tous les lieux historiques module ses plus gaies chansons.

Scènes religieuses (n° 40), épisodes mythologiques (n°s 41 et 45), sujets de la vie intime (n° 43), amours des Dieux (n° 56), tout est prétexte aux maîtres d'Urbino, de Gubbio, de Faënza, de Castelli, de Savone et de Venise, pour faire éclater sur l'excipient obéissant des émaux, la flamme allongée des rubis, ou le reflet alangui des opales.

La Hollande *est fort riche et Delft montre avec orgueil les deux assiettes (n°s 66 et 67); la plaque polychrome de forme ovale (n° 68),* Le Christ et Madeleine; *celle à décor noir (n° 70); les deux compotiers à rehauts d'or (n°s 73 et 74) et l'assiette (n° 76), provenant de la collection du Docteur Mandl; brevet indiscuté de noblesse artistique.*

Beaucoup de précieux échantillons marqués des célèbres manufactures Delftoises de « La Rose », ou d'Adrian Pynacker, ne nous feront pas négliger de réserver une mention particulière à la très magnifique assiette (n° 77), qui, dans un décor bleu, rouge et or, présente une scène maritime, dessinée en camaïeu rouge, et provient d'un mobilier royal, du service de Guillaume d'Orange.

*L'*Espagne, *avec une plaque satirique d'Alcora; la* Saxe, *avec des porcelaines et des émaux, fournissent leur appoint à ce défilé céramique; puis c'est le tour*

*des tableaux, des dessins, et de quelques objets d'art
ou de curiosité.*

Là encore, la fantaisie règne en souveraine.

*C'est Cranach, avec un panneau d'histoire reli-
gieuse, daté de 1527 (n° 112); c'est Dirks-Hals,
avec ses* Joyeux Convives *(n° 109); composition
pleine d'entrain et d'humour, portant la date de 1624;
c'est Miéris, c'est Watteau, puis Lancret et Baudouin,
et, dans les modernes, une superbe étude du « maître
peintre d'Ornans ».* Une mare aux Cerfs, *sous bois,
(n° 107), où se révèlent toutes les qualités de vérité,
qui ont fait si grand le nom de Courbet.*

*Et maintenant, peintures, dessins, bibelots, faïences,
s'en vont aller chez de nouveaux maîtres, après avoir
si longtemps charmé l'hermite du « Grenier ». C'est
la règle; et certes nul de nous ne s'en plaindra. Si les
choses ont une âme, avant que ces reliques de l'art
et de l'amitié soient dispersées à tous les vents de la
curiosité, qu'il soit permis, au moment de ce nouvel
avatar, de leur souhaiter d'être aimées ailleurs comme
elles l'ont été ici.*

Gustave GOUELLAIN.

FAÏENCES.

I. FAÏENCES FRANÇAISES.

I. — ROUEN.

1. GRANDE FONTAINE D'ANGLE de trois pièces, de
75 centimètres, montée sur un support de noyer. Le bassin,
la fontaine munie de son vieux robinet, et son dôme
formant couvercle, sont entièrement couverts d'un très
riche décor polychrome, style rocaille.

> *Cette grande pièce, qui a figuré à l'Exposition rétrospec-*
> *tive de 1878, offre un beau spécimen de la fabrication*
> *rouennaise au XVIIIme siècle.*

2. BANNETTE A ANSES, de 45 centimètres, en largeur,
au centre de laquelle est un véritable tableau représentant
la CHUTE DE SAINT PAUL sur la route de Damas.
A gauche une ruine, auprès de laquelle s'élève un grand
arbre qui occupe le centre du tableau. Au pied de l'arbre,
saint Paul, tombé de cheval, est soutenu par des cavaliers
de sa suite, dont les chevaux sont arrêtés près de la ruine.

Cette scène, traitée par un maître, en camaïeu bleu, est encadrée d'un riche marli bleu et rouille.

On ne connaît pas, paraît-il, d'autre exemplaire de cette bannette. (Racontars, p. 97.)

3. GRANDE BANNETTE, avec anses, de 52 centimètres. DÉCOR RAYONNANT, bleu et rouille, autour d'un bouquet flanqué de deux cornes d'abondance.

Ornementation très riche et très touffue.

4. DEUX COMPOTIERS dans des cadres d'ébène, avec bordure dorée, CAMAÏEU BLEU ET ROUILLE, décor rayonnant autour d'un bouquet de fleurs.

Finesse d'exécution remarquable.

5. BANNETTE A ANSES, de 345 millimètres, DÉCOR POLYCHROME, composé de guirlandes de fleurs, rayonnant autour d'un large bouquet central.

Riche ornementation, très réussie.

6. GRANDE BANNETTE de 48 centim. sans ses anses, *qui manquent.* Magnifique décor, du plus grand style (D'APRÈS BÉRAIN) occupant tout le centre de la pièce et entouré d'un superbe marli. Le tout, bleu, rouille et ocre jaune, d'une exécution magistrale, et du plus beau temps de la fabrication rouennaise.

7. GRAND PLATEAU, de 50 cent. de large sur 34 cent. de haut, à bords remontants. Décor chinois en camaïeu bleu, marli composé de bouquets de fleurs.

8. GRAND PLAT de 33 centim. Décor chinois, polychrome : maison, arbres et oiseaux. Marli très riche.

ROUEN.

Décor chinois : ocre jaune.

9. Bannette a anses contournées. Décor polychrome a la corne. Couleurs très vives. Spécimen obtenu à la suite d'une série d'échanges. *Very selected*. (Voyage dans un Grenier, p. 238.)

10. Assiette a la Corne, avec chiffre armorié.

11. ASSIETTE ornée d'un décor polychrome chinois où domine l'OCRE JAUNE.

   Pièce rare, d'un grand effet, reproduite page 159 des Racontars et dans le présent Catalogue illustré.

12. Assiette décorée en camaïeu bleu-clair, bouquet au centre, marli très riche. *Signée Gardin.*

13. Grande Bannette octogone, décor polychrome chinois, marli quadrillé avec quatre coins en réserve, décorés de fleurs.

14. Très grand Plat de 60 cent., des premiers temps de la fabrication rouennaise. Décor central de style japonais, marli décoré de bouquets de fleurs. (*Fêlé.*)

15. Plateau creux à anses. Décor chinois en camaïeu bleu. Très ancienne fabrication.

16. Une Bouteille richement décorée, en camaïeu bleu.

17. Une Bouteille plus petite, décor analogue, en camaïeu bleu.

18. UNE BANNETTE A ANSES, très richement décorée en BLEU ET ROUILLE. Au centre, ARMOIRIES en camaïeu bleu, supportées par deux lions : couronne ducale.

19. Grande Bannette polychrome , décor chinois , style
Louis XV.

'20. Grand Compotier sur trois pieds et à deux anses,
décor polychrome : au centre, un bouquet entouré d'un
très large marli composé de réserves quadrillées et de guirlandes de fleurs.

21. ASSIETTE décorée au centre et au marli de nielles noires
sur fond d'OCRE JAUNE. Pièce rare.
Fêlure transversale.

22. GRANDE BANNETTE de 43 centim., décor polychrome, style rocaille, dont les ornements, fleurs, fruits,
oiseaux et arabesques teintés d'ocre jaune, ont servi au
décor céramique de la dédicace des Racontars, où la pièce
est reproduite en chromotypie, page 96.

23. Compotier a bords festonnés, orné de quatre bouquets de
fleurs composant un décor polychrome très artistique.
*Au dos de la pièce, dans la pâte, le W, marque de
Levavasseur.*
Légère fêlure, dans le bas, à gauche, n'atteignant pas la
décoration.

24. Bannette creuse, sans anses, de forme octogone. Décor
polychrome très original composé de bibelots chinois extra-
vagants. Un jaune très vif, mélangé d'ocre jaune, domine
les autres couleurs du décor : rouge, vert et bleu.

25. Assiette au décor polychrome. Un vase en camaïeu bleu
que surmontent des fleurs, roses et tulipes, est accosté d'un
paysage entouré d'un cadre côtelé, des deux côtés duquel

sont deux cornes d'abondançe fleuries, composant la moitié
du marli décoré de liserons et de papillons.

26. PETIT COMPOTIER octogone orné de bouquets de fleurs.
Signature : Gardin.

Décoration analogue à celle du N° 23.

27. ASSIETTE qu'on croit être une pièce d'essai de la
fabrique qui a exécuté les serviçes décorés à l'OCRE
JAUNE. Au centre, des enfants dessinés au trait, dansent
entre des arbres; MARLI QUADRILLÉ AVEC RÉSERVES, EN OCRE
JAUNE.

On ne connaît pas d'autre exemplaire de cette assiette.

28. BANNETTE HEXAGONE de forme arrondie, sans anses, d'un
décor polychrome très original. Au centre, deux perroquets
sur des branches fleuries; marli composé de trois paysages
en camaïeu bleu, entourés de cadres polychromes du style
rocaille.

De la vente Lefrançois de Rouen.

29. Deux Sucrières, formant pendant, à dôme ajouré, décorées en camaïeu bleu.

30. UNE ASSIETTE A BORDS FESTONNÉS, décor polychrome,
genre rocaille, fleurs, oiseaux et papillons : jaune intense,
bleu, vert et violet.

Pièce rare.

31. Un petit pot à tabac, élégamment monté en étain. Décor
polychrome; oiseaux et fleurs. Jolie pièce reproduite à
l'eau-forte, page 216 du *Voyage dans un Grenier.*

32. Deux Cache-pots, décor polychrome ; quadrillé vert et guirlande de fleurs.

II. — LILLE.

33. Une bouteille richement décorée en camaïeu bleu. Couleur très intense. Style rouennais.

34. UN GRAND PLAT OVALE DE 65 CENTIMÈTRES, marqué au verso de la fleur de lys, accordée par le Roi Louis XIV à la fabrique composée d'artistes et d'ouvriers rouennais, qui vint s'établir à Lille à l'époque où la Cour se « mit en faïence ». Magnifique décor en camaïeu bleu, style Bérain , d'une richesse incomparable. Au centre, un large écusson porté par deux lions et surmonté d'une couronne ducale.

Pièce de premier ordre reproduite page 220 des « Racontars » et dans le présent Catalogue illustré.

III. — NEVERS.

35. Grand Plat ovale , décor en camaïeu bleu. Paysans occupés à la fenaison.

36. Petite Gourde a décor polychrome, représentant deux scènes encadrées dans des paysages et intitulées, l'une : *la belle Baigneuse* ; l'autre : *le Pucelage regretté.* Chacun de ces titres est accompagné d'une inscription poétique (?).

Entre les deux scènes cette épigraphe : *Ce 17 may, Joseph Richard,* 1771.

LILLE.

Grand plat armorié.

37. DEUX GRANDS VASES CYLINDRIQUES à gorge
de 45 centimètres de hauteur, décor japonais en camaïeu
bleu. Fabrication très ancienne.

Ces vases sont surmontés d'armatures en fer forgé,
portant chacune cinq lumières.

IV. — FABRIQUE DE HANNONG.

38. Deux Assiettes décorées de fleurs : roses et jacinthes.
Exécution très fine.

V. — MOUSTIERS.

39. Un grand Plat rond, de 50 cent., décoré au centre d'une
chasse d'après Tempesta ; marli composé de masques tra-
giques du plus grand style. Chiffre orné d'une couronne
ducale.

Pièce superbe, malheureusement atteinte de fêlures, et consolidée par un
châssis extérieur, sans aucune réparation. Reproduite à l'eau-forte page 42 du
« Voyage dans un Grenier », où elle fait l'objet d'un chapitre.

II. FAÏENCES ÉTRANGÈRES.

I. — ITALIE.

40. URBINO. XVIme SIÈCLE. UNE COUPE, décor polychrome. Apparition du Christ à Madeleine.

41. URBINO. XVIme SIÈCLE. UNE COUPE, décor polychrome. Apollon et Marsyas.

42. URBINO. UNE ASSIETTE, des premières années du XVIme siècle, DÉCORÉE d'arabesques BLANC SUR BLANC (Soprabianco). Marli orné d'une couronne de fleurs vertes et de fruits rouges d'un effet très artistique. Pièce rare.

43. URBINO. COUPE D'ACCOUCHÉE, du commencement du XVIme siècle. Décor polychrome représentant deux femmes occupées avec deux amours à emmaillotter un nouveau-né. Marli très original de la plus riche ornementation. Le verso de la coupe est aussi très ornementé. Quelques fêlures ont nécessité un recollage.

Cette pièce, très curieuse, est reproduite page 190 des « Racontars », où elle fait l'objet d'un chapitre dédié à la *Comtesse Diane*.

44. URBINO. VASE A ANSES de forme antique ; décor

Chromo-typographie L. Danel à Lille.

Chromo-typographie L. Danel à Lille.

GUBBIO.

Reflets de rubis.

magistral du plus grand style. Pièce rarissime de la fin du
XVme ou des premières années du XVIme siècle.

45. URBINO. DIANE ET SES NYMPHES. Assiette décorée
par un maître. Au verso, l'inscription Diana, 1535.
Belle pièce reproduite page 48 des « Racontars », où elle
fait l'objet d'un chapitre, et au présent Catalogue illustré.

46. URBINO. GRAND VASE A DÉCOR POLYCHROME, avec monture d'étain, formant pot à tabac.

47. URBINO. PETIT VASE de pharmacie, décor polychrome,
ARMORIÉ, portant la date de 1562.

48. GUBBIO. COUPE A REFLETS métalliques. Au centre de la
pièce, un personnage vêtu d'un costume religieux. Marli
lobé. Le bleu d'azur domine dans les reflets.

49. GUBBIO. COUPE A REFLETS MÉTALLIQUES.
Au centre une grande lettre romaine H ; oves en relief
composant le marli. Cette belle pièce, à reflets de rubis,
rappelle la coupe célèbre de même provenance et de même
date (commencement du XVIme siècle) exposée en 1878
par M. Basilewski et qui était ornée d'un portrait de
Charles-Quint jeune.

50. DERUTA. COUPE A REFLETS ornée de fruits et de feuillages.

51. FAENZA. Plaque polychrome très ancienne. Armoiries :
d'azur, au lion d'or coupé d'une bande de gueules (?).

52. Castelli. Un Plat polychrome représentant un paysage et
des personnages mythologiques.

53. Castelli. Un Plat polychrome, décor analogue au précédent.

54. Castelli. Petite Assiette, décor polychrome. Une paysanne apporte à boire à un paysan couché au bord d'un ruisseau. Deux amours joufflus au marli.

55. CASTELLI. PETITE ASSIETTE AU DÉCOR POLYCHROME *rehaussé d'or*, aux armes parlantes de la famille Colonna. L'écu, d'argent à une colonne d'azur en pal, couronnée d'or, ayant pour cimier une sirène couronnée d'or, est porté par deux amours. Marli très élégant.

56. CASTELLI. UNE TASSE ET SA SOUCOUPE. Décor polychrome *rehaussé d'or*. Sur la tasse, un amour jouant avec des colombes ; sur la soucoupe, Bacchus couronnant Ariane.

57. SAVONE. Deux Assiettes, décor en camaïeu bleu, aux armes d'un Cardinal.

58. SAVONE (?). DEUX ASSIETTES, ÉMAIL BLEU très brillant, décorées au centre des armoiries d'un Cardinal, en or, entourées d'un cartouche bleu de ciel ; ornements en or et en émail blanc au marli.

59. VENISE. GRAND PLATEAU polychrome, porté sur un pied creux sphérique. Au centre, une vue de Venise en camaïeu vert et bleu. Riche marli composé d'arabesques en camaïeu bleu encadrant quatre paysages en camaïeu vert, alternant avec quatre portraits de doges en camaïeu bleu sur fond jaune d'or.

60. VENISE. DEUX GRANDS VASES DU XVIIme SIÈCLE, décor polychrome de la plus grande richesse,

Delft.

Cavalcade Chinoise.

montés en fer forgé et formant lampadaires à quatre lumières chacun. Entre les branches portant les bougies , l'artiste a installé des porte-cigares.

II. — DELFT.

61. Plaque a bords festonnés ; décor polychrome de style rocaille ; bouquet central entouré d'une galerie à la chinoise ; marli très riche rejoignant presque le décor central.

62. Buire et Bassin , décor polychrome très riche , imitant la porcelaine chinoise de la *famille verte*.

63. Buire, décor polychrome, style chinois.

64. PICHET DÉCORÉ EN CAMAÏEU BLEU de la fabrique d'Adrian Pynacker. Ornementation de la plus grande finesse. Monture ancienne en argent.

Pièce reproduite en chromotypie dans les « Racontars », page 238.

65. Potiche avec son couvercle. Décor en camaïeu bleu. Ornementation très fine, analogue à celle du pichet.

66. UNE ASSIETTE dont le décor central représente un personnage chinois chevauchant au milieu de sa suite, qui est à pied. Le noir et le bistre , couleurs rares dans la palette des peintres de Delft se mélangent , dans ce décor charmant , au rose passé , au rouge et au bleu pâle , *rehaussés d'or*. Marli d'une finesse exquise.

Pièce reproduite page 108 *des « Racontars » et dans le présent Catalogue (illustré).*

67. UNE ASSIETTE PAREILLE A LA PRÉCÉDENTE.

68. UNE PLAQUE DE FORME OVALE, représentant le
Christ en croix. A droite Madeleine, à gauche la Vierge
accompagnée d'un apôtre. Le bois de la croix est en
bistre, comme la robe de Madeleine ; le rouge, le jaune,
le vert et le bleu, ces deux dernières couleurs en nuances
très foncées et très claires, dominent dans la décoration.

Cette plaque remarquable, reproduite dans les RACON-
TARS, page 54, a malheureusement subi une fracture
transversale ; mais on s'est borné à rapprocher et à recoller
les deux fragments, sans aucune autre réparation.

69. BOUTEILLE DÉCORÉE EN CAMAÏEU BLEU, de la fabrique
d'Adrian Pynacker.

70. GRANDE PLAQUE de forme ovale, décorée en plein,
EN NOIR et en couleurs, dans le style chinois. Dans le
bas, à droite, plusieurs personnages sont réunis au pied
d'un arbre fantastique, sur les branches duquel se jouent
d'énormes oiseaux. L'intensité des couleurs de ce décor est
d'un effet saisissant.

71. GRAND PLAT ROND DE 35 CENTIMÈTRES,
décoré au centre d'un tableau en camaïeu bleu représentant
le *Sacrifice d'Abraham*. Marli très riche en ocre jaune,
décoré de réserves, d'anges bouffis, de chiens et de fleurs
en bleu. Sous le tableau, cette inscription : GENESIS, 22.

72. GRAND PLAT ROND de 35 centimètres, orné au
centre d'un paysage en camaïeu bleu, entouré d'un marli
en noir, bistre et couleurs, imitant le *décor des châles de
Cachemire*.

Pièce magistrale.

73. Un Compotier a côtes, décoré en quatre couleurs *rehaussées d'or*. Des paons, de dimensions et d'attitudes diverses, forment le principal élément du décor central, entouré d'un riche marli.

74. Un Compotier semblable au précédent. *Ces deux pièces, très fines, proviennent de la vente du docteur Mandl.*

75. Plaque octogone, de 34 cent. de haut sur 36 cent. de largé, représentant le départ de l'Enfant prodigue, avec cette inscription : Lüc, 15. 12. 13. Camaïeu bleu; beau marli.

76. Une Assiette, décor chinois, bleu, rouge et *or*.
De la collection du Docteur Mandl.

77. Une Assiette, décor bleu, rouge et *or*, marque J. J. D. Vyver, surmontée d'un G couronné. Au centre, une scène maritime en camaïeu rouge rehaussé d'or, entourée d'un semis de médaillons cerclés d'or, sur fond bleu. Service de Guillaume d'Orange.

78. DEUX ASSIETTES EN CAMAÏEU BLEU, représentant des sujets bibliques; marli très riche composé d'amours se jouant dans les nuages.
Marque de la célèbre fabrique dite de la Rose.

79. Deux Assiettes, décor japonais polychrome, fleurs, plantes aquatiques, oiseaux. Exécution très fine.

80. Encrier surmonté d'un porte-bougie, monture et tiroirs en bronze doré. Décor très fin, en camaïeu bleu.

81. Grande Théière avec son couvercle et son support; riche décor en camaïeu bleu.

82. UNE ASSIETTE TRÈS ÉLÉGAMMENT DÉCORÉE en camaïeu bleu. Au centre, un chiffre surmonté d'une couronne comtale; marli rayonnant.
Marque d'Adrian Pynacker.

83. UN PLAT, A DÉCOR POLYCHROME, dont le centre est occupé par un vase en camaïeu bleu rempli de fleurs, tulipes, œillets, etc. Marli orné de fleurs.

84. UNE BOUTEILLE décorée en camaïeu bleu : style rouennais.
Marque d'Adrian Pynacker.

85. UNE ASSIETTE, DÉCOR CHINOIS POLYCHROME. Paysage central, entouré de huit petits paysages formant marli. Belle exécution : émail très brillant.

86. UN SECOND EXEMPLAIRE DE LA MÊME ASSIETTE.

87 UNE ASSIETTE, DÉCOR POLYCHROME *rehaussé d'or*, représentant, dans un port chinois, une grande jonque et des vaisseaux au large. A gauche, sous un dôme de construction chinoise, un personnage vêtu de drap d'or, fumant une longue pipe de terre. Au marli, quatre bouquets de fleurs avec fruits dorés. Nuances très légères de rose et de vert; jolie pièce, très rare.

88. Plaque octogone festonnée; décor chinois en camaïeu bleu.

89. Plaque octogone festonnée; décor chinois polychrome, bleu, vert, rouge et violet.

90. PORTE-BOUQUETS A DEUX ANSES ET CINQ GOULOTS. Décor polychrome bleu, rouge et vert; sur une des faces, une bouquetière portant des fleurs. Marque Æ. Belle pièce.

91. Théière avec son anse et son couvercle. Décor polychrome
très riche : rouge, vert et bleu.

92. UNE ASSIETTE ; DÉCOR POLYCHROME représentant une SCÈNE
DE COMÉDIE. Une vieille femme montre le poing à une plus
jeune, pour laquelle paraît intercéder un seigneur en riche
costume, du temps de Louis XV. Riche marli de fleurs et
de feuillages. Pièce datée de 1761.

93. GRANDE BOUTEILLE, à goulot renflé ; décor polychrome
très brillant, dont un paon forme le centre.

94. Bannette creuse sans anses. Décor polychrome. Centre et
marli ornés de bouquets de fleurs.

95. UNE ASSIETTE représentant, en camaïeu bleu, une VUE DE
ZAANDAM, côté *Ouest*. Marli quadrillé très riche, à quatre
réserves de fleurs.

96. UNE AUTRE ASSIETTE, représentant également en camaïeu
bleu, une VUE DU CÔTÉ *Est* DE ZAANDAM. Même marli que la
précédente.

97. UNE ASSIETTE polychrome ; décor dit AU TONNERRE.

Couleurs très vives ; ornementation réussie.

III. — ESPAGNE.

98. ALCORA. GRANDE PLAQUE en forme d'ex-voto, décor polychrome représentant la Vierge couronnée conduisant par la
bride un dragon monstrueux. Le nom du Roi Philippe IV
figure sur la bride et, sur le mors, celui du Pape
Alexandre VII.

GRÈS ALLEMANDS.
TERRES CUITES.

---

99. UN GRAND VASE ELLIPTIQUE formant avec son couvercle d'étain un pot à tabac ; riche décor polychrome représentant, au centre du vase, les divinités de l'Olympe peintes sur relief.

Reproduit en chromotypie page 216 des *Racontars*.

100. POT A TABAC DE KREUSSEN, décor polychrome, dit : aux apôtres. Daté de 1686.

Fait l'objet d'un chapitre du *Voyage dans un Grenier*, pages 193 à 197.

101. CLODION. DEUX TERRES-CUITES originales, signées, de forme ronde, de 27 centimètres, représentant, en bas-relief, l'une : la femme d'un satyre et son enfant ; l'autre : une nymphe caressant l'Amour qui s'est jeté dans ses bras.

Cadres anciens en bois noir et cercles d'or.

Une légère éraflure sur le bras droit de la Nymphe.

PORCELAINE ET ÉMAIL
DE SAXE.

102. STATUETTE : Bouquetière Louis XV avec son éventaire. Un mouton couché à ses pieds.

103. STATUETTE. FERMIER (*Gentleman Farmer*) voyageant au pas SUR UN CHEVAL BLANC. Composition naïve, de l'aspect le plus agréable.

104. DEUX FLAMBEAUX EN ÉMAIL DE SAXE. Fond blanc laiteux ; paysages en émail rose ; dorure superbe. Style Louis XV.

ÉMAIL MODERNE.

105. L'AURORE, émail très fin et de l'aspect le plus séduisant. Par Mademoiselle de Neuville, à qui il a valu un prix à l'une des dernières expositions de Rome.

TABLEAUX.

106. Ciceri. Un moulin. Petit Paysage sur panneau, très lumineux. 24 cent. sur 18.

107. GUSTAVE COURBET. Étude pour un grand paysage : Mare aux cerfs, sous bois. Ciel superbe. Toutes les qualités du paysagiste se retrouvent dans ce morceau, signé et donné à un ami qui a dû le monnayer.

108. GILLOT (le maître de Watteau). Deux petits tableaux représentant des scènes de la Comédie italienne.

109. DIRKS HALS. LES JOYEUX CONVIVES. Trois couples assortis, richement vêtus à la mode de 1624, — chapeaux gigantesques et fraises colossales — ont achevé une agape qui a dû être galamment arrosée : au premier plan, à gauche, un des couples, dans une attitude convenable, reçoit un message d'un laquais qui paraît contempler assez gaiement la salle du festin. Les deux autres groupes, l'un à droite du tableau, l'autre tout au fond, sont joyeusement occupés.

Sur l'un des bâtons de la chaise qui porte le gentilhomme du premier couple de gauche, la signature du peintre et la date : Dirks Hals, 1624. Tableau d'une couleur très vive

sur panneau de chêne de 50 cent. sur 32 dans un vieux
cadre sculpté.

De la collection du duc de Bojano ; reproduit par la
photogravure, page 133 des *Racontars*.

110. Ch. Jacque. Agneaux et moutons à l'étable. Panneau
de 20 cent. sur 15.

111. JONGKIND. Paysage d'hiver en Hollande. Un moulin
au bord d'une route neigeuse que suivent des voyageurs
et le long de laquelle s'élève un vol d'oiseaux. Toile de
32 cent. sur 22.

112. LUC DE CRANACH (Wilhelm Springer). ANNON-
CIATION. Tableau très agréable peint sur un panneau
de chêne de 80 cent. de haut sur 54 cent. de large, et
parfaitement conservé. La Vierge, agenouillée, reçoit la
visite de l'Ange dans un véritable palais de la plus noble
architecture, dont les ouvertures laissent voir un beau
paysage et un ciel rutilant.

Dans un petit cartouche, à gauche, en haut du tableau,
les initiales du maître avec la date : W. S., 1527.

Cadre ancien en chêne laqué : fleurs rouges sur fond noir.

113. SIGALON. La Vision de saint Jérôme. Esquisse très
avancée du tableau du Louvre. Dans son premier cadre
de bois sculpté peint en camaïeu gris.

114. DAVID TÉNIERS. Intérieur de cabaret. Au premier
plan un fumeur à barbe grise : ses traits rappellent ceux d'un
célèbre romancier dont le nom termine alphabétiquement
les listes des illustrations contemporaines.

Peinture sur cuivre, de 22 cent. sur 17.

DESSINS.

115. BAUDOUIN. ROSE ET COLAS, gouache, de 29 cent. de haut sur 24 de large. Représentation d'une scène célèbre de l'opéra-comique de Sedaine et de Monsigny.

Pièce reproduite page 330 des *Racontars* et dans le présent catalogue illustré.

Voir, pages 217 et 218 du même livre, l'histoire anecdotique de cette gouache, qui a été gravée par Simonet et qui est entrée au Grenier *au prix d'une métairie.*

116. CARESME. UNE BACCHANALE. Grand dessin oblong à la sépia. Quinze personnages peu vêtus : danses très animées. Signé et daté : *Caresme*, 1780.

117. FREUDEBERG. Le retour au village, 42 cent. de large sur 32 cent. de haut. Aquarelle d'une grande fraîcheur et d'une conservation parfaite.

118-121. GIACOMELLI. QUATRE AQUARELLES signées, de 28 cent. sur 19 environ, exécutées pour l'illustration d'un livre d'André Theuriet.

Le poète a bien voulu écrire de sa main et signer, dans le blanc réservé à cet effet sur deux de ces aquarelles, les vers auxquels se rapportent les dessins.

1° UN NID DE ROUGES-GORGES dans un buisson de mûrier,

BAUDOUIN.

Rose et Colas.

fleurs et fruits. Les oiseaux, le père, la mère et la petite
famille, sont de grandeur naturelle comme dans les dessins
suivants.

2° Un nid de grimpereaux (?) fait de mousse.

3° Une assemblée de loriots « mangeurs de guignes ».
Vers autographes.

4° Une conférence de rouges-gorges. Vers autographes.

122. HENRI V. AQUARELLE représentant le château de
Kirchberg (habité en 1837 par l'auteur de ce dessin).
24 cent. de haut sur 18 de large. Signé Henry.

> Au-dessous de l'aquarelle, ce CURIEUX AUTOGRAPHE :
>
> *Je remercie beaucoup M. le Vicomte Édouard Walsh de ce qu'il a bien voulu
> se charger du beau chien de chasse qu'il m'a mené à Kirchberg. Le symbole de la
> fidélité ne pouvait être mieux confié qu'à lui.* HENRY.
>
> Cadre du temps, très orné, fleurdelysé aux quatre coins. En haut un H
> surmonté des armes de France, couronnées et entourées du collier du St-Esprit.
> Au bas du cadre une plaque avec ces mots : *donné par le Roi.*

123. Isabey. Miniature. Portrait de femme blonde aux yeux
bruns ; cheveux bouclés, collerette et poignets tuyautés,
style Empire.

124. Isabey. Miniature. Portrait de femme blonde aux yeux
bleus. Cheveux bouclés. Robe bleue. Écharpe. Même style,
mêmes dimensions (14 cent. de haut sur 11 de large).

125. Klingstett. Une Miniature : Léda.

125bis. Le même : Une Miniature : scène dramatique.

126. Lancret. Étude pour son grand dessin destiné à l'illustration de « la Servante Justifiée » (Contes de La Fontaine).
Mine de plomb avec quelques rehauts de blanc.

127. MIERIS. L'ADORATION DES MAGES. Lavis à
l'encre de Chine. Dessin d'une extrême finesse.

128. Nicolas Poussin. Étude au crayon terminée pour son
tableau : *Le Testament d'Eudamidas*. Le premier jet, comme
il arrive souvent, est supérieur au tableau terminé.

Au verso de ce dessin, trois personnages à la sépia, d'une
exécution magistrale.

129. WATTEAU (Ant.). L'homme qui rit. Dessin à la sanguine, très amusant.

Si ce dessin n'est que d'une main moins illustre, on peut dire qu'il est digne
du Maître.

130. Watteau (de Lille). Scène amoureuse. Sanguine.

BRONZES. — ORFÈVRERIE.

131. STATUETTE GROTESQUE en bronze, à corps de femme et
jambes palmées. Travail du XVIme siècle. Le corsage et la
coiffure rappellent les œuvres de Benvenuto Cellini.

132. DEUX GIRANDOLES A TROIS LUMIÈRES en bronze argenté du
temps de Louis XV.

133. CARTEL LOUIS XV EN BRONZE CISELÉ ET
DORÉ. Ornements rocaille et fleurs ; mouvement à tirage.
Lepaute, horloger du Roy.

134. DEUX FLAMBEAUX EN ARGENT REPOUSSÉ
ET CISELÉ. Style Louis XIV.

135. GRANDE BOUILLOIRE DEMI-SPHÉRIQUE en cuivre repoussé,
avec son support et ses accessoires.

136. GRANDE BOUILLOIRE EN CUIVRE REPOUSSÉ avec son couvercle. Conservation parfaite. C'est la « bouilloire du Roi »
décrite à la fin du *Voyage dans un Grenier*.

137. BOITE A CHARNIÈRE, EN OR CISELÉ de
plusieurs couleurs, du temps de Louis XVI.

OBJETS DIVERS.

138. Ivoire. Statuette de femme nue, portant de la main gauche un globe qu'elle montre de sa main droite. Le dos est très agréablement modelé ; quant au devant, il est déshonoré par une feuille de vigne qui paraît moins ancienne que la statuette.

139. Étain. Écuelle Louis XV avec son couvercle. Anses énormes. Métal repoussé et ciselé.

140. Pichet avec son couvercle en étain repoussé et ciselé. Large écusson gravé, surmonté d'une couronne de marquis avec cette devise : *Melius frangi quam flecti*.

141. Jade. Divinité chinoise portée sur un support à quatre pieds.

142. Petit coffret a bijoux en cuivre doré. Côtés gravés représentant les quatre saisons. Fermeture originale. Serrure d'une exécution très fine, avec sa clef du XVIme siècle. *Marque de Michel Mann*.

143. Boite a bijoux en filigrane d'argent. Intérieur doré. Travail du XVIIme siècle.

144. Couteau de chasse monté en argent, avec poignée en
ivoire élégamment sculpté. Fourreau de cuir avec larges
garnitures d'argent ciselé style Louis XV, à l'entrée et à la
pointe. Lame richement damasquinée portant un trophée
d'armes composé de tambours, de drapeaux et de canons.

145. MONTRE EN OR de grande dimension, du temps
de Louis XVI, en or ciselé de plusieurs couleurs. Le cadran
en émail blanc portant les heures, de très petite dimension,
est entouré d'une large circonférence en or, découpée à
jour, où figurent deux personnages, berger et bergère, qui
sonnent l'heure et les quarts, lorsqu'on fait agir le ressort
de la répétition. En même temps que l'heure sonne, un
couple microscopique, qu'on peut cacher à volonté sous
un rideau mobile, se livre à une mimique caractéristique.

Le boîtier est moderne, mais d'une très belle exécution.

146. CHRONOMÈTRE FRANÇAIS, à double boîtier
d'or, très épais, à répétition, donnant les secondes et le
quantième du mois. Exécuté a Versailles, il a été donné
a Napoléon III, à son avénement, par une personne royale
dont les armes figurent au recto, l'aigle impériale étant
gravée seulement au verso.

Cette pièce, d'une exécution remarquable, a été payée
cinq mille francs à l'origine. Elle vient de la veuve du
premier piqueur Henry, à qui l'Empereur en avait fait don.

Trois sièges en bois du XVIme siècle : le plus jeune, qui n'a
que 310 ans, est

147. UN FAUTEUIL SCULPTÉ, portant au dos son acte
de naissance : 1581. Il est accompagné d'un coussin *très
mince* en étoffe du temps.

148. CHAIRE CAQUETOIRE, du temps de Henry II :
quelques sculptures.

149. CHAIRE SCULPTÉE, du temps de François Ier.

Ces trois pièces sont d'une conservation parfaite.

150. UN BAS-RELIEF EN MARBRE BLANC de forme
ovale, de 55 cent. de large sur 40 de hauteur : *Jupiter et
Léda*.

Travail de la fin du dernier siècle : Cadre Louis XVI en bois sculpté.

La fameuse scène mythologique est agréablement rendue. La Dame est
calme, mais bienveillante ; l'oiseau, très fougueux, paraît extrêmement satisfait.

CY FINE LA LISTE

DES BIBELOTS

DU

GRENIER.

IMPRIMÉ PAR L. DANEL, A LILLE.

C'EST · MA · TOQUADE
JEAN
SE · A · LA
COMME · ETOH

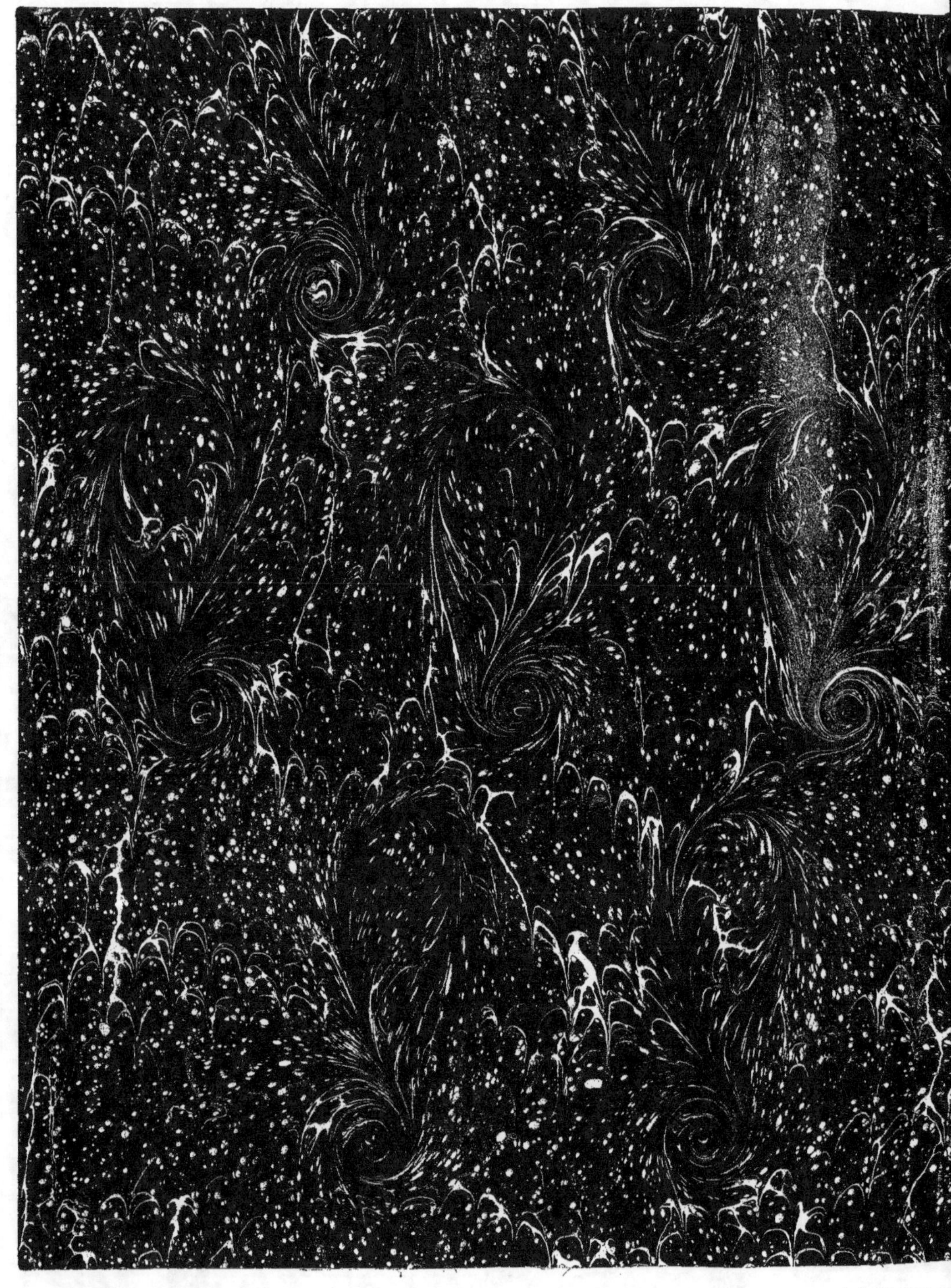

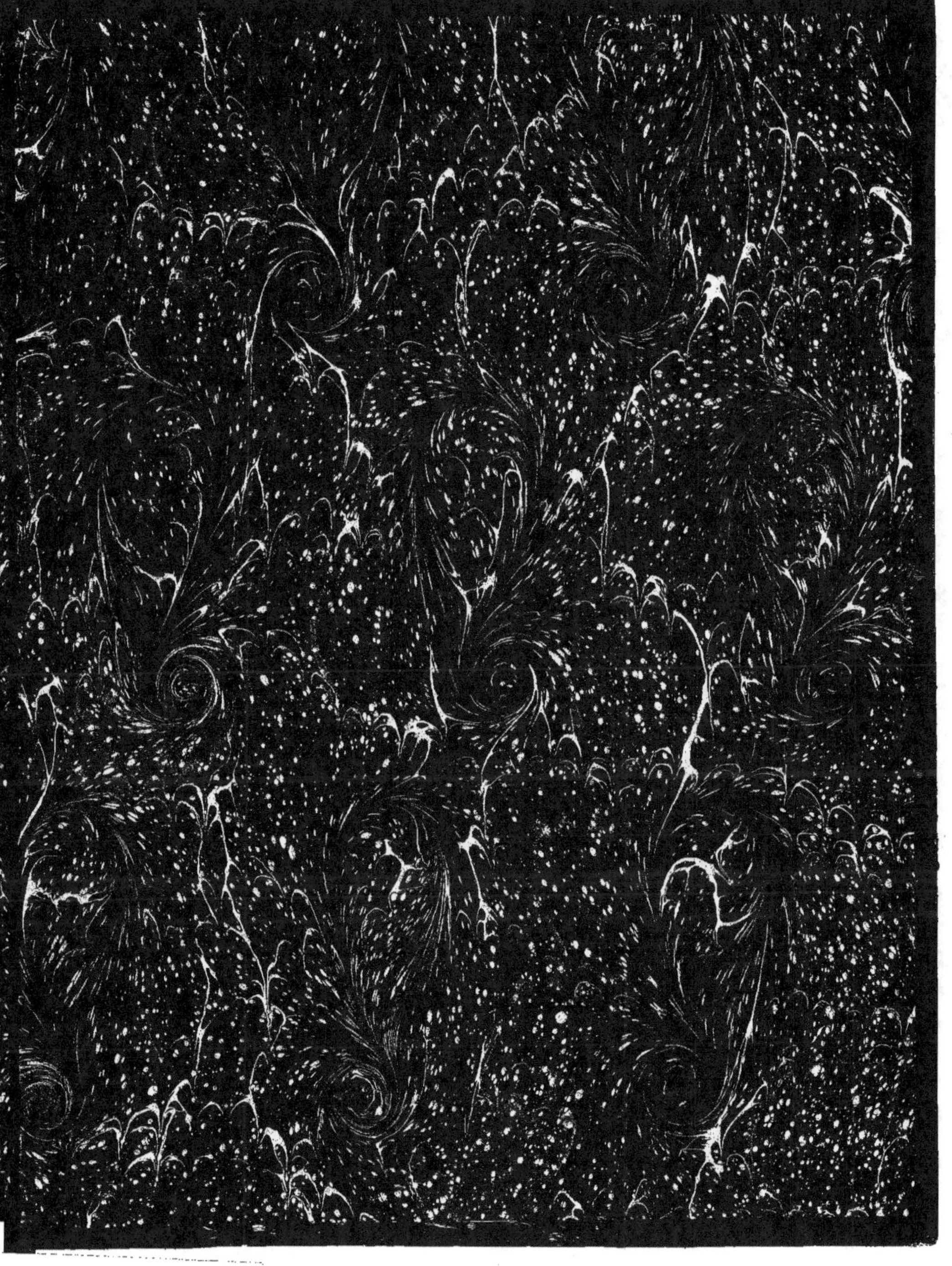

COLLECTION

DE

CHARLES

COUSIN

1894

ILLUSTRATIONS CONTENUES DANS L'OUVRAGE

EAUX-FORTES

Anot. — Portrait de M. Eugène Paillet, Président de la Société des « Amis des Livres ».

P. Cattelain. — Une Pensée, d'après Prud'hon.

— Jeune Fille à mi-corps. (Mlle Mayer, élève et *amie* de Prud'hon.)

— Une Dame de la première moitié du xvi⁰ siècle. (G. Pencz, 1545.)

— Le Duc d'Aumale, Président d'honneur de la Société des « Amis des Livres ».

— Littré.

— Le *Toqué* dans son Grenier.

— Trois Portraits.

PHOTOGRAVURES

par Dujardin, retouchées par P. Cattelain.

Les Joyeux Convives. Tableau *léger*. (Dircks Hals, 1624.)

Satyres et Bacchantes. Dessin à la sépia, signé et daté 1781. (Caresme.)

Pendule sur socle : vernis Martin, xviii⁰ siècle.

Pendule en bois doré, écaille et cuivre, des premières années de Louis XIV. Pièce très rare, à cadran fleurdelisé; portrait du roi enfant, couronne royale, etc.

Une Grande Dame, des premières années du xvi⁰ siècle (1510 environ). Entourage d'amours voltigeant et d « Oysons bridés ». Dessin à la plume, que les uns attribuent à Albert Dürer, les autres à Altdorfer.

Campement au Darien. Hamacs de Musso et de Bixio. Aux piquets qui les portent sont attachés les havresacs des deux explorateurs, morts au service de la Société concessionnaire du Canal de Panama. Au fond, une forêt vierge; sur le premier plan, des indigènes préparent leur repas. Dessin à la plume, exécuté sur place par M. l'Ingénieur Gerster, attaché à l'expédition.

Les Canotiers. Dessin par Félix Régamey.

L'Ami Verset. Dessin par Félix Régamey.

Portrait de M. Octave Feuillet.

Portrait de M. Ed. Saisset.

Portraits de M. Henri C. et de ses camarades de l'École des Mines.

Portrait du Prince de Galles en grand costume maçonnique.

La Franc-Maçonnerie en deuil sur la tombe de Massol.

CLICHÉS EN RELIEF

ET

GRAVURES SUR BOIS

Nombreux dessins de Randon et de Régamey.

Portrait de M. Alfred Maury.

Portrait de M. A. Reclus.

Portrait de M. le général Türr.

Portrait de M. Lucien Bonaparte Wyse.

CHROMOTYPIES

par David Weber, graveur C. Manso

Encadrement de la dédicace : guirlande en couleurs, dont les détails sont tirés d'une bannette de Rouen décrite ci-après. Décor analogue à celui de la première page du « Voyage dans un Grenier ». Dessin exécuté par M. Weber.

FAIENCES

Delft. — Le Crucifiement. Plaque polychrome. (Pièce très rare.)

— Une Cavalcade. Assiette en couleurs parmi lesquelles du bistre et du noir; dorures. (Adrian Pynacker.)

— Pichet bleu, d'une finesse exquise. Monture ancienne en argent.

Rouen. — Bannette polychrome. Rinceaux, fruits, fleurs, oiseaux, papillons, etc. (Pièce rare qui fournit le décor de la dédicace.)

— Assiette polychrome, ocre jaune. Décor chinois. (Très rare.)

Lille. — Plat bleu armorié, de *soixante-cinq centimètres*; entièrement couvert d'un superbe décor attribué à Bérain : aux armes de la famille Forest. Au verso, la fleur de lis (marque de Lille). Le plus beau plat connu de la fabrique lilloise.

Italie. — Coupe polychrome dite « coupe d'accouchée », de la fin du xv⁰ ou des premières années du xvi⁰ siècle. — Deux chromos (dessus et dessous) de la pièce. (Pièce très rare.)

— Assiette polychrome de la première moitié du xvi⁰ siècle. Diane et ses nymphes. Décor de la main d'un maître.

— Assiette creuse, à reflets, semblable (sauf le centre qui représentait dans l'assiette de M. Basilewski le portrait de Charles-Quint) à cette pièce remarquable, exposée en 1878 par l'illustre collectionneur.

GRÈS

Allemagne. — Grand pot de grès, décor polychrome Dieux et déesses.

RELIURES

Bible hébraïque. — Reliure du xvi⁰ siècle, en cuir brun et en argent ciselé. Cigognes formant fermoirs. Pièce unique qui doit avoir été exécutée à Strasbourg.

Suite des Estampes gravées par Madame de Pompadour. — Exemplaire de présent. Texte calligraphié à la main. Reliure ornée, sur les plats et le dos, de fleurs en mosaïque par Padeloup.

Daphnis et Chloé. — Figures du Régent gravées par B. Audran. Reliure de Padeloup, en maroquin citron. Mosaïque en losanges. Étiquette du relieur. — Padeloup a fait pour le même livre une seconde reliure identique, mais elle ne porte point son étiquette.

Institution de l'ordre de Saint-Michel. — Manuscrit de 1501, sur vélin. Reliure à la Grolier, *datée* de 1562.

La Chambre. — In-4⁰ maroquin rouge, dos et plats dorés en plein par Le Gascon; de la bibliothèque d'Ambroise Firmin-Didot. (Une des plus belles dorures du grand artiste; aux petits fers et au pointillé, d'une conservation parfaite.)

Correspondance de la Chambre. — De la bibliothèque de Colbert. Dos et plats maroquin rouge, dorés en plein par Le Gascon.

Suéçia. — Petit elzévir relié en maroquin rouge, par Le Gascon. Mosaïque verte. Chiffre de Habert de Montmor. (Reliure charmante. Les deux plats et le dos.)

Officium Ursulæ. — Petit volume reproduit en photographie, à l'encre grasse, dans le « Voyage dans un Grenier », où il fait l'objet d'un chapitre. Reliure très fine de Padeloup, en maroquin rouge, aux armes du Cardinal de Fleury. Dorure des plats et du dos exécutée avec fers spécialement créés pour le volume et représentant les pièces des armoiries du Cardinal. (Dos et plats.)

REPRODUCTIONS DIVERSES

Portrait de Coquelin aîné, d'après une aquarelle de MADRAZZO.
Rose et Colas, d'après une gouache de BAUDOUIN.
Armoiries.

AUTOGRAPHES

EDMOND ABOUT.
DUC D'AUMALE.
CHARLES BAUDELAIRE.
Marquis DE BELLOY.
HENRI BERALDI, de la Société des « Amis des Livres », Iconophile enragé.
DUC DE BOURGOGNE. — Dessin grotesque, avec envoi autographe à Bidaud, son professeur de dessin.
Collaborateurs du « Grenier » : Messieurs BIGO, DE FRANCIOSI, RÉGAMEY, WEBER.

Comédie-Française : Mesdames BARTET, SARAH BERNHARDT, AUGUSTINE BROHAN, CROIZETTE; Messieurs COQUELIN, RÉGNIER.
FRANÇOIS COPPÉE.
ALFRED DELVAU.
MARIA DERAISMES.
ALFRED FIRMIN-DIDOT.
AMBROISE-FIRMIN DIDOT.
CAMILLE DOUCET.
JULES FERRY.
OCTAVE FEUILLET.
GAVARNI.
GÉRARD DE NERVAL.
ANDRÉ GILL.
ÉMILE DE GIRARDIN.
LÉON GOZLAN.
FERDINAND DE LESSEPS.
LITTRÉ.
LOUISE MICHEL. — Les Œillets rouges.
DUC D'ORLÉANS (Philippe-Égalité). — Lettre curieuse au roi Louis XVI.
E. PAILLET, Président de la Société des « Amis des Livres ».
Baron JÉRÔME PICHON, Président de la Société des Bibliophiles français.
ÉMILE PICOT.
Baron JAMES-ÉDOUARD DE ROTHSCHILD.
JULES SIMON.
AUGUSTE VILLEMOT.
VOLTAIRE. — Lettre de quatre pages à Frédéric II.

Il a été tiré de cet ouvrage **650** exemplaires format in-4° jésus, en trois éditions.

Édition à 500 exemplaires, en un volume, à . . . . **150 fr.**

Édition à 100 exemplaires, en deux volumes, à . . . . **300 fr.**

(Cette édition contient, outre un supplément et des notes, un grand nombre d'autographes, des états spéciaux des eaux-fortes et *trois tirages successifs* des chromotypies, qui ne se trouvent pas dans l'édition en un volume.)

Édition à 50 exemplaires, en deux volumes, à . . . . **500 fr.**

(Cette édition contient en outre *sept tirages successifs* des chromotypies, un grand nombre d'eaux-fortes du 1er état — eaux-fortes pures — plusieurs planches tirées à la sanguine — et quelques additions au texte. Le nom du souscripteur sera imprimé sur la première page, et les deux volumes seront revêtus d'un cartonnage élégant, entièrement inédit.)

ON SOUSCRIT A PARIS

A la LIBRAIRIE DE L'ART, 29, Cité d'Antin
A la LIBRAIRIE NOUVELLE, 15, boulevard des Italiens.
—   —   3, rue de la Boëtie.

ET CHEZ MM.

Th. BELIN, libraire, 29, quai Voltaire.
L. CONQUET, libraire-éditeur, 5, rue Drouot.
Francis GREPPE, libraire, 41, rue de Châteaudun.
Damascène MORGAND, libraire-éditeur, 55, passage des Panoramas.
Ch. PORQUET, libraire, 1, quai Voltaire,
P. ROUQUETTE, libraire-éditeur, 71, passage Choiseul.

Et chez tous les Libraires de France et de l'Étranger, correspondants de la LIBRAIRIE DE L'ART.

NOTA. — L'Éditeur a l'honneur de rappeler à cette occasion aux Curieux qui désireront s'assurer un des exemplaires de luxe des « Racontars », que le « Voyage dans un Grenier », du même auteur, qui a valu à la maison Danel, de Lille, une des quatre médailles d'or destinées à la typographie par le Jury de l'Exposition de 1878, était épuisé avant l'apparition du livre chez les éditeurs Morgand et Fatout, pour toute la série des exemplaires à cent, cent cinquante, deux cents et trois cents francs.

Ce premier essai de M. Charles Cousin, sur lequel la maison Danel n'avait rien voulu gagner, avait coûté 25,000 fr. à son auteur. Exécutés aux mêmes conditions amicales, les « Racontars » lui coûtent environ le triple :

Soixante-quinze mille francs ! La note seule de Mitsui pour le papier de l'édition dépasse seize mille francs.

Le Toqué, c'est le nom que notre auteur se donne lui-même dans son premier essai et dans celui-ci, a bien voulu communiquer à son éditeur une lettre que venait de lui adresser le premier lecteur des « Racontars », un de nos écrivains les plus illustres, membre éminent de l'Académie française.

Nous ne le nommerons pas, mais nous avons indiscrètement pris copie de sa lettre et, dût le Toqué nous accuser de trahison, nous en donnons ici un extrait :

« ..... Mon cher, je trouve que ce livre magnifique est un trésor à tous égards. Tu m'y as
« donné une place si amicale et si glorieuse que je suis un peu gêné pour te dire tout le bien que
« j'en pense. La partie typographique et artistique est évidemment incomparable : mais le texte est
« pour moi d'un intérêt charmant, attachant et même passionnant. C'est d'un entrain qui vous saisit
« et vous emporte et, avec cela, plein de choses curieuses, amusantes, touchantes, dites avec un esprit
« qui déborde libre et joyeux et sain, une belle humeur gauloise et un bon ton de seigneur.

« Merci encore, cher ami, de m'avoir assuré une petite immortalité particulière dans ce monu-
« ment de l'art typographique et chromotypique, et surtout dans cette œuvre exquise et unique d'un
« lettré du plus vif esprit et du plus haut goût. C'est avec une émotion véritable, cher ami, que je
« reçois ce témoignage et que je t'embrasse. »

Paris. — Imp. de l'Art. 41, rue de la Victoire, 41.

Supplément au Bulletin mensuel, n° 22, de la Librairie Damascène Morgand.

EN VENTE

CHEZ DAMASCÈNE MORGAND

Libraire de la Société des Bibliophiles françois

55, Passage des Panoramas. — PARIS

RACONTARS ILLUSTRÉS

D'UN

VIEUX COLLECTIONNEUR

PAR

CHARLES COUSIN

Auteur du « Voyage dans un Grenier »

VICE-PRÉSIDENT DE LA SOCIÉTÉ DES « AMIS DES LIVRES »

BOUQUINS, FAIENCES, TABLEAUX, DESSINS, AUTOGRAPHES

Un volume in-4° jésus de 350 pages

SUR PAPIER IMPÉRIAL DU JAPON

Imprimé pour le Texte, les Autographes et les Chromotypies, sur les presses
de L. Danel, de Lille.

Pour les Figures en taille-douce et les Photogravures
sur les presses de la maison Quantin.

CINQUANTE PLANCHES HORS TEXTE

ET

NOMBREUX DESSINS ORIGINAUX DANS LE TEXTE

ILLUSTRATIONS CONTENUES DANS L'OUVRAGE

Officium Ursulæ. — Petit volume reproduit en photographie, à l'encre grasse, dans le « Voyage dans un Grenier », où il fait l'objet d'un chapitre. Reliure très fine de Padeloup, en maroquin rouge, aux armes du Cardinal de Fleury. Dorure des plats et du dos exécutée avec fers spécialement créés pour le volume et représentant les pièces des armoiries du Cardinal. (Dos et plats.)

REPRODUCTIONS DIVERSES

Portrait de Coquelin aîné, d'après une aquarelle de Madrazzo.
Rose et Colas, d'après une gouache de Baudouin.
Armoiries.

AUTOGRAPHES

Edmond About.
Duc d'Aumale.
Charles Baudelaire.
Marquis de Belloy.
Henri Beraldi, de la Société des « Amis des Livres », Iconophile enragé.
Duc de Bourgogne. — Dessin grotesque, avec envoi autographe à Bidaud, son professeur de dessin.
Collaborateurs du « Grenier » : Messieurs Bigo, De Franciosi, Régamey, Weber.

Comédie-Française : Mesdames Bartet, Sarah Bernhardt, Augustine Brohan, Croizette; Messieurs Coquelin, Régnier.
François Coppée.
Alfred Delvau.
Maria Deraismes.
Alfred Firmin-Didot.
Ambroise-Firmin Didot.
Camille Doucet.
Jules Ferry.
Octave Feuillet.
Gavarni.
Gérard de Nerval.
André Gill.
Émile de Girardin.
Léon Gozlan.
Ferdinand de Lesseps.
Littré.
Louise Michel. — Les Œillets rouges.
Duc d'Orléans (Philippe-Égalité). — Lettre curieuse au roi Louis XVI.
E. Paillet, Président de la Société des « Amis des Livres ».
Baron Jérôme Pichon, Président de la Société des Bibliophiles français.
Émile Picot.
Baron James-Édouard de Rothschild.
Jules Simon.
Auguste Villemot.
Voltaire. — Lettre de quatre pages à Frédéric II.

Il a été tiré de cet ouvrage **650 exemplaires** format in-4° Jésus, en trois éditions.

Édition à 500 exemplaires, en un volume, à . . . . **150 fr.**

Édition à 100 exemplaires, en deux volumes, à . . . . **300 fr.**

(Cette édition contient, outre un supplément et des notes, un grand nombre d'autographes, des états spéciaux des eaux-fortes et *trois tirages successifs* des chromotypies, qui ne se trouvent pas dans l'édition en un volume.)

Édition à 50 exemplaires, en deux volumes, à . . . . **500 fr.**

(Cette édition contient en outre *sept tirages successifs* des chromotypies, un grand nombre d'eaux-fortes du 1er état — eaux-fortes pures — plusieurs planches tirées à la sanguine — et quelques additions au texte. Le nom du souscripteur sera imprimé sur la première page, et les deux volumes seront revêtus d'un cartonnage élégant, entièrement inédit.)

NOTA. — L'Éditeur a l'honneur de rappeler à cette occasion aux Curieux qui désireront s'assurer un des exemplaires de luxe des « Racontars », que le « Voyage dans un Grenier », du même auteur, qui a valu à la maison Danel, de Lille, une des quatre médailles d'or destinées à la typographie par le Jury de l'Exposition de 1878, était épuisé avant l'apparition du livre chez les éditeurs Morgand et Fatout, pour toute la série des exemplaires à cent, cent cinquante, deux cents et trois cents francs.

Ce premier essai de M. Charles Cousin, sur lequel la maison Danel n'avait rien voulu gagner, avait coûté 25,000 fr. à son auteur. Exécutés aux mêmes conditions amicales, les « Racontars » lui coûtent environ le triple :

Soixante-quinze mille francs ! La note seule de Mitsui pour le papier de l'édition dépasse seize mille francs.

Le Toqué, c'est le nom que notre auteur se donne lui-même dans son premier essai et dans celui-ci, a bien voulu communiquer à son éditeur une lettre que venait de lui adresser le premier lecteur des « Racontars », un de nos écrivains les plus illustres, membre éminent de l'Académie française.

Nous ne le nommerons pas, mais nous avons indiscrètement pris copie de sa lettre et, dût le Toqué nous accuser de trahison, nous en donnons ici un extrait :

« ..... Mon cher, je trouve que ce livre magnifique est un trésor à tous égards. Tu m'y as
« donné une place si amicale et si glorieuse que je suis un peu gêné pour te dire tout le bien que
« j'en pense. La partie typographique et artistique est évidemment incomparable : mais le texte est
« pour moi d'un intérêt charmant, attachant et même passionnant. C'est d'un entrain qui vous saisit
« et vous emporte et, avec cela, plein de choses curieuses, amusantes, touchantes, dites avec un esprit
« qui déborde libre et joyeux et sain, une belle humeur gauloise et un bon ton de seigneur.

« Merci encore, cher ami, de m'avoir assuré une petite immortalité particulière dans ce monu-
« ment de l'art typographique et chromotypique, et surtout dans cette œuvre exquise et unique d'un
« lettré du plus vif esprit et du plus haut goût. C'est avec une émotion véritable, cher ami, que je
« reçois ce témoignage et que je t'embrasse. »

Paris. — Imp. de l'Art. 41, rue de la Victoire, 41.

VARIÉTÉS

LIBRAIRIE DE L'ART. — *Racontars illustrés d'un vieux collectionneur*, par Charles Cousin, vice-président de la Société des Amis des livres, 1 vol. grand in-4°, imprimé sur papier impérial du Japon, illustré de 50 planches hors texte, en noir et en couleurs et de nombreux dessins originaux dans le texte.

Les collectionneurs qui, de tout temps, ont été des fanatiques, sont plus nombreux aujourd'hui que jamais. Les vieilles faïences, si décoratives et si originales des fabriques françaises se font de plus en plus introuvables. Il en est de même des anciennes reliures, de tout en un mot ce qui exista jadis, en fait d'objets d'art, et même d'objets d'usage quotidien. Il en est ainsi des faïences de Rouen. Les plus communes, les plus vulgaires, atteignent aujourd'hui des prix exorbitants. C'est une vogue, et une vogue qui durera. Des fortunes énormes étaient à faire avec cela, il y a quarante ans. La Normandie était pleine de toute cette vaisselle aujourd'hui si recherchée. Mais le branle n'était pas donné, et on passait à côté de tout cela, sans savoir ce que réservait l'avenir. Le sculpteur Le Véel, qui rêve aujourd'hui, à Cherbourg, au pied de sa statue de Napoléon Ier, devina la vogue future de cette céramique spéciale, et avec une connaissance approfondie de la matière, il collectionna. Une grande partie des objets ainsi recueillis par lui forment cette belle collection du musée de Cluny, moins nombreuse, mais assurément plus variée que celle du musée de Rouen.

Cette collection du sculpteur Le Véel est, pour ainsi dire, le point de départ de la vogue du Rouen. Elle est, aujourd'hui, d'un prix inestimable et constitue une des grandes attractions du musée de Cluny. Un autre amateur, M. Bonnafé, contribua aussi, pour sa part, à imprimer un grand essor au goût naissant, bientôt changé en véritable passion. Toujours est-il que les pièces les plus grossières, de Rouen ont acquis une valeur tout à fait exceptionnelle et qu'on n'en trouve plus guère que chez les marchands de bric-à-brac, qui tiennent la dragée haute et savent ce qu'ils vendent. Peut-être existe-t-il encore, dans quelques châteaux normands, des pièces très précieuses. De temps en temps, une surprise se produit, à ce sujet, lors d'une vente après décès. Alors, apparaissent de véritables merveilles, et qui atteignent des prix fabuleux. Généralement, ce sont les marchands de Paris qui achètent cela, comme ce sont les marchands de Paris qui, pour tromper les curieux, mettent une foule d'objets en dépôt dans les fermes normandes et jusque dans les auberges.

En présence d'une pareille vogue, l'idée de fraude devait nécessairement survenir, et il faut être bien malin et bien connaisseur, pour ne s'y point laisser prendre. Mais que de merveilles accumulées encore dans certaines collections particulières! M. Charles Cousin, en homme sûr de son inestimable fortune, ne dédaigne pas de en fournir la représentation aussi parfaite qu'il est possible de l'imaginer, à un petit nombre d'amateurs. Six cents volumes, ce n'est pas beaucoup, mais quel luxe pour les privilégiés? Il y a du luxe, dans ce livre, sans compter ce que M. Charles Cousin a emprunté à son propre fonds, jusque des autographes, et des plus précieux; des spécimens de reliures anciennes auxquelles on se tromperait. On dirait, en effet, la couverture et le dos des livres arrachés pour être collés sur le papier du Japon; car le livre est imprimé sur papier du Japon, s'il vous plaît? Tournez la page, et vous voyez l'artifice sur le revers, le gaufrage qui fait ressortir jusqu'aux moindres reliefs. Il n'est pas possible de pousser plus loin l'art de l'illusion. Il est de toute évidence que les artistes qui ont collaboré à ce livre n'ont pas leurs pareils.

La reproduction des faïences et des porcelaines est encore plus extraordinaire peut-être. Il ne s'agit point de couleurs approximatives ni de nuances par à peu près. Cet émail des vieux Rouen, dont la composition est inconnue et qui a résisté à toutes les analyses, est un écueil infranchissable pour les fabricants d'aujourd'hui, de même que certaines couleurs dont l'intensité est insaisissable. Il n'y a qu'à comparer les pièces d'autrefois avec les imitations d'aujourd'hui. Assurément les dessins sont aussi parfaits, mais quelle pâleur et quels tons ratés! On dirait des faïences anémiques. Les artistes qui ont prêté leur concours à l'éditeur de ce beau livre, ont fait merveille; il était impossible de rendre les objets reproduits, avec une réalité plus parfaite. Je ne parle pas des portraits, nombreux dans le livre, ni des photogravures, mais de la reproduction des belles reliures et des vieilles faïences de Rouen, de Delft, de Lille et d'Italie, etc., qui fait le plus grand honneur à M. Weber, artiste peintre, à M. Emile Bigo, directeur des travaux d'art de la maison Danel de Lille, et enfin à l'imprimeur lui-même, M. Léonard Danel.

Quant au texte, je confesse qu'il m'a paru bizarre, bien qu'on y sente vibrer, à chaque page, la joie du vieux collectionneur qui ne résiste pas au plaisir d'étaler, aux yeux d'un public d'élite, la représentation de ses trésors. Il y a de tout, des appréciations d'événements contemporains et des souvenirs dont beaucoup sont évidemment très curieux. Mais, quel singulier amour de la franc-maçonnerie! C'est si enthousiaste, si démesurément louangeur que c'en est presque poncif. Et puis, ma foi! je me demande ce qu'elle vient faire là, à moins que pour servir de prétexte à un portrait de M. Massol qui fut un des plus hauts dignitaires, sinon le plus haut, de l'œuvre maçonnique, et à un autre portrait du prince de Galles, orné de tous ses colifichets de grande cérémonie. Cette vénération pour tant de vénérables me semble tout à fait bizarre, en ce sens que la franc-maçonnerie d'aujourd'hui ne ressemble guère à celle d'hier, ce qui ne l'empêche pas, il est vrai, d'avoir beaucoup plus d'influence et d'autorité. Autorité et influence bien peu recommandables, d'ailleurs, car elles ne sont guère qu'oppressives et ne s'exercent pas beaucoup, j'imagine, au nom de la liberté.

M. Charles Cousin cite et reproduit, en fac-simile, des lettres de frères ayant de la renommée, de M. Jules Ferry entre autres, le frère Ferry. On s'affiliait avec une certaine hâte, au temps de l'empire, et sans se douter peut-être du flot qui, plus tard, devait envahir les loges, et qui déferle encore aujourd'hui. Mais puisque ça fait plaisir à M. Charles Cousin, ne le chicanons point pour si peu de chose, et laissons-lui croire que c'est arrivé. Il pourrait me répondre, je ne l'ignore point, que c'est si bien arrivé, que les loges prouvent quotidiennement leur importance et leur esprit d'intolérance. C'est juste et c'est bien dommage, car elles vont ainsi juste à l'encontre de leur origine, car, créées pour protester et même pour conspirer contre la tyrannie, elles n'ont guère d'autres règles de conduite que la tyrannie et le plus parfait despotisme. Mais, le vieux frère collectionneur a bien soin de nous définir son caractère, d'un seul mot, en se décernant, lui-même, le surnom de *Toqué*, et franchement, il faut bien l'être un peu, rien que pour avoir l'air de croire à tant de simagrées.

Le *Toqué* qui, du reste, ne l'est pas toujours, est vice-président de la Société des Amis des livres, passionné des éditions rarissimes comme des faïences de prix et capable de tous les sacrifices pour satisfaire un de ses caprices d'amateur. Les pages de son livre, où il raconte, avec beaucoup de verve et d'humour, ses pas, ses démarches, ses opérations, sa diplomatie même, pour entrer en possession d'un objet convoité, ne sont pas les moins piquantes. L'homme s'y peint tout entier, avec sa passion dominante, le souci prépondérant peut-être de toute sa vie. A côté de cela, une partie anecdotique, parfois surprenante et riche en révélations inattendues autant qu'en petites aventures piquantes. Cela manque évidemment de composition; c'est écrit comme c'est venu, au hasard de l'assiette, tantôt sous forme de correspondance avec des amis intimes comme Octave Feuillet, auxquels il fait part de ses découvertes, avec une allégresse comparable à celle que devaient éprouver les grands navigateurs, quand il y avait encore quelque chose à découvrir, sous le tournant du soleil. De temps en temps, souvent même, cela fournit prétexte à une anecdote piquante, comme celle-ci, rapportée par M. le duc d'Aumale, président de la Société des Amis des livres, pendant un dîner chez l'enragé collectionneur, qui commence, du reste, à prendre la parole:

Le châtelain de Chantilly dînait au Grenier, avec les amis des livres — le Grenier, c'est le musée du Toqué; — Croiriez-vous, lui disais-je, que je vous ai tué hier un faisan, à trois quarts d'heure de ma chambre à coucher? Parti de Paris à huit heures précises, j'entrais à huit heures quarante dans ceux de vos taillis qui font face à la gare de Chantilly. A peine en chasse, j'ai entendu le cri d'un jeune coq égaré par le brouillard, et chose inouïe, je ne l'ai pas manqué. Surpris et ravi d'un si beau début, j'ai tiré ma montre pour constater l'heure précise de ce mémorable incident. J'étais étonné, en effet, de rencontrer un faisan dans une partie du bois où je ne tire jamais que des lapins. »

« Ne vous en plaignez pas, cher collègue, dit alors mon hôte, et laissez-moi vous narrer une historiette. Le roi Louis XVIII, rentrant de Gand à Paris, après les Cent jours, s'était arrêté à Compiègne, je crois. Il y reçut la visite d'un personnage considérable -envoyé d'assez loin par une des puissances alliées, qui l'entretint un peu longuement de l'objet de sa visite. S. M. laissait voir quelque impatience, et ne répondait pas un mot aux questions posées *implicitement* par l'ambassadeur. Enfin, Louis XVIII ouvrit la bouche, et l'envoyé attendit avec une déférence respectueuse les instructions qu'il allait recevoir. — Monsieur, lui dit le roi, avant de vous rendre votre liberté, j'ai un conseil à vous donner. Ne quittez pas le pays sans vous être fait servir un lapin de Chantilly : ce sont les meilleurs lapins de France. »

Il y a, du reste, dans ce livre, des souvenirs et des impressions de toutes sortes, les uns plus gais, les autres plus tristes. J'en recueille un encore, auquel les événements donnent une actualité peut-être inattendue, mais réelle, à un moment où la politique a pénétré dans l'armée, ou plutôt se trouve représentée dans l'armée avec un grand aussi circonvenu peut-être que turbulent, et où un livre nouveau du comte d'Hérisson rappelle, à l'aide de souvenirs personnels, les préoccupations politiques auxquelles ne sut point se soustraire le commandant en chef de l'admirable armée de Metz.

Les lignes que je cite sont dédiées à M. Antoine, député de Metz, dont le nom fit naguère quelque bruit et se trouve mêlé, depuis quelques jours, à celui du général Boulanger, et, à mon sens, très malheureusement. C'est le docteur Herpin, de Metz, qui parle :

Quand nous sentîmes approcher la catastrophe, dit-il, et qu'il fut évident pour tous que Bazaine nous y conduisait tout droit, une idée nous vint à mes amis et à moi : faire disparaître cet homme et donner le commandement à un plus digne. Supprimer Bazaine, c'est-à-dire l'enlever par surprise et l'enfermer en lieu sûr, n'était pas le plus gros de l'affaire. Nous étions assez nombreux pour exécuter le coup de main et nos mesures étaient bien prises. La vraie difficulté était de trouver, parmi les chefs les plus autorisés de l'armée de Metz, un homme d'un patriotisme éprouvé, qui consentît à prendre la place du maréchal. Notre choix s'arrêta sur un des plus anciens divisionnaires, qui avait repris du service pour la campagne : le général de Laveaucoupet.

Je fis un mouvement — « Vous le connaissez, me dit Herpin. — Oui, et je crois que vous ne pouvez mieux choisir. »

Je fus désigné, avec quelques amis, continua le docteur, pour exposer notre projet au général. Un instant, je crus qu'il allait accepter. Il était visible qu'il sentait comme nous la situation désespérée et qu'il eût donné sa vie pour nous sauver.

— Messieurs, nous dit-il enfin, ce que vous me demandez est impossible. Je suis un trop vieux soldat pour me prêter à un pareil renversement de la discipline militaire. » Ce fut son dernier mot.

Ce souvenir, dans les circonstances présentes, n'est-il pas topique et plein d'enseignement? C'est pour cela que je l'ai choisi parmi tant d'autres, dans un jour où nous pouvons nous dire perdus, si le respect de la discipline s'en va, battue en brèche par ceux qui ont mission de l'imposer. Et je ne croyais même pas trouver une leçon de morale dans ce livre assez bizarre, qui, en somme, n'est guère, si je puis ainsi parler, qu'une sorte de pot-pourri littéraire, où l'auteur saute d'un sujet à un autre avec une désinvolture sans pareille, traité agréablement ici de choses sérieuses, ailleurs de choses tout à fait superficielles, mais amusantes, quand il ne se croit pas obligé de tresser des couronnes à la franc-maçonnerie, cette vieille boutique de ferblanterie, où un collectionneur ne trouverait même pas un objet digne d'être conservé, ne fût-ce qu'à titre de curiosité.

Mais, il est incontestable que ceci est un très beau livre, d'une exécution matérielle et artistique irréprochable, supérieure même à tout ce qui a été fait, dans le genre, jusqu'à ce jour. L'auteur, qui s'appelle lui-même *Le Toqué*, ne pouvait faire autrement que d'avoir une marotte, mais il l'a bien, et je ne sais pas trop jusqu'à quel point le prince de Galles, également membre de la Société des amis des livres, sera satisfait de se voir représenté, avec toutes les attributions d'un haut dignitaire de la franc-maçonnerie. Ces insignes et ces oripeaux ne sont pas autre chose que les emblèmes du plus complet fétichisme, ceux qui comblent de joie les hommes primitifs. Un collier, un petit tablier avec des signes cabalistiques, etc., ne sont vraiment pas à distinguer d'ornements en dents de crocodiles et d'amulettes très innocentes. *Le Toqué* en paraît cependant très fier. Grand bien lui fasse! Il démontre là que les plus intelligents ont de ces étonnantes naïvetés, et qu'il est permis d'avoir beaucoup d'esprit, tout en croyant à certaines manifestations bien surannées, et qui devraient prendre rang dans la curiosité, bien au-dessous des choses de prix si supérieurement représentées dans ce livre.

Charles Canivet.

LES AMIS DES LIVRES

et les Souvenirs d'un vieux Collectionneur